Homo Narrans
POR UMA ABORDAGEM ENUNCIATIVA E INTERACIONISTA DA NARRATIVA

Volume 1
Pontos de vista e lógica da narração teoria e análise

COMITÊ EDITORIAL DE LINGUAGEM

Anna Christina Bentes
Edwiges Maria Morato
Maria Cecilia P. Souza e Silva
Sandoval Nonato Gomes-Santos
Sebastião Carlos Leite Gonçalves

CONSELHO EDITORIAL DE LINGUAGEM

Adair Bonini (UFSC)
Arnaldo Cortina (UNESP – Araraquara)
Heliana Ribeiro de Mello (UFMG)
Heronides Melo Moura (UFSC)
Ingedore Grunfeld Villaça Koch (UNICAMP)
Luiz Carlos Travaglia (UFU)
Maria da Conceição A. de Paiva (UFRJ)
Maria das Graças Soares Rodrigues (UFRN)
Maria Eduarda Giering (UNISINOS)
Maria Helena Moura Neves (UPM/UNESP)
Mariângela Rios de Oliveira (UFF)
Marli Quadros Leite (USP)
Mônica Magalhães Cavalcante (UFC)
Regina Célia Fernandes Cruz (UFPA)

Dados Internacionais de Catalogação na Publicação (CIP)
(Câmara Brasileira do Livro, SP, Brasil)

Rabatel, Alain
   Homo narrans : por uma abordagem enunciativa e interacionista da narrativa : pontos de vista e lógica da narração teoria e análise / Alain Rabatel ; tradução Maria das Graças Soares Rodrigues, Luis Passeggi, João Gomes da Silva Neto ; revisão técnica João Gomes da Silva Neto. — São Paulo : Cortez, 2016.

   Título original: Homo narrans : pour une analyse énonciative et interactionnelle du récit.
   ISBN 978-85-249-2474-3 (obra completa)
   ISBN 978-85-249-2492-7

   1. Análise do discurso narrativo 2. Linguística 3. Ponto de vista (Literatura) I. Título.

16-06494   CDD-401.41

Índices para catálogo sistemático:
1. Semiótica : Linguística   401.41

ALAIN RABATEL

Homo Narrans
POR UMA ABORDAGEM ENUNCIATIVA E INTERACIONISTA DA NARRATIVA

Volume 1
Pontos de vista e lógica da narração teoria e análise

TRADUÇÃO
Maria das Graças Soares Rodrigues
Luis Passeggi
João Gomes da Silva Neto

REVISÃO TÉCNICA
João Gomes da Silva Neto

Título da edição original: *Homo Narrans. Pour une analyse énonciative et interactionnelle du récit.*
Tome I – Les Points de vue et la logique de la narration
Alain Rabatel

Capa: de Sign Arte Visual
Preparação de originais: Agnaldo Alves
Revisão: Elizabeth Matar
Composição: Linea Editora Ltda.
Coordenação editorial: Danilo A. Q. Morales

Nenhuma parte desta obra pode ser reproduzida ou duplicada sem autorização expressa do autor e do editor.

© 2009 Editions Lambert-Lucas, Limages (France)

Direitos para esta edição
CORTEZ EDITORA
Rua Monte Alegre, 1074 – Perdizes
05014-001 – São Paulo – SP
Tel.: (11) 3864-0111   Fax: (11) 3864-4290
E-mail: cortez@cortezeditora.com.br
www.cortezeditora.com.br

Impresso no Brasil – agosto de 2016

Sumário

Apresentação 11

Introdução Geral
POR UMA ANÁLISE ENUNCIATIVA DOS PONTOS DE VISTA NA
NARRAÇÃO 15

1. *Homo narrans* 17
2. A abordagem enunciativa do ponto de vista 29
3. Os pontos de vista na narração 36
   3.1 Reconcepção da mimese: a dimensão cognitiva e pragmática da re-apresentação [representação] 39
   3.2 Centros de perspectiva e dinâmica interpretativa 45
   3.3 Revalorizar o papel do narrador, inclusive (e, sobretudo) quando é discreto, e de seu discreto (mas ativo) leitor coenunciador 47
4. Plano da obra 49

Introdução
POR UMA ABORDAGEM ENUNCIATIVA E PRAGMÁTICA DOS
PONTOS DE VISTA 57

1. Por uma apresentação historicizada e situada do procedimento 57
2. Resumo das extensões sucessivas dos pontos de vista: um percurso de abordagens semântico-enunciativas do PDV 58

2.1 Do ponto de vista representado aos pontos de vista narrado e assertado 59

2.2 A parte e o todo: por uma concepção ampla do ponto de vista 64

3. Apresentação dos capítulos 66

Capítulo 1
A PROBLEMÁTICA GERAL DO PONTO DE VISTA 71

1. A teoria estendida do PDV em Ducrot 72

2. Subjetividade, dêixis e sujeito modal 73

   2.1 A concepção da referência, entre interioridade e exterioridade 77

   2.2 Desligamento teórico entre o locutor e o enunciador, isto é, a atualização dêitica e a atualização modal 79

3. Os instrumentos enunciativos do ponto de vista 82

   3.1 As instâncias enunciativas do ponto de vista 82

   3.1.1 "Fonte" e instância de validação do ponto de vista em um conteúdo proposicional: da responsabilidade enunciativa por si à imputação pelos outros 88

   3.1.2 Imputação, neutralidade, acordo, desacordo 94

   3.1.2.1 Não responsabilidade enunciativa distanciada de um PDV imputado 95

   3.1.2.2 Neutralidade a respeito de um PDV imputado: entre levar em conta e responsabilidade enunciativa 97

   3.1.2.3 A responsabilidade enunciativa de um PDV imputado: do levar em conta ao acordo implícito .. 98

   3.2 Ponto de vista, conteúdo proposicional e ilhas textuais 99

   3.2.1 Ponto de vista, conteúdo proposicional, asserção e predicação 99

   3.2.2 Ponto de vista e ilhas textuais 101

   3.3 A referenciação 104

   3.4 Da multiplicidade dos conteúdos proposicionais à hierarquização dos PDV, conforme as fontes enunciativas e a estruturação argumentativa 106

4. Marcas externas e internas do PDV 108
   4.1 Marcas externas 109
   4.2 Marcas internas 113

Capítulo 2
PONTOS DE VISTA REPRESENTADOS, NARRADOS E ASSERTADOS: os efeitos argumentativos indiretos dos modos de inscrição da subjetividade nos registros perceptuais 119

1. Ponto de vista representado e ponto de vista narrado: o ponto de vista confrontado com os conceitos de percepções e pensamentos representados, focalização, empatia, universo de discurso e escopo 122
   1.1 Os parâmetros linguísticos do ponto de vista representado 122
       1.1.1 Percepção de um enunciador (ou sujeito de consciência, ou focalizador) distinto do locutor-narrador 122
       1.1.2 Intrincamento dos pensamentos e das percepções do focalizador 123
       1.1.3 A representação da percepção 125
   1.2 Ponto de vista e focalização 131
   1.3 Ponto de vista e empatia: em direção ao conceito de ponto de vista narrado 137
2. Agentes duplos da argumentatividade no centro da narrativa: os pontos de vista representado, narrado e assertado confrontados com os conceitos de esquematização e clarificação (Grize) 157
   2.1 O ponto de vista assertado 158
   2.2 Três pontos de vista, uma mesma visada argumentativa indireta: o efeito ponto de vista 163

Capítulo 3
VALORES ENUNCIATIVO E REPRESENTATIVO DOS APRESENTATIVOS *É, HÁ, EIS (AQUI / AÍ / ALI)* 175

1. *É* 183
   1.1 O valor representativo de *é* e a ativação dos mecanismos interpretativos do leitor 183

  1.1.1 O valor representativo mínimo de *é* por referenciação situacional difusa 184
  1.1.2 O valor representativo acumulado de *é* nas aberturas de texto 185
  1.1.3 *É*: um operador de transição tópica privilegiado da narrativa 186
 1.2 Os valores enunciativos de *é* apresentativo "existencial" nas narrativas e a construção de uma dupla mimese, do objeto e do sujeito 189
  1.2.1 O valor concreto do apresentativo e a construção do sujeito de consciência 190
  1.2.2 A dimensão abstrata dos mecanismos referenciais cotextuais ativados pelo apresentativo e a construção do sujeito de consciência 193
 1.3 O valor sobreposto de *é* na marcação do ponto de vista 200
  1.3.1 *É* embreante do ponto de vista 201
  1.3.2 O papel do auxiliar na expressão do valor representativo 205
2. *Há, eis aqui/aí/lá* 211
 2.1 O apresentativo *há* 211
 2.2 O apresentativo *eis aqui/aí/ali* 218
3. O papel dos apresentativos na construção das interpretações e na argumentatividade indireta da narrativa 221

Capítulo 4
O VALOR DELIBERATIVO DOS CONECTORES E MARCADORES TEMPORAIS *MAS, ENTRETANTO, AGORA, ENTÃO, E* NA EMBREAGEM DO PONTO DE VISTA 231

1. *Mas* em enunciados narrativos: um embreador do ponto de vista e um organizador textual 232
 1.1 A análise de Ducrot de *mas* argumentativo 232
 1.2 O ponto de vista, com ou sem *mas*? 238
 1.3 O locutor-narrador narra *P mas Q* e o sujeito de consciência--centro de perspectiva assume *mas Q* 239
 1.4 *Mas* embreador do ponto de vista 246
 1.5 *Mas* organizador textual 253

2. O valor deliberativo dos conectivos e marcadores temporais *mas, entretanto, agora, então, e* 255

  2.1 Quando *mas* permuta com *entretanto* 255

  2.2 Diferença de funcionamento entre conectores e marcadores temporais na marcação do ponto de vista 258

  2.3 Proposições para um *continuum* argumentativo-temporal 260

    2.3.1 O valor argumentativo enfraquecido dos marcadores temporais 261

    2.3.2 O valor temporal enfraquecido dos conectores 263

  2.4 Balanço sobre valores textuais dos conectores e marcadores temporais deliberativos: mimese, dramatização e argumentação indireta 266

    2.4.1 Efeito de mimese 269

    2.4.2 Efeitos dramatização 269

    2.4.3 Efeito de argumentatividade indireta 270

Capítulo 5
PONTO DE VISTA E "ORDEM DAS PALAVRAS": os efeitos cognitivos e pragmáticos da anteposição ou da posposição dos enunciados no pretérito imperfeito em relação ao pretérito perfeito 271

1. A codificação aspectual e a ordem temporal nos encadeamentos pretérito perfeito + pretérito imperfeito 272

2. O enunciado no pretérito imperfeito como comentário do tópico no enunciado no pretérito perfeito 277

3. Ponto de vista do locutor e/ou ponto de vista do enunciador 282

4. Quando a anteposição da descrição de estado aumenta sua dimensão epistêmica, atribuindo-lhe uma dimensão causativa 285

5. Anteposição e lógica narrativa 289

Referências 297

Apresentação

Alain Rabatel, professor da Universidade Lyon 2 e autor de *Homo narrans: por uma abordagem enunciativa e interacionista da narrativa*, compartilha com professores universitários, pesquisadores, alunos de graduação, de pós-graduação e professores do ensino básico, que se interessam pelo estudo do ponto de vista, um valioso trabalho, a partir de abordagens enunciativas. Nessa direção, a obra é um grande contributo a várias áreas do conhecimento, entre elas, Letras, Linguística do Texto, Análise do Discurso, Teoria Literária e Literatura, Semiótica, Filosofia da Linguagem, Comunicação, Direito, Ciências Sociais e Antropologia.

Ressalta-se que o Professor Alain Rabatel é uma das maiores autoridades, no mundo, nos estudos sobre o ponto de vista, em uma perspectiva enunciativa, conforme atesta sua atuação científica, tendo publicados inúmeros trabalhos (livros e artigos) sobre o tema, como pode ser observado na substancial bibliografia, apresentada no final deste volume.

Em *Homo narrans,* o autor desenvolve seu pensamento, a partir de minuciosas análises textuais e discursivas, avançando a teoria, articulando narratologia, linguística e interpretação, em ruptura com os estudos estruturalistas. Igualmente, inova o tratamento dado ao ponto de vista, valendo-se de abordagens não só linguísticas, mas também estilísticas e literárias, considerando as emoções, as sensações, os valores e a estética. Esse conjunto de perspectivas aponta para o leitor a riqueza da obra que está sendo disponibilizada.

Homo narrans foi lançado na França há oito anos, começando a ser publicado, em 2016, em Língua Portuguesa, no Brasil. Esse processo, a ser implantado ao longo do quadriênio 2016-2019, consistirá de quatro **volumes programados**, cujos títulos são:

"*Homo narrans*: pontos de vista e lógica da narração — teoria e análise" (vol. 1);

"*Homo narrans*: pontos de vista e lógica da narração — metodologia e interpretação" (vol. 2);

"*Homo narrans*: dialogismo e polifonia na narrativa — pontos de vista e discursos representados" (vol. 3) e

"*Homo narrans*: dialogismo e polifonia na narrativa — posturas, apagamento enunciativo e argumentação indireta" (vol. 4).

O plano geral e completo da série está explicitado na "Introdução Geral", que o leitor é convidado a ler, neste primeiro volume. O conteúdo dos cinco capítulos que compõem o primeiro volume é focalizado na "Introdução ao primeiro volume", razão pela qual evitaremos ser repetitivos.

Em suas análises textuais, discursivas, sintáticas, semânticas, pragmáticas e enunciativas, o autor faz uso de gêneros discursivos / textuais dos mais variados domínios discursivos, como o político, o religioso, o literário e o midiático, entre outros.

O nosso ponto de vista sobre a obra é tão positivo que nosso maior desejo é compartilhar com todos que realizam estudos sobre textos, materializados em diferentes gêneros discursivos / textuais, o aparato teórico e metodológico, que ora chega às suas mãos.

Por fim, citamos *ipsis litteris* Rabatel (2015), em seu desenho do perfil de leitor que ele sonha para sua obra:

> Queríamos um leitor que gostasse das belezas gramaticais da língua e que se interessasse pelos mecanismos de interpretação que fossem além dos limites da frase. **Um leitor aberto a preocupações filosóficas, sociológicas, estéticas, exegéticas, políticas**... um "homem honesto", na realidade? Pode-se formulá-

-lo, assim, de tal forma que se possa invocar a figura do intelectual que busque articular os saberes, vendo-se como membro de um coletivo, e, ao mesmo tempo, de uma coletividade. Qualquer que seja o nome que ele use, esse leitor nos será útil para contar os desafios desse século nascente. (Grifos nossos.)

Natal, 31 de maio de 2016.

Maria das Graças Soares Rodrigues
Luis Passeggi
João Gomes da Silva Neto

Introdução Geral
POR UMA ANÁLISE ENUNCIATIVA DOS PONTOS DE VISTA NA NARRAÇÃO

O objetivo desta obra é mostrar que a abordagem enunciativa do ponto de vista (doravante PDV), em ruptura com a tipologia das focalizações de Genette, permite ultrapassar[1] uma narratologia de essência estruturalista, ao articular abordagens linguísticas, estilísticas e literárias, ao ceder lugar às paixões, às emoções e às sensações, por intermédio da atenção dada às questões entrecruzadas das vozes e dos pontos de vista, dos valores e da estética.

Essa tomada de posição explica que não se faça, na entrada desta obra, uma enésima apresentação dos quadros gerais da narrativa — isso foi feito em obras teóricas de primeiro plano (Greimas, Genette, Adam).[2] Consideramos, aqui, os elementos estruturantes da narrativa não mais essencialmente como manifestação de estruturas profundas ou como matrizes de engendramentos de narrativas, mas como os traços dos processos interacionais e pragmáticos em que o escritor opera escolhas, em função da situação, do

---

1. "Ultrapassar", no sentido filosófico de *Aufhebung*, indica um movimento que não abole, pura e simplesmente, mas opera, uma síntese que desloca o sentido das noções criticadas conforme uma perspectiva que renova suas significações e os fatores de conhecimento. A problemática do PDV desempenha papel original nesse processo, em curso em alguns trabalhos.

2. Sem contar as inúmeras obras de didatização da análise da narrativa que estão no mercado.

gênero, da imagem dos leitores etc. Essas escolhas, que produzem efeitos no leitor, são analisáveis tanto como indicadoras de pontos de vista sobre a história como sobre a narração. Elas intensificam a análise das interações entre as atividades de construção da diegese e as de sua colocação em palavras, e, por isso, enriquecem a interpretação das obras. Na verdade, elas se mostram como meios de conhecimento por intermédio dos quais escritor e leitor constroem o seu estar no mundo, por intermédio de sua relação com o mundo e com a linguagem, com uma postura reflexiva fundada na dimensão cognitiva da mimese, sem esquecer, no entanto, as emoções, por intermédio dos fenômenos empáticos, assim como as sensações estéticas. Tal escolha teórica supõe ultrapassar a *abordagem imanentista da narrativa* para se apoiar em uma *análise interacionista da narrativa*, inscrita, ela mesma, no quadro da análise do discurso, pelo menos como foi desenvolvida por Maingueneau (2004), a respeito da análise de textos literários, e por Amossy (2006), particularmente, para a análise da dimensão argumentativa indireta.

A ruptura com as abordagens da narrativa que fazem da superfície do discurso a manifestação de estruturas profundas imanentes não implica o abandono dos instrumentos que representam o esquema actancial, os percursos semióticos inseridos no quadro semiótico, os esquemas ternário ou quinário da narrativa, as isotopias etc.[3] Contrariamente, ela convida a reconsiderá-los, nos quadros teóricos que permitem apreender, mais finamente, o jogo interacional dos personagens (teorias das interações), bem como os fatores envolvidos na narração (análises pragmáticas dos atos de discurso, do apagamento enunciativo, da argumentação direta ou indireta), em conexão com uma abordagem renovada da enunciação que cruze suas problemáticas com as da narratologia, para proveito mútuo dos dois paradigmas — a enunciação e a narratologia, tendo tudo a ganhar de uma reflexão sobre as instâncias da enunciação e da narração, sobre o escopo dos fenômenos de responsabilidade enunciativa ou de levar em conta, desde que a análise não se restringe mais aos limites da frase.

---

3. Na realidade, a compreensão profunda dos textos (literários) deveria articular todas as abordagens, inclusive a abordagem estruturalista, que não é o caso de deixar no limbo. O foco da presente obra na problemática do PDV não significa, em momento algum, que as outras teorias do texto seriam sem interesse. Ver, a esse respeito, Todorov (2007, p. 24).

Em suma, é preciso que nos interessemos pelo "homem que conta", se queremos dar a essa atividade do narrar sua dimensão antropológica e linguística, ao "homem que narra", *Homo narrans*, tal como existe no e pelo discurso, a atualização discursiva sendo o lugar de uma construção e de uma transformação, por intermédio das interações dialógicas, que vão além da produção de estruturas profundas. Em outras palavras, é-nos preciso examinar o "homem que narra", não mais por intermédio de uma lógica da narrativa que reduz seu papel a uma voz mais ou menos desencarnada, assegurando funções de "controle narrativo", mas por intermédio de uma lógica da narração que confere a essa voz um corpo, um tom, um estilo, uma inscrição em uma história (em todos os sentidos do termo), gostos e desgostos, posições assumidas que só existem por intermédio da maneira de criar mundos e personagens, e que é profundamente modificada e interrogada por esse processo criador, devido à sua dimensão radicalmente dialógica.

1. *Homo narrans*

Homo narrans indica, portanto, o descentramento teórico em curso da *narrativa* para a *narração*. Esse título merece algumas explicações.

Em primeiro lugar, ainda que pouco se considere, aqui, como idealmente nulas, as variações genéricas, históricas e pessoais, tão importantes, aliás, o *"homem*[4] que narra" é, inicialmente, um *sujeito* que conta *histórias* a um certo *auditório*. Vale a pena demorar-se na noção de sujeito, tanto esse último tem má fama em linguística. Se o corte saussureano língua / fala é fundador de uma ciência da linguagem e permanece, a esse respeito, sempre pertinente, contra todos os desvios de abordagens psicologizantes ou sociologizantes da fala, não é menos verdade que esse corte deva ser repensado, como a isso convidava Bally, já há longo tempo (Paveau; Sarfati, 2003, p. 89-94), a fim

---

4. Faz-se necessário precisar isso? É evidente que *Homo narrans* é o ser humano, para além das especificações genéricas. Estas são importantes, mas, nesse caso particular, toda especificação seria redutora, em relação à universalidade da denominação: isso vale para *Femina narrans*, assim como para uma denominação tão técnica como a de narrador.

de evitar o obstáculo do sujeito ideal e desencarnado da língua, dotado de uma competência universal e absoluta, tal como se encontra no sujeito genérico ou autônomo do estruturalismo, principalmente no gerativismo. Ultrapassar a privação do sujeito implica o necessário levar em conta dos fenômenos psicológicos, sociológicos ou cognitivos que o constroem, sem substituir a análise antropológica pela análise linguística: em suma, trata--se de evitar as imagens, ambas errôneas, de um sujeito idealmente todo poderoso ou de uma teoria inconsistente, sem controle do real, esgotando-se sob os avatares do reflexo.[5] Certamente, o sujeito antropológico[6] (ou filosófico) — que se pode, rapidamente, definir como o suporte de comportamentos, de pensamentos, de falas, de atos e, em resumo, de um destino — não parece *a priori* indispensável para analisar o sujeito do enunciado — que se junta sob o neologismo de subjetividade (Lazard, 2003), isto é, o sujeito *da predicação* e o *sujeito da referência*. Mas a compreensão "plena e inteira" do sujeito da referência vai além das regras cotextuais ou correferenciais da *sujeitidade* para entrar na regra da *subjetividade*, presente em toda parte, por intermédio das escolhas de referenciação do mundo (cf. Forest, 2003), necessitando a compreensão da relação intralinguística do ser com seu entorno e, portanto, a compreensão do sujeito falante em suas relações com o mundo, com o outro, consigo, com a língua, enfim.

No interior do paradigma linguístico, várias concepções complementares do sujeito puseram em causa a concepção do sujeito genérico universal do estruturalismo, ou até mesmo da pragmática anglo-americana. É, de início, o caso da concepção do *sujeito coator*: Bakhtin, com a problemática do interdiscurso e da interlocução, Culioli, com a noção de coenunciação,

---

5. Como parece evidente, quando a língua é reduzida à expressão de normas sociais ou de regras psicológicas exteriores à língua. Desde então, o sujeito dotado de uma competência ideal se transmuta em um *sujeito agido*, dotado de uma linguagem transparente, reflexo de posições agidas e revelador de posições no campo, como na representação de linguagem em Bourdieu (1992).

6. Nossa formulação é de um simplismo exagerado. Sabemos que não existe uma definição única e unitária do sujeito em antropologia ou em filosofia... Aproveitamos essa nota para sublinhar o quanto, nos trabalhos antropológicos, o ser humano é apreendido por intermédio de representações muito sofisticadas. Tendo em conta a complexidade do sujeito falante, lembremos que, para os dogons, para não citar apenas este exemplo, o ser humano não tem menos que oito almas (cf. Descola, 2005, p. 308-311).

Jacques, com a de colocação da enunciação em comunidade, ou Goffman, por intermédio do destaque do papel do alocutário na significação do ato, todos fazem o locutor perder sua esplêndida autonomia. Esse movimento amplia-se com a concepção de *sujeito heterogêneo*: para Authier-Revuz, a heterogeneidade constitutiva da linguagem, devido à natureza socializada do discurso, acompanha-se de uma heterogeneidade mostrada, em razão das não coincidências do dizer. Segundo as teorias psicossociológicas da Escola de Chicago, para Mead, Goffman, a heterogeneidade do sujeito resulta de um interacionismo simbólico, os atores desempenhando papéis sociais, o "Eu" construindo uma unidade sempre posta em questão, por intermédio de sua maneira de desempenhar esses / seus papéis sociais heterogêneos, de aderir a eles, mantendo-os à distância (Goffman, 1989, p. 22). Enfim, a concepção de *sujeito polifônico* questiona a unicidade e a homogeneidade do sujeito, ao levar em conta as vozes e os pontos de vista que atravessam a fala do locutor. De acordo com Ducrot, um de seus maiores teóricos,

> o locutor, responsável pelo enunciado, dá existência, por meio deste, a enunciadores, dos quais ele organiza os pontos de vista e as atitudes. E sua própria posição pode se manifestar, seja porque ele se assimila a esse ou a aquele dos enunciadores, tomando-o como representante (o enunciador é, então, atualizado), seja, simplesmente, porque ele escolheu fazê-los aparecer e o aparecimento deles é significativo, mesmo que ele não se assimile a eles.
>
> (Ducrot, 1984, p. 205)

Em outras palavras, o locutor se torna o responsável pela encenação enunciativa. Em eco a essas representações, *Homo narrans* é triplamente sujeito, sujeito coator, sujeito heterogêneo, sujeito polifônico, nas relações em que o narrador estabelece com seus pares, com seu auditório, assim como com seus personagens, sendo capaz de encenar uma multiplicidade de PDV e de fazê-los dialogar entre si.

Mas a multiplicação dos PDV não implica, de fato, o fim do mito de "Sua Majestade, o Sujeito". As metáforas teatrais da enunciação, como encenação, cenografia, podem alimentar a tese de um sujeito todo poderoso que interioriza o mundo sob a forma de um teatro (de sombras). A narratologia não escapa a esse risco, com a evidência do mito de onisciência do narrador, da potência criadora do escritor demiurgo absoluto, detentor de uma palavra "única", por intermédio da singularidade de seu estilo. De fato, concepções homogeneizantes do Sujeito e de sua potência podem perdurar por trás da cortina da polifonia ou da heterogeneidade. Authier-Revuz encontra essas permanências de um por trás do múltiplo na polifonia de Ducrot, no estatuto do locutor como UM cenógrafo, repartindo a fala entre os diferentes enunciadores, sob o risco de fazer desse último uma instância vazia, solitário lugar fantasmagórico de posturas que o atravessam, sem o constituir, fundamentalmente, senão pela própria atividade da fala, de modo que o locutor aparece em toda parte e em lugar algum, por sua própria conta. O risco existiria, também, do lado do paradigma comunicacional, com o modelo sociocomunicativo de Charaudeau, que inscreve a alteridade no jogo social interativo das intencionalidades, sem pôr em causa, fundamentalmente, a posição destacada do sujeito, por intermédio de seus cálculos sobre a estratégia de seu parceiro, a exemplo das análises interacionais que ressaltam, de forma espetacular, os cálculos do locutor e do interlocutor, "o outro aparece[ndo] com o reflexo do mesmo, via uma regra de conversão" (Authier-Revuz 1998, p. 75). Tais desvios tornam-se inevitáveis, se essas representações teatrais (da enunciação, da comunicação e da interação) articulam-se com uma concepção de linguagem e do pensamento como expressão de um querer dizer que seria comunicado por um mesmo sujeito, sempre da mesma forma, em função de sua posição meta-enunciativa destacada, de dominar a língua e os objetos de pensamento ("Aquilo que se concebe bem, enuncia-se claramente, E as palavras, para dizê-lo, chegam facilmente").

Mas, por mais frequentes que sejam essas representações, elas não são fatais, desde que a enunciação seja concebida como um processo interacional de ajustes sucessivos por intermédio dos quais o locutor / enunciador, por dialogismo externo ou interno, coconstrói um dizer que se analisa como tantas frases de apropriação dos objetos de discurso, via sucessão dos PDV, pelos quais esses mesmos objetos são considerados. Encontram-se traços potenciais desses processos de produção em Benveniste e Culioli. Na perspectiva de Benveniste, por pouco que não seja restrito a uma abordagem normativa dos discursos,[7] o locutor apreende os mesmos referentes, tanto em uma ligação direta com o sujeito da enunciação (enunciação pessoal), como em ruptura com essa ligação (enunciação histórica ou impessoal).[8] O locutor de Culioli constrói seu discurso a partir de posições enunciativas, analisáveis em termos de *centragem* no sujeito enunciador, quando a validação é atribuída ao sujeito — até mesmo de *dupla-centragem*, se o sujeito modaliza suas asserções —, a *descentragem*, quando o sujeito desconsidera o plano da asserção (interrogação, injunção, causação...) e a *excentragem*, quando a asserção está em ligação com uma referência fictícia a partir da qual os eventos são considerados (suposição, probabilidade, possibilidade, necessidade, asserção fictícia...) (Culioli *apud* Ducard, 2004, p. 53). Todavia, mesmo se a instabilidade encontra-se instalada no próprio cerne do processo de produção dos enunciados, é possível, apesar de tudo, conceber esse jogo das posições enunciativas como frases sucessivas, através das quais o locutor se aproxima *in fine* de uma representação verdadeira, estabilizada dos objetos do discurso, compatível com uma certa potência do sujeito: afinal, o sujeito cartesiano só está certo de suas razões após o término de uma série de dúvidas e de questionamentos.

Se se quer encontrar uma abordagem linguística que desestabilizar, radicalmente, a autoridade do locutor, e que, ao mesmo tempo, complexifique o sujeito falante, é na direção de Authier-Revuz que se deve dirigir, na medida em que ela oferece o mais consequente dos fenômenos de heterogeneidade (constitutiva e mostrada), em ligação com a problemática de opacificação dos dizeres, por intermédio de múltiplas não coincidências (não-coincidência interlocutiva entre dois coenunciadores, não coincidência do discurso consigo mesmo, não coincidência entre as palavras e as coisas,

---

7. A abordagem normativa liga, automaticamente, um gênero de discurso a um plano de enunciação homogêneo, como se a escolha de um gênero implicasse a de um plano de enunciação. Ora, a narrativa não implica, necessariamente, a escolha de um plano de enunciação histórico (mesmo que a favoreça), nem a argumentação exige, necessariamente, um plano de enunciação impessoal.

8. Reconhecem-se, aqui, os planos de enunciação de Benveniste, mesmo que ele reduza o plano da enunciação não embreado à enunciação histórica, sem tratar do plano de enunciação impessoal, ou teórico.

não-coincidência das palavras com elas mesmas).[9] Emerge, assim, um sujeito clivado pela e na linguagem, animado por uma função vital de desconhecimento — de mal-entendido — assegurada por um eu ocupado em anular, no imaginário, a divisão, a falta, a perda, o descentramento que afetam o *eu*: a instância do sujeito é "encarregada de assegurar a necessária ilusão do UM, permitindo ao sujeito funcionar como um não-um" (Authier-Revuz, 1998, p. 71). Sem dúvidas, encontramos aí uma saída bem natural para as concepções do sujeito tomadas por empréstimo a Freud e a Lacan, mas é lícito considerar que a ilusória posição de controle concerne da mesma forma ao sujeito da ideologia, tal como foi analisado por diversas correntes da escola francesa de análise do discurso, e que ela diz respeito, também, às análises de Foucault da construção de si ou às das evoluções modernas da função do autor, que interrogam a noção de "grande escritor".

Se, portanto, pensamos em *Homo narrans* como sujeito, é na medida em que sua fala é complexa, heterogênea, mas, ainda, e, sobretudo, porque ela é opaca. Por aquilo que narra e, sobretudo, pelo próprio fato de narrar, encenando diferentes centros de perspectiva, o sujeito que narra abre, potencialmente, uma caixa de Pandora de onde saem vozes autorizadas e outras que o são menos, mas que, no entanto, desestabilizam a autoridade das primeiras, de modo que a narrativa, longe de ser uma ilustração de uma verdade preestabelecida, abre-se para possibilidades infinitas de interpretação. Retorquir-se-á que isso depende dos gêneros da narrativa, das socioculturas, das épocas, e ter-se-á razão. Mas isso não altera em nada o fato de que, em todas as culturas, em todas as épocas, respira-se um ar de liberdade quando se trata de narrativa, em comparação com as lógicas restritivas da argumentação. De fato, a narrativa, em aparência mais controlada (um *exemplum*),

---

9. Daí a clara distinção que ela estabelece entre a noção de reflexividade, como resulta da modalidade autonímica ("Ocorre, quando se fala, que se fala de sua fala") e como ela é afirmada em Ducrot ("Quando se fala, fala-se de sua fala") (Authier-Revuz, 1995, p. 41-45, em Authier-Revuz, 1998, p. 66-67). Em contrapartida, os seguidores do guillaumismo, que apreendem a linguagem por intermédio do cinetismo de atualizações sucessivas (do nome, do verbo, do enunciado ou do texto) do a dizer ao dizer emergente e ao dito realizado, não parecem visados, diretamente, por essa concepção destacada do querer dizer, na medida em que as relações entre esses diferentes estados de atualização não são teleonômicas, mas dinâmicas e dialéticas.

uma vez que é inserida na trama narrativa, abre-se para o continente dos mecanismos inferenciais: se o silogismo constrange e restringe o raciocínio, uma vez que a "conclusão contém, exclusivamente, os termos que figuram nas premissas maior e menor [...], em contrapartida, uma inferência [...] é tal que sua conclusão é sempre mais rica que suas premissas, que ela contém, portanto, novos objetos de discurso" (Grize, 2002, p. 22). Esse é o poder infinito das parábolas e das fábulas. Devido à lógica inferencial da narração, os mecanismos infinitos da glosa são ativados... O fenômeno é, evidentemente, multiplicado com o aumento em potencial da autonomia dos personagens, em relação ao que pôde ser diagnosticado, levemente, como um enfraquecimento da voz autoral. A complexificação do sentido resultante faz do sujeito, menos um estado que um lugar de tensões e de possíveis, produzindo uma perturbação do sentido.

Em segundo lugar, se se reflete sobre o sentido do particípio presente,[10] *Homo narrans*, enquanto sujeito *que narra*, remete muito mais a uma atividade, a um processo que a um produto acabado (a história), contanto que a noção de produto "acabado" seja pertinente, tendo em vista a dimensão pragmática que une *Homo narrans* ao seu público. Ora, uma particularidade essencial e, portanto, subestimada da atividade do narrar, é a possibilidade de seguir o fio da história, a partir de posições variadas. O narrador pode, à sua escolha, privilegiar a perspectiva de um personagem, mas pode também escolher seguir, com a mesma equanimidade, personagens antagonistas. E, sobretudo, quer queira quer não, *pelo próprio fato de que conte a história prendendo-se a tal personagem* — protagonista (sujeito ou antissujeito), secundário (adjuvante ou oponente) —, ele é mais ou menos *obrigado* a considerar os acontecimentos a partir do ponto de vista deles, sem, necessariamente, compartilhá-los. Essa obrigação, veremos, baseia-se no fato de que "a" problemática geral do PDV apoia-se apenas na forma das percepções representadas, à qual demos muita importância em razão do déficit de marcas da análise das percepções em Genette. Ela se manifesta, igualmente, por intermédio das marcas mais explícitas, principalmente no discurso relatado / representado ou,

---

10. O autor refere-se à forma "*racontant*", em francês, que traduzimos pela forma adjetiva "que narra", por não haver, no português usual, termo equivalente (como ocorre, em alguns casos, como "cantante", "dormente", "falante", "pensante" etc.). [N. T.]

ainda, nas marcas mais discretas destinadas à construção de não importa que conteúdo proposicional, naquilo que chamamos PDV narrado ou, ainda, PDV embrionário, essa última formulação apresentando, sem dúvidas, a vantagem de não reduzir essa forma embrionária (e, portanto, a esse respeito, mais discreta, na ausência da modalização), apenas ao universo narrativo.[11] Mas, enfim, que essa forma de PDV embrionária não seja encontrada apenas na narrativa não deve mascarar esse fato fundamental que, devido à própria narração, o narrador se vê obrigado a adotar, ao mínimo,[12] no modo menor do PDV narrado, os PDV de terceiros, quer ele se sinta ou não próximo desses terceiros. Concordaremos que essa empatia mínima e quase involuntária (e, com muito mais razão, se ela é mais forte e voluntária) tem com que complexificar a compreensão da história, devido à própria lógica dos PDV, na narração.

Essa multiplicação dos pontos de perspectiva complexifica as coisas, mas é também suscetível de melhorar sua compreensão. Essa atitude de descentramento, variável conforme os gêneros, as estéticas, os autores, variável, igualmente, conforme a extensão e a complexidade das obras, é um traço característico do homem que narra. *Homo narrans* é, portanto, aquele que é capaz de se colocar no lugar do outro, *até mesmo de vários outros*, antitéticos ou complementares, capaz de entrar nos raciocínios uns dos outros, de fazê-los dialogar. *Homo narrans* é, finalmente, o homem com mil pontos de vista, que sabe empatizar seus personagens e simpatizar com eles, para o maior proveito de seu auditório. Isso não é tudo: *Homo narrans* não é um odre cheio de vento capaz de fazer ressoar alto e forte a voz dos outros, a exemplo de um sujeito polifônico que recusaria implicar-se com suas escolhas. O homem com mil pontos de vista é, além disso, uma voz singular — e, portanto, o sujeito de um ponto de vista singular —, que sabe situar-se em relação aos outros e por intermédio de sua relação com os outros. Compreender-se-á, mais adiante, ao menos esperamos, que uma das figuras proeminentes de *Homo narrans* seja a do sobre-enunciador, que fala com os outros e por sobre a fala deles. O leitor que nos seguirá ao longo desse

---

11. Cf. *infra*, capítulos 1 e 2.

12. Fenômeno que, claro, pode desempenhar *a máxima*, se o narrador toca "todas as cordas da lira", ocorrendo todas as modalidades de PDV, mas que é interessante pelo fato de que o PDV não tem necessidade de formas muito explícitas para existir...

percurso verá que essa postura de destaque, tal como ela emerge do dialogismo interno e externo (consigo e com o outro, em Camus, Calaferte, Ernaux), longe de erigir a figura do sujeito que fala em um autor mestre de uma fala definitiva, não cessa de complexificar o peso de sua fala, a multiplicidade das interpretações, em uma espiral, onde as incessantes glosas que visam clarificar o sentido e justificar as escolhas do sujeito alimentam uma opacificação generalizada, suscetível de pensar o complexo, sem, necessariamente, engendrar um relativismo deletério.

Em muitos aspectos, *Homo narrans* opera a exemplo de Alexandre — e, nessa recursividade mágica que a narrativa oferece, a exemplo de Flahault (1978), contado por Barthes —: é aquele que, de uma maneira ou de outra, faz um "gesto" e "designa" de onde fala, em atividade de narração "intersubjetiva", que é também uma "caça", uma busca de sentido:

> Em certo momento de sua demonstração, o autor analisa, meticulosamente, como ele sabe fazê-lo, as explicações fortemente técnicas que um denominado Alexandre dá aos seus camaradas sobre a caça do javali; o sentido desse monólogo ilumina-se no momento em que Alexandre, ao desenhar em um quadro-negro um ponto de espera, deixa-se ir ao dizer: "eu, eu estava lá". É, em resumo, o que diz o "eu" de Flahault: eu também, eu estou no discurso que é estabelecido aí. Não se pode, efetivamente, falar da linguagem sem reconhecer, de certa forma, "que se está dentro dela"; não se pode tratar a linguagem como uma atividade intersubjetiva sem colocar a si próprio na caça. É, portanto, no grau segundo, a própria fala de Flahault (e não apenas sua demonstração) que é científica: reconhecendo-se um lugar, o "eu" não contradiz a fatalidade topológica que ele relata.
>
> (Barthes, 1978a, p. 8)

Homo narrans está, portanto, sempre, de alguma forma, presente em "o discurso que é estabelecido aqui", narrando ("grau segundo") uma história ("grau primeiro") de forma que nada se exclui da análise, ao concebê-la como uma interação de pontos de vista.[13]

---

13. Apraz-nos citar, no início deste trabalho sobre a narração, os nomes de Barthes e de Flahault. Barthes, pela imensa riqueza e a inventividade de seus trabalhos, pela aliança entre a sensibilidade e a

Disso resulta que *Homo narrans* é, certamente, um criador, mas que é, largamente, filho de suas obras, assim como está no cruzamento das inter-relações pelas quais um homem torna-se o que ele é, ao longo do processo socializado ininterrupto de construção de sua identidade. Todo indivíduo, na singularidade de sua construção social, só existe pelo outro e graças à coletividade à qual pertence, pelos múltiplos pertencimentos que o ajudam a construir sua personalidade, seus valores, a ajustar comportamentos práticos e suas representações. A palavra indivíduo ainda é insatisfatória, pois visamos menos o ser humano, por suas características físicas, que a dimensão social daquele que existe para o outro e pelo outro, em resumo, um processo de singularização / especificação que nos constrói *enquanto pessoa, em relação a outras pessoas*. É o que lembra Arendt (2005), a partir da etimologia da palavra *persona* — da qual a dimensão social e cultural (diferentemente de *homo*) serviu de base para a representação teórica do homem social, sujeito político e sujeito do direito —, ao insistir no fato de que a construção idiossincrática dos sujeitos faz-se pelo viés dos diversos papéis que permitem adquirir o reconhecimento social de seus semelhantes:

> Lembra[mos] a origem etimológica da palavra "pessoa", que foi adotada, quase sem mudança, a partir do latim *persona*, pelas línguas europeias, com a mesma unanimidade que, por exemplo, a palavra "política", derivada do grego *polis*. Não é desprovido da significação que uma palavra tão importante em nossos vocábulos contemporâneos, que utilizamos em toda a Europa para discutir questões jurídicas, políticas e filosóficas muito diversas, deriva de uma fonte antiga idêntica. Nesse vocábulo antigo, ouve-se alguma coisa de fundamental que ressoa com muitas modulações e variações através da história intelectual da humanidade ocidental.
>
> *Persona,* em todo caso, remetia, na origem, à máscara do ator que cobria seu rosto "pessoal" de indivíduo e indicava ao expectador o papel que ele representava na peça. Sobre essa máscara, concebida para a peça e determinada por ela, encontrava-se uma larga abertura no lugar da boca, através da qual a voz individual e nua do ator podia passar. É desse som, passando pela abertura,

---

acuidade científica, e Flahault, pela importância do aspecto antropológico em sua abordagem da linguagem e, particularmente, por sua capacidade de articular, no discurso, as determinações do inconsciente e da ideologia.

que vem a palavra *persona*: *per-sonare*, "soar através de", é, com efeito, o verbo do qual *persona*, a máscara, é o nome. E os romanos foram os primeiros a utilizar o nome no sentido metafórico. Em Direito Romano, a *persona* era alguém, era qualquer um que fosse, simplesmente, membro da espécie humana, asseguradamente diferente de um animal, mas sem qualificação nem distinção específica, de modo que *homo*, como o grego *anthropos*, era, frequentemente, utilizado com desdém para designar as pessoas que não estavam protegidas por alguma lei.

Essa interpretação latina do que é uma pessoa [...] convida a outras metáforas, as metáforas sendo o pão cotidiano do pensamento conceitual. A máscara romana corresponde, com grande precisão, à nossa forma de aparecer em uma sociedade da qual não somos cidadãos, isto é, onde não somos iguais no espaço público estabelecido e reservado à fala política e aos atos políticos, mas onde somos aceitos enquanto indivíduos que desfrutam de direitos próprios e, no entanto, em nenhum caso, como seres humanos enquanto tais. Aparecemos, sempre, em um mundo que é uma cena, e somos reconhecidos em função do papel que nossa profissão nos atribui, enquanto médicos ou homens de lei, enquanto autores ou editores, enquanto professores ou estudantes, e assim por diante. É pelo viés desse papel, ecoando de través, que alguma coisa manifesta-se, alguma coisa inteiramente idiossincrática, indefinível e, no entanto, identificável, sem erro, de modo que ficamos incomodados por uma mudança repentina de papel, quando, por exemplo, um estudante consegue seu objetivo, que era se tornar professor, ou quando uma dona de casa, socialmente conhecida como médica, serve bebida ao invés de cuidar de seus pacientes. Em outras palavras, a vantagem de adotar a noção de *persona* [...] deve-se ao fato de que as máscaras ou os papéis que o mundo nos atribui e que devemos aceitar, ou mesmo adquirir, se desejamos participar do teatro do mundo, são cambiáveis. Eles não são inalienáveis, no sentido em que falamos de direitos "inalienáveis", e não constituem uma instalação permanente anexada ao nosso eu interior, no sentido em que a voz da consciência, como crê a maioria das pessoas, seria alguma coisa que a alma humana traria constantemente consigo.

(Arendt, 2005, p. 43-45)

É evidente que nosso *Homo narrans* é, também, uma *persona narrans*, e os mecanismos de construção social das identidades, tão fortemente lembradas por Arendt, puderam, em certo momento, incitar-nos a mudar o título.

No entanto, não cedemos à tentação: inicialmente, por razões de receptividade: *Homo narrans* soava suficientemente estranho aos olhos do leitor contemporâneo, *persona narrans* teria aumentado o estranhamento, sem aumentar clareza. No fundo, o sujeito, inclusive o sujeito linguístico, é, certamente, uma *persona*, mas é, também, um membro da espécie humana. Parece-nos importante não esquecer essa dimensão, desde que os processos socioculturais de construção de identidades estejam solidamente estabelecidos. Além disso, razões mais fortes apelam em favor de *Homo narrans*: se a máscara romana pareceu a metáfora mais adequada para dar conta dos papéis sociais em um sociedade desigualitária, em que conta não o que são os indivíduos mas o que eles fazem, não é menos verdade que, a nossos olhos, aqui e agora, o horizonte da narrativa é a aceitação dos seres humanos, não mais apenas pelo que fazem, no espaço social, econômico, cultural ou político, mas pelo que são, "enquanto tais", enquanto seres humanos, irredutíveis a papéis e funções (embora esses últimos participem de identidade), em resumo, como *alter ego*, quaisquer que sejam suas diferenças. Com efeito, se o outro é erigido em uma alteridade radical, em um primeiro momento, por causa da apreensão das diferenças, até dos próprios conflitos, em um segundo, em contrapartida, considerado do interior, em situação, por um esforço de compreensão, o outro se torna um dos portadores da tragédia humana universal ou um membro da infinita corte da comédia humana — nosso irmão humano, por tal ou tal tendência, tal ou tal aspiração, tal sonho, tal pusilanimidade ou tal ato de resistência.[14] Há poucos

---

14. É por isso que a problemática do PDV apresenta vantagens para pensar a complexidade e mostra estar em congruência com certo número de saberes para a escola de hoje, segundo Morin (2000): ela oferece menos lições de moral prontas para ser usadas que fundamentos para o substrato das solidariedades. No plano das formas e dos métodos, a abordagem enunciativa das marcas (cf. o capítulo 1 do primeiro volume, ou a introdução ao quarto volume, relativa à noção de apagamento enunciativo) bem como as relações entre percepções e conceitos (capítulo 3 do terceiro volume) rompem com o pensamento binário: aos mecanismos disjuntivos se opõem acúmulos, gradientes, para melhor pensar a ligação entre unidade e diversidade. Cf. E. Morin (2000): *Les sept savoirs nécessaires à l'éducation du futur*. http://www.agora2&.org/unesco/7savoirs/. Ver, igualmente, a obra de David Grossman (2008), *Dans la peau de Gisela*, para uma articulação interessante da questão da empatia na ficção com o reconhecimento do Outro — nesse caso, do Palestino —, no plano político. Para uma extensão dessa problemática na esfera do trabalho jornalístico, ver Rabatel (2006g, 2008b) bem como a citação de Grossman (14), na introdução do terceiro volume. Voltamos a essa questão decisiva do valor cognitivo do PDV na conclusão.

indivíduos desprezíveis que sejam indivíduos desprezíveis radicais, poucos que nos desestabilizam, como leitor, visto que não nos questionamos sobre o que teríamos feito no lugar deles, em circunstância semelhante.

Em outras palavras, o PDV, antes de ser um conceito linguístico, é, primeiramente, uma postura cognitiva e psicossocial, que leva o indivíduo a se colocar no lugar do outro, até de todos os outros, para poder melhor retornar ao seu, e até para poder melhor construir um ponto de vista comum que não é nem escrito com antecedência, nem a soma dos PDV particulares.[15] Nesse sentido, o PDV abre-se para a problemática dos valores e da ética (Leclaire-Halté, 2004), oferecendo a vantagem de investigar esse vasto território, ao se apoiar na base dos materiais linguísticos. De que se trata?

2. A abordagem enunciativa do ponto de vista

Apresentaremos, muito sumariamente, a abordagem enunciativa do ponto de vista, não por ela mesma (esse será o objetivo dos dois primeiros volumes desta obra), mas em suas implicações narratológicas, de modo a mostrar em que pontos ela questiona a pertinência de certas noções fundamentais da narratologia. Delimitaremos, em seguida, os principais domínios nos quais a abordagem do PDV renova a análise da narrativa e de sua narração, em torno da concepção da mimese, da ligação entre centros de perspectiva e dinâmica interpretativa (em outras palavras, do efeito do PDV do lado do leitor), enfim, das relações complexas que o narrador estabelece com seus personagens. Esses diferentes campos nos permitirão sublinhar as relações que a narração estabelece, respectivamente, com a argumentação (principalmente, a argumentação indireta) e com o dialogismo, considerado sob um ângulo linguístico e cognitivo. Aqui, também, essas percepções estarão centradas em suas consequências narratológicas. Quanto às dimensões mais propriamente técnicas, serão objeto dos capítulos seguintes.

---

15. Se os PDV encontram, na ficção, um universo privilegiado para sua expressão, eles não se limitam a esse universo, como mostram nossos estudos de interações (orais, mas não somente) em contexto didático (Ver Rabatel, 2004d, 2004i, 2004o, 2005f, 2006i, 2007a e 2007g).

A noção de ponto de vista é a mais complexa, tanto ela toma emprestado de domínios variados, indo da vista ("ter um belo ponto de vista") à expressão de uma opinião mais ou menos sustentada, mas distinta das verdades científicas ("compartilho desse ponto de vista"), passando pela adoção de um centro de perspectiva narrativo (antes nomeado de "focalização", por Genette, como na narrativa da batalha de Waterloo, contada do ponto de vista de Fabrice Del Dongo, em *La Chartreuse de Parme*), sem contar a operação linguística da focalização sobre uma informação importante, em especial, por intermédio de operação de relevância ("O texto pelo qual eu mais me interessei, nos escritos veterotestamentários, é o *Deuteronômio*").

Feita a coleta das indicações fornecidas pelas acepções precedentes, podemos propor uma definição bastante geral do ponto de vista, no plano de suas dimensões antropológicas e, no entanto, relativamente precisa, no plano de seus mecanismos linguísticos. Em sua forma mais geral, o PDV define-se pelos meios linguísticos pelos quais um sujeito considera um objeto, em todos os sentidos do termo considerar,[16] quer o sujeito seja singular ou coletivo. Quanto ao objeto, ele pode corresponder a um objeto concreto, certamente, mas também a um personagem, uma situação, uma noção ou um acontecimento, porque, em todos os casos, trata-se de objetos de discurso. O sujeito, responsável pela referenciação do objeto, exprime seu PDV, tanto diretamente, por comentários explícitos, como indiretamente, pela referenciação, isto é, pelas escolhas de seleção, de combinação, de atualização do material linguístico.[17] Contrariamente a uma ideia muito disseminada, essas escolhas sinalizam-se apenas explicitamente, por marcas de subjetividade, estampadas como tais. São identificadas, ainda, por intermédio das escolhas mais objetivantes e / ou implícitas.

---

16. Indo da percepção à representação mental, tal qual elas se exprimem no e pelo discurso.

17. Tratar o PDV a partir de marcas linguísticas permite avançar na discussão dos argumentos oponentes, mas apresenta, também, o inconveniente, pelo menos em uma primeira análise, de parecer valer apenas para o francês, em razão das especificidades de cada sistema linguístico. Na realidade, é falso, considerando-se a similitude dos fenômenos cognitivos e das marcas que desempenham papel idêntico em numerosas línguas. A teoria do PDV aqui apresentada pode, portanto, pretender certa generalidade — na condição de tomar as mais extremas precauções para não transportar, tais e quais, análises e marcas que não teriam seu sistema equivalente tal ou tal — pois, para além das suas diferenças, as línguas são todas atravessadas, em um grau ou outro, pela heterogeneidade enunciativa, isto é, pelo intrincamento das vozes dos outros, em seu próprio discurso, fenômeno fundamental para a teoria do PDV.

Comecemos, portanto, por um primeiro exemplo do que entendemos por PDV, menos para ilustrar uma abordagem polimorfa, que é difícil de ser reduzida a um único exemplo, que para compartilhar com o leitor as conclusões narratológicas a tirar de um exemplo, ainda que insignificante, na aparência:

> (1) O filisteu olhou e, quando percebeu Davi, desprezou-o: era um menino de tez clara e rosto atraente.
>
> (*Primeiro Livro de Samuel*, 17, 41. *TOB*, p. 542)

Esse curto trecho de um texto, universalmente célebre, instala Golias como sujeito da percepção (ele "olhou"), precisa a natureza dessa percepção intencional ("desprezou-o"): o "quando" equivale a um "desde que" (o que confirma a versão hebraica), indicando que Golias olhou Davi, deliberadamente, para observar se esse indivíduo iria ser um adversário temível.[18] O leitor compreende, certamente, sem que o filisteu diga uma palavra, que o termo "menino", a menção de "rosto atraente", com uma graça quase feminina, assim como a de tez clara, que caracteriza mais as mulheres que os homens, conotam o desprezo do macho viril em sua idade madura por um jovenzinho que não faz parte do mundo dos homens viris e que não é, portanto, um adversário digno de sua força.

Assim, esse enunciado, escrito pelo narrador, que corresponde ao locutor / enunciador primeiro, coloca em cena um enunciador intratextual, *Golias, que é a fonte enunciativa de um PDV, apesar da ausência de discurso, uma vez que esse último não disse, literalmente, nada*. O PDV representado é um fragmento descritivo que poderia ser parafraseado por uma espécie de monólogo interior implícito, do tipo: "Esse doce rapazinho, não vou fazer mais que dar uma dentada nele!". O locutor / enunciador primeiro relata esse PDV, sem assumir por sua conta a conotação de desprezo,[19]

---

18. Voltaremos à análise linguística desse exemplo, no capítulo 1 do segundo volume.

19. O distanciamento axiológico é discreto, mas existe pelo contraste entre o verbo "desprezou" e a qualificação de Davi: os atributos, orientados positivamente, não evocam, em princípio, o desprezo, exceto se interpretados pelo prisma sádico do homem seguro de sua força, que conduz as relações humanas ao choque do corpo a corpo até a morte. Esse distanciamento indica uma dissonância entre o narrador e o personagem perceptivo. No caso contrário, fala-se de consonância (cf. Cohn, 1981; Rabatel, 1998a, capítulo 4).

mesmo que ratifique a denotação do conteúdo proposicional, a saber, a juventude e a beleza de Davi, na ausência de distanciamento epistêmico.

Quais conclusões de ordem narratológica tirar dessa análise enunciativa? Se as fontes do PDV são os enunciadores, então só pode haver categorias de PDV, com ligação com uma fonte enunciativa, relacionadas com um substrato linguístico. Essa realidade enunciativa explica que existe um autêntico PDV do narrador, quando os objetos do discurso são referenciados sem passar pelo prisma perspectivo de um personagem saliente. Esse seria o caso em (2), se David estivesse descrito com as mesmas expressões, sem que fossem referentes a Golias:

> (2) David apareceu. Era um menino de tez clara e rosto atraente, um adversário que não merecia respeito.

Nesse caso, o desprezo que brota dessa percepção seria aquele do narrador, e dele, apenas. Em consequência, a ideia de uma focalização zero (que Genette explica como ausência de focalização, como ponto de vista do narrador ou como focalização variável, resultante de todas as focalizações — explicações contraditórias, incompatíveis para uma definição científica) não resiste à análise. E nem tampouco a focalização externa, uma vez que não há outra instância enunciativa e narrativa, além do narrador e do personagem. Nessas condições, não é justo invocar um "focalizador externo", que seria o foco da percepção no exemplo seguinte:

> (3) Um menino avançou em direção a Golias.

O próprio termo menino remete a um enunciador anônimo, mais verossimilmente no campo dos filisteus, em primeira análise (mas, como se verá no capítulo 1 do segundo volume, o desprezo pode ser compartilhado pelos correligionários de David). Que o enunciador seja indeterminado não o impede de ter um *status* autoral. Da mesma forma que o PDV do personagem pode remeter a um ator singular ou coletivo ("Os filisteus viram um rapazinho em que Golias daria apenas uma dentada"), ele pode ser anônimo: no entanto, isso não o faz perder seu *status* de PDV do personagem, nem impede esse último de ter acesso a um saber que a narratologia tradicional reserva ao narrador onisciente: "Viu-se aproximar um rapazinho em quem Golias daria apenas uma dentada".

Há certo tempo Ball (1977) enfatizou essa confusão entre focalização "por" (um sujeito focalizador / uma instância) e focalização "sobre" (um objeto focalizado), virando a focalização externa para o lado da descrição objetiva do focalizado. A abordagem anglo-americana, que distingue apenas o ponto de vista externo (o narrador) e o ponto de vista interno (o personagem), é concebida no mesmo sentido de nossas proposições, embora possamos discutir o fundamento linguístico da denominação "externa". Aqui está o ponto fundamental, enunciativo, da discordância com Genette. Não retomamos, aqui, o conjunto da demonstração de 1977 (jamais refutado, desde então): os exemplos alegados como focalização externa dizem respeito ora a um PDV do narrador, ora a um PDV do narrador "em visão externa", isto é, em visão limitada à descrição de um aspecto "externo" de um objeto,[20] como a descrição de uma roupa, de um objeto, e expressa em enunciados objetivantes, com enunciação histórica e, sobretudo, sem traços manifestos de subjetividade.

Além da discordância fundamental com Genette, sobre o número e a natureza das instâncias do PDV, existe um sério desacordo acerca da atribuição de um volume do saber inatingível ligado a cada perspectiva, da onisciência narrativa à retenção de informação máxima em focalização externa.[21] Ora, a onisciência é um dado que nem sempre se verifica nos textos, segundo os gêneros, os tipos de narrador, as estratégias de exposição etc. No fundo, mesmo que esteja manifesta, ela não é, tampouco, reservada apenas aos narradores, uma vez que existem personagens sabedores e, de uma forma geral, a tese segundo a qual os personagens teriam um ponto de vista limitado (com visão externa, segundo Vitoux (1982)), porque não poderiam ter acesso aos pensamentos dos outros personagens, não resiste

---

20. Assim, a descrição física ("externa") de Davi comporta traços da subjetividade ("interna") de Golias, e é por isso que abandonamos essa dicotomia (Rabatel, 1997a) sem fundamento linguístico.

21. Além de não haver "foco" ou fonte enunciativa para a focalização externa, os fragmentos que dependem de uma visão "externa" de um objeto de discurso apreendido por um focalizador personagem ou narrador podem comportar muitas informações, como o constata qualquer leitor de Balzac...

a um exame linguístico minucioso, como mostram os exemplos analisados no capítulo 12 de nossa obra de 1997 (Rabatel, 1997a). Em suma, no plano da materialidade da expressão linguística, não há na língua termos específicos reservados aos narradores ou aos escritores para dizer o acesso aos pensamentos, não há verbos de fala específicos, conforme a pessoa — diferentemente do que se passa nas línguas que conhecem o mediativo (Guentchéva, 1996). É o que mostram os extratos seguintes, que exemplificam, divertidamente, essa tese. De fato, eles põem em confronto, no início e no fim do capítulo, uma jovem comissária (muito cortejada no meio masculino, machista, além disso), que adivinha os pensamentos do seu comensal, um misterioso agente da brigada financeira,[22] particularmente sensível aos charmes da comissária. É significativo que as inferências da comissária Valencia, pelos olhos de quem a cena é apreendida, sejam confirmadas pelas reações de seu colega de mesa e, ao mesmo tempo, confirmadas pelo narrador, na ausência de marcas de distância, o que equivale a uma ratificação por falta:

(4) Pierre Fantin já está lá.
Um *maître* conduz Valérie Valencia à sua mesa, isolada no fundo do restaurante, uma grande cervejaria de estilo 1900, um tanto pretensiosa. A decoração abusa de estátuas em ferro fundido, em ornamentos enroscados ao modo Art Nouveau, sob a assinatura de Guimard. O pessoal, igualmente afetado. Plantas verdes em profusão, também. Depois que pegaram seu casaco, a comissária Valencia sentou-se de frente a Fantin. Encontra-se de costas para a sala. Ela constatará rapidamente: o ás da brigada financeira possui o ar de falar com uma economia de movimentos labiais que desencorajaria um eventual leitor labial, sem prejudicar, no entanto, a clareza de sua elocução.
Ele começa por sorrir, charmoso, fiel à sua imagem, um olho perdido nas reentrâncias de sua blusa.
— Encantado de revê-la, comiss...
— *Eu estou com um bom manequim quarenta de busto, mas você deveria ver quando eu estava grávida!*

---

22. Uma das divisões da polícia judiciária parisiense, especializada em investigação financeira, fraudes no sistema financeiro, repressão à delinquência envolvendo questões financeiras etc. [N. T.]

Ataque frontal que desconcerta o adversário mais que uma reação ofuscada. Fantin enrubesce a contragosto e tenta sair pela tangente.

(Oppel, *Chaton*: trilogie, 2002, p. 141)

(5) Um café e a conta, que dividimos, eu lembro a você.
Pierre Fantin resignou-se com isso. *Na falta de ter a última palavra, ele terá um último olhar — direito ao busto da loura comissária. Valérie Valencia leu os pensamentos em seu rosto como em um livro aberto: um bom manequim quarenta de busto, mas, quais bojos?*
— B, senhor Fantin. B de bofete!

(*ibid.*, p. 152)

Esses dois exemplos manifestam que a comissária sabe o que seu colega pensa, e o próprio Fantin sabe que a comissária sabe o que ele sabe etc. Certamente, essa certeza é baseada em conjectura, o texto poderia até mesmo continuar, indicando ao leitor que as personagens se enganaram completamente. Nada impede: o personagem pode, portanto, construir hipóteses relativas aos pensamentos dos outros atores da história, até mesmo afirmar, com certeza, que ele sabe o que X ou Y pensam. Certamente, ele não está quite, no entanto, pois, para poder acreditar na validade dos pensamentos do personagem, o leitor tem necessidade que estes sejam ratificados pelo narrador, explicitamente ou implicitamente, por falta ou pelos dados narrativos anteriores. Mas essa incerteza que diz respeito aos cálculos mentais do personagem de ficção não lhe é específica: quando não importa qual locutor (sujeito que fala ou personagem real da vida corrente) afirma saber mais sobre um terceiro que o próprio interessado principal,[23] essa afirmação também não é nunca segura, mesmo que a experiência compartilhada entre o locutor, a pessoa sobre a qual ele fala e aquela a quem ele se dirige, possa, nesse caso, também, dar credibilidade a esse tipo de afirmação.

---

23. Para um dado universo de discurso e para um dado tempo, e contanto que o narrador não ponha em perigo seu estatuto privilegiado ao relatar PDV de personagens contraditórios, sem hierarquizá-los, nem marcar com modalização epistêmica, no lugar deles.

O fato de que um personagem possa evocar, principalmente pelo discurso relatado, pensamentos é o índice mais seguro de que os personagens, enquanto centro de perspectiva narrativa, podem ter acesso, como o narrador, à interioridade dos personagens, ou, pelo menos, representá-la, com as mesmas margens de certeza e de erro. Certamente, esse saber *atoral*[24] necessita da garantia do narrador (digno de confiança, por convenção).[25] Nesse sentido, há uma diferença entre as instâncias autoral e *atoral*,[26] mas ela concerne ao crédito. Em resumo, a introspecção de outrem é possível a um personagem, contrariamente ao que escreve Lintvelt (1981, p. 44): "adotando a perspectiva de um ator, o narrador está limitado à extrospecção desse ator-perceptivo, de modo que poderá dar apenas uma apresentação externa dos outros atores".[27]

3. Os pontos de vista na narração

Esta obra revisita um certo número de nossas publicações nos últimos dez anos, posteriores às nossas duas primeiras obras, *Une histoire du point de vue* [*Uma história do ponto de vista* (Rabatel, 1997a)], e *La construction textuelle du point de vue* [*A construção textual do ponto de vista* (Rabatel, 1998a)]. Mas trata-se mais do que uma simples retomada. Os artigos selecionados foram parcialmente reescritos, expurgados das repetições devidas

---

24. Relativo a ator, à ação dramática. [N. T.]

25. O que não exclui que um autor possa contar com essa convenção, ao criar narradores indignos de confiança, o que faz apenas reforçar a norma.

26. Poder-se-ia objetar que o saber dos personagens deve-se ao estatuto de *narrador*-personagem, autor de narrativas encaixadas. A objeção volta-se contra seus autores: o fato de que um personagem possa desempenhar um papel de narrador segundo demonstra a inutilidade dos argumentos que restringem os personagens a um saber limitado. Isso não leva a diminuir as diferenças de função e de estatuto: a superioridade cognitiva do personagem-narrador, superior à de qualquer outro personagem, é menor que a do narrador primeiro.

27. Essa pequena demonstração sublinha os limites do avanço de Rivara (2000), que, certamente, tem o mérito de melhor fundamentar a tipologia de Genette, a partir de dados enunciativos inspirados em Culioli, e que abandona a ideia de focalização externa, mas que mantém uma abordagem normativa do volume de saber das perspectivas atoral e autoral. A respeito dessas questões, em Rivara ou em obras destinadas aos estudantes (Tisset, 2000; Gouvard, 1998), remetemos a Rabatel (2007h).

à apresentação dos quadros teóricos de referência, homogeneizados, inscritos em um procedimento de conjunto [28]. Em suma, trata-se de uma obra que aspira certa coerência (e mesmo a uma coerência certa), centrada na teoria do ponto de vista e nas implicações que dela decorrem para a análise da narrativa e sua narração, bem como na construção textual dos efeitos argumentativos (indiretos) que dela resultam, no quadro de uma "lógica da narração". O conjunto forma um todo solidário, em torno da tese da argumentatividade indireta da narração, tal qual se constrói por intermédio do dialogismo dos pontos de vista.

A enunciação narrativa em ato, que Labov ([1972]1978) expõe a partir das narrativas orais é, evidentemente, muito marcada nas interações orais, na medida dos comentários dos receptores da narrativa que, pela natureza de suas avaliações, influenciam nas escolhas do emissor — escolhas do tema, do seu desenvolvimento ou da passagem para outro tema suscetível de melhor provocar a aprovação do auditório, escolha do registro etc. Mas a dimensão interacionista existe, ainda, seja sob uma forma mediatizada, nas narrativas escritas, literárias ou não[29].

Em sua crítica aos trabalhos estruturalistas sobre a narrativa, Bres (1994) enfatiza que a narrativa não se reduz a um conjunto monológico de estruturas descontextualizadas e de fechamentos internos que remetem a um sentido imanente, a uma estrutura profunda (que recusa toda dimensão "psicologizante" e / ou "sociologizante", em versão autotélica dura). Em referência aos trabalhos de Bakhtin e Labov, Bres ressalta a dimensão sócio-historica-

---

28. Agradecemos aos responsáveis pelas revistas *Langue française, Le français moderne, Travaux de linguistique, Les cahiers de praxématique, Revue de sémantique et pragmatique, Le français aujourd'hui, Bulletin de la Société de Stylistique Anglaise, Linx, Marges linguistiques, Protée, Recherches linguistiques, Recherches textuelles, Poétique, La lecture littéraire, Texte, Semen, Etudes théologiques et religieuses, Revue romane, Estudios de lengua y literatura francesas, Synergies, Romanische Forschungen, Journal of French language studies, Lingvistik og litteraer polyfoni*, e aos editores ou diretores de obras, J. Authier-Revuz, M. Doury e S. Reboul-Touré; E. Roulet e M. Burger; F. de Chalonge; P.-Y. Raccah; J. Asurmendi, R. Burnet, C. Combet-Galland, O. Flichy (Rrenab); L. Perrin, M. Kara, A. Petitjean et J.-M. Privat, J. Pier, F. Berthelot e J.-M. Schaeffer, A. Fontvieille e S. Thonnerieux, P. Hühn, W. Schmid, J. Schönert, que nos deram, em um primeiro momento, a oportunidade para apresentar os trabalhos aqui reunidos, depois aceitaram que os republicássemos, atribuindo-lhes nova coerência.

29. Dimensão interacionista que, assinalemos de passagem, confirma que a literatura não é um meio de expressão desconectado de toda visada comunicativa, como lembra, oportunamente, Todorov (2007).

mente construída do sentido, que decorre das relações práticas dos homens, entre si e com o mundo:

> Não se atinge jamais o sentido das coisas, mas o sentido dado às coisas. O sentido vem, à linguagem, da relação do homem com o mundo. Mas, paralelamente, as relações do homem com o mundo passam pela linguagem. A relação entre linguagem e mundo não é, portanto, mecânica, mas dialética. A linguagem não decalca o mundo: ela o recorta, conforme o trabalho do homem (Bres, 1994, p. 33).

Nessa concepção materialista[30] da narrativa, não há significado preexistente,[31] em consequência, toda concepção da anterioridade da narratividade (enquanto estrutura profunda imanente) sobre a manifestação da narrativa gera o impasse acerca da dimensão dialógica da construção da narrativa. Disso decorre que "o narrado não é, logicamente, anterior ao "narrando"; é muito mais o produto da função referencial da linguagem em sua interação com a práxis" (*ibid.*, p. 34). Na perspectiva interacionista das narrativas, a antropomorfização das narrativas "é a *espetacularização* pela qual o homem representa as relações entre práxis transformadora e práxis linguística" (*ibid.*, p. 36).

Nessa ótica, as relações enunciativas em ação na narrativa não são, portanto, apenas a encenação de um texto preestabelecido ou a manifestação da intencionalidade todo-poderosa do escritor. Elas funcionam como didascálias, indicações cênicas de natureza procedimental, que indicam ao destinatário como se apropriar do texto, a partir de quais centros de perspectiva (esse ou aquele ator, actante ou narrador, essa ou aquela isotopia), como pensar em suas relações, a fim de fazer emergir uma significação coconstru-

---

30. Cf., ainda: "Diremos que a concepção semiótica que deriva o fazer da narrativa das transformações da estrutura profunda é idealista. A organização da significação *procede de* e não *precede* a ação do homem sobre o mundo. É por / para seu agir que o homem dá sentido ao mundo. A significação não está sempre / já lá" (Bres, 1994, p. 35).

31. As noções de onisciência ou de restrição de campo perduram apenas em relação a essa representação imanente, ainda dominante, da narrativa. Ao que se acrescenta a força das "evidências" da experiência comum: enquanto indivíduo, não posso saber tudo; o narrador sabe tudo porque inventa tudo *ou porque conta uma história que já passou, em narração posterior*.

ída pelo leitor, com base nas instruções do texto e nas escolhas de empatização efetuadas pelo leitor. É por isso que uma das dimensões essenciais da dinâmica interacionista consistirá no estudo das relações enunciativas entre narrador e personagens, por intermédio dos conceitos de coenunciação, de sobre-enunciação e de subenunciação. Dessa forma, opera-se, assim, um grande descentramento: a unidade da narrativa não está mais apenas do lado do contado, do enunciado, de suas estruturas, mas do lado de sua enunciação, e de sua coenunciação, no que diz respeito à parte do leitor. Daí, três grandes consequências.

3.1 Reconcepção da mimese: a dimensão cognitiva e pragmática da re-apresentação [representação][32]

Levar a sério essa dimensão pragmática implica uma nova concepção do mimetismo, a fim de superar[33] a abordagem verista que se desenvolve, sem limites, nas representações idealistas da narrativa.

A construção textual do mimetismo não poderia se reduzir à concepção idealista do mimetismo verista, pois ela resulta de uma interação dialética entre o mundo e os sujeitos falantes (e interpretantes). Como Ricoeur (1983-1985) mostrou em *Temps et récit*, ela procede de uma *reconfiguração* da experiência, essa dimensão *con*figurante, sendo uma espécie de interface entre mimese 1 (a dimensão *pré*-figurante) e mimese 3 (a dimensão *re*figurante, pela qual o leitor se apropria do texto, com base nas interações entre mimeses 1 e 2).[34]

---

32. "*re-présentation*", no original. Em seu raciocínio sobre a mimese, o autor faz um jogo com o termo, em francês, "*représentation*" [representação], do qual isola e põe em relevo o afixo "*re*", de modo a distinguir e poder levar em conta, também e ao mesmo tempo, o termo "*présentation*" [apresentação]. No caso, "*re-présentation*" apresenta-se como uma sobreposição dos dois temas. Como não é possível reproduzir o mesmo jogo com o prefixo e uma mesma palavra, em português, adotamos os dois termos emparelhados, mantendo o hífen em "re-apresentação". [N. T.]

33. Ver nota 1, e, *infra*, os trabalhos de Victorri (2002) e Danblon (2002).

34. Ver Ricœur (1983, p. 87-117).

Enquanto atividade cognitiva, o PDV permite conceber o mimetismo como uma re-apresentação [representação]. Essa atividade configurante torna o enunciador na origem da referenciação tanto mais crível quanto esta é global, integrando, não apenas as ações ou as falas dos personagens, mas, também, o prisma perceptivo / cognitivo pelo qual cenas, pausas, resumos são apreendidos. Os centros de perspectiva (personagem ou narrador) são, assim, a resultante de uma dupla mimese (ver capítulo 3) que constrói e garante o personagem, a partir de uma re-apresentação [representação] do objeto operada pelo trabalho perceptual e cognitivo do sujeito. O mimetismo, assim concebido, está atravessado pela questão da reflexividade, uma vez que corresponde aos esforços do sujeito para aproximar-se, mais de perto, da realidade do objeto, em conformidade com o uso que quer fazer de sua representação, mas também em conformidade com o uso desta, na interação em que se encontra envolvido. O mimetismo adquire uma dimensão cognitiva em decorrência do dialogismo interno ao locutor, em razão dos movimentos sucessivos pelos quais ele passa, dos perceptos aos conceitos, ou das novas maneiras de ver e de sentir que resultam das evoluções do pensamento, como uma espécie de diálogo interior que permite melhor aproximar-se do objeto, sem, no entanto, jamais atingi-lo, tanto os perceptos acrescentados aos perceptos, os conceitos aos conceitos e as palavras às palavras alimentam uma espiral infinita do sentido. O mesmo ocorre quando esse movimento externa-se na forma do diálogo vivo com outrem.

Essa dimensão pragmática explica que a narrativa alimenta uma dimensão argumentativa indireta (Amossy, 2006), isto é, que não se apoia no aparelho lógico da demonstração e da lógica natural, mas em topoi, em representações dóxicas. Essas esquematizações (Grize, 1990) são abundantes em uma estratégia inferencial menos coercitiva que a argumentação lógica de base silogística, como se entreviu; as escolhas de referenciação orientam a interpretação do destinatário, quer se trate dos interactantes ou, mais para além, dos leitores. As formas de argumentação indiretas baseadas nas inferências são particularmente eficazes, na medida em que se apoiam nos modos de ver que não estão expressos em julgamentos explícitos, apoiam-se em uma forte conivência. Além disso, como não se apresentam como argumentações, elas não alimentam a contra-argumentação (ver quarto volume, capítulos 4 a 6). Tais mecanismos funcionam em todas as narrativas e não apenas nos textos literários,[35] na medida em que são menos impositivos que a argumentação clássica, e, portanto, bastante persuasivos, ancorando-se em uma atitude de cooperação e em uma lógica da empatização que favorece o como se e a gestão dos desacordos.[36]

Incontestavelmente, a narrativa influi em nossas maneiras de ver, ainda mais eficazmente porque ela propõe, sem impor. Essa força persuasiva da narrativa convida-nos a precisar a natureza das relações entre argumentação e narrativa. Esses dois grandes polos da linguagem humana não ganham nada em ser concebidos em oposição radical, como convida a pensar a apreensão das relações genéticas entre narração e argumentação. Segundo Victorri (2002), a emergência da função narrativa corresponderia ao mecanismo do qual os *homo sapiens sapiens* seriam dotados para evitar crises

---

35. Assim, alguns artigos da imprensa com um esquema narrativo flexível — como, por exemplo, os artigos que avaliam um determinado período, um ciclo de eventos, a exemplo de uma legislatura, de uma campanha eleitoral etc. — apoiam-se nessas estratégias. Um dos artigos do *Le Monde*, que foi objeto de análise na *Semen*, n° 22, relativo à campanha do referendo para a constituição europeia de maio de 2005, baseou-se em uma matriz narrativa, com heróis, anti-heróis, adjuvantes e oponentes, episódios, reviravoltas e papéis reunidos na estrutura frouxa de um percurso narrativo (da vitória anunciada *sim* à sua derrota), enquanto que os dois jornalistas que faziam o papel de narrador eram particularmente discretos, reduzindo a primeira narrativa ao mínimo, com exceção do título — o artigo era intitulado «A campanha desencadeou as paixões francesas» (*Le Monde*, 29 de maio de 2005) –, do lide, das legendas das fotos e dos verbos de fala que destacam o jogo dos responsáveis (Rabatel, 2006g, p. 78-83). Mas esse apagamento do narrador não impede que ele influencie a leitura do evento, representando-o sob a forma do eterno conflito entre tendências dos grandes políticos (Chirac, Hollande, Fabius etc.), conforme uma grande teatralização que lisonjeia os estereótipos mais desgastados da vida política, reduzida a uma luta por lugar (para os políticos) e em uma gesticulação passional (para o povo hostil ao que é tratado). Representação não assumida, evidentemente, em enunciados explícitos dos jornalistas, que sua deontologia obriga a uma certa objetividade — que Koren (1996) orienta a não assumir por dinheiro vivo –, mas que flui, entretanto, do conjunto da cenografia enunciativa e da narração, assim como da escolha das fotos.

36. De fato, a atividade de narração apresenta-se como uma estratégia interessante de gestão dos conflitos, inicialmente, nas interações orais (ver De Gaulmyn, Bouchard, Rabatel, 2001; Bouchard, Mondada, 2005; Rabatel, 2005g). Foi a isso que deu destaque o estudo acerca de uma discussão entre estudantes estrangeiros que argumentavam para determinar se os alunos do primário deveriam fazer (ou não) deveres em casa. Os pontos de vista dos dois estudantes (uma alemã e um brasileiro) eram muito dissensuais. Ora, é significativo, na fase de redação, em que se confirmam esses bloqueios e esforços para reorientar o curso da argumentação, que um dos negociadores narrativize seus argumentos, apresentando-os na forma de cenários fictícios. De algum modo, o argumento, apresentado como uma possível história, em um possível universo de discurso (ou espaço mental), desconectado do espaço mental do interlocutor, permite a continuidade da redação *cooperativa*.

que colocam em perigo a sobrevivência do grupo: os mitos e as religiões encenariam, em forma narrativizada, os grandes conflitos e os imperativos morais aos quais se conformar. "A função narrativa da linguagem desempenha, portanto, um papel capital na expressão das leis sociais que substituem, no homem, as inibições instintivas", ao participar na formulação das leis sociais com interdições explícitas, inicialmente, de uma forma narrativizada, depois, secundariamente, de uma forma reflexiva, graças ao desenvolvimento da comunicação:

> Para escapar às crises recorrentes que desregulavam a organização social, nossos ancestrais inventaram um modo inédito de expressão no interior do grupo: a narração. É evocando, pela fala, as crises passadas, que eles conseguiram impedir que elas se renovassem. A linguagem humana forjou-se, progressivamente, ao longo desse processo, para responder às novas necessidades criadas pela função narrativa, e seu primeiro uso consistiu em estabelecer as leis fundadoras que regem a organização social de todos os grupos humanos.
>
> (Victorri, 2002, p. 121)

Assim, a narrativa dos males passados, com a reconstrução mimética dos ausentes criava uma espécie de visão compartilhada, de natureza mágica, a evocação do drama produzindo um efeito de terror mágico, suficientemente forte para dissuadir os sobreviventes de reviverem os dramas de seus mais velhos[37]. Segundo Girard (1982), os heróis dos mitos que cometeram transgressão são, no entanto, considerados como deuses, porque eles servem para evitar futuros males, pela evocação dos horrores passados (*ibid.*, p, 122-123). A linguagem teria, assim, sido associada, inicialmente, a essas narrações rituais, desenvolvendo as bases da protolinguagem:

> A ideia de uma coexistência prolongada entre protolinguagem e linguagem poderia explicar a extensão do intervalo de tempo que separa, parece, o surgimento de nossa espécie e a "explosão simbólica", que se data de uns quarenta mil anos (cf. Tattersall, 1998). Teria sido necessário esperar que a lin-

---

37. Cf. o estado da "cultura mítica", em Donald (1991); cf., ainda, Knight (1991, 1998) e suas análises antropológicas dos mitos, bem como Girard (1972, 1982).

guagem perdesse, em parte, seu caráter sagrado e sua potência mágica, para que pudesse, gradualmente, invadir a esfera do profano. Esse lento processo teria conduzido a empresa do pensamento simbólico em todos os aspectos da vida cotidiana, provocando, inicialmente, a revolução simbólica do Paleolítico Superior e, de modo mais geral, alimentando esse desejo profundo de dar sentido a toda coisa, que caracteriza nossa espécie.

(Victorri, 2002, p.123)

Danblon (2002) prolonga essa análise a respeito dos tempos históricos, após o surgimento da escrita, seguindo o papel da função mítica na emergência da racionalidade e, mais particularmente, na da argumentação. Sua hipótese genética (naturalista) leva-o a considerar a abordagem da racionalidade humana sob o ângulo de sua própria evolução, atribuindo, particularmente, uma grande importância ao mimetismo.[38]

Em referência a Donald (1991), Danblon indica que "uma das características centrais da mimese é sua aptidão — graças à expressão pública do acontecimento — para separar o referente do signo que o representa" (Danblon, 2002, p. 54; cf., igualmente, p. 157). O mimetismo corresponde, de alguma forma, a um mecanismo de *empatia cognitiva*, no qual o corpo, antes mesmo da linguagem, desempenha um papel reflexivo maior.[39] Essas capacidades miméticas, que constituem as precondições para a emergência da linguagem e que podem ser relacionadas com a noção de pano de fundo, em Searle (1985), bem como com o papel das emoções na construção da consciência, em Damasio (1999a, 1999b), desempenham um papel qualitativamente novo com o desenvolvimento da linguagem. Danblon chega mesmo a propor a hipótese de que "a representação de si e a representação de outrem poderiam constituir os substratos primitivos das categorias retóricas do *ethos* e do *pathos*, do orador e do auditório"

---

38. Da qual sabe-se, aliás, a importância para toda reflexão sobre a narrativa, de Aristóteles a Genette.

39. "A mimese 'traduz' o acontecimento ou o objeto percebido em uma ação controlada pelo corpo; ela é, portanto, baseada na percepção de nosso próprio corpo, no nosso meio ambiente, bem como em nossa capacidade de estocar a representação produzida e de repeti-la em outra situação" (Danblon, 2002, p. 157).

(*ibid.*, p. 138). Assim, existiriam estreitas relações entre mimese e signos icônicos.[40] Em outras palavras, a narrativa mimética participaria da emergência de uma nova forma de racionalidade (acerca da argumentação), o que evidenciaria o papel "argumentativo" da narrativa, enquanto "exemplo" (*paradigma*), no quadro dos raciocínios abdutivos (Danblon, 2002, p. 106-107). Assim, as primeiras narrativas, por sua narratividade (sua eficácia), já são dotadas de argumentatividade primitiva e servem de suporte para a emergência de formas simbólicas de argumentação.

Um dos maiores interesses da tese de Danblon é pensar essa evolução das normas pré-teóricas da argumentação pela narrativa para normas teóricas da argumentação silogística, como um processo cumulativo que não tem nada de linear nem de unidirecional. Pelo contrário, há constante interação, o valor racional primitivo das "antigas" competências narrativas sendo conservado e reorientado nas "novas" formas de racionalidade que, progressivamente, darão nascimento à argumentação.

Provavelmente, essas interações desempenharam um papel na evolução da espécie (Danblon, 2002, p. 234-236), e atuaram, também, no desenvolvimento ontogenético dos indivíduos. Essas hipóteses não têm, apenas, o mérito de propor um esquema interpretativo para pensar as ligações entre narração e argumentação, sob o ângulo histórico. Elas são preciosas, para além do seu interesse especulativo, se articulamos *pano de fundo cognitivo* com seu *horizonte pragmático*, em contexto didático. Com efeito, essa abordagem da racionalidade por intermédio das formas que presidiram a sua emergência apresenta a incomparável vantagem de lembrar que a narração não se situa apenas *nas fontes* da argumentação, mas, também, que ela está presente na própria visada argumentativa, *para todos os sujeitos falantes*, na medida em que o número dos topoi que dão suporte à necessidade de convencer apoia-se em esquemas narrativos muito próximos das esquematizações[41] de Grize (1990). Daí o interesse didático de objetivar passarelas

---

40. O que parece confirmado no plano ontogenético na linguagem oral, na criança (cf. Boysson-Bardies, 1996; Baudonnière, 1997; Tomasello, 1999, *apud* Danblon 2002, p. 161-163).

41. Grize nomeia assim as formas de argumentação de natureza inferencial, que se apoiam nos topoi, nas representações dóxicas, por oposição às formas de clarificação, de natureza mais demonstrativa, baseadas no silogismo. Cf., igualmente, Grize (2002). Ver primeiro volume, capítulo 2.

entre maneiras de argumentar muito variadas, como, por exemplo, ao mostrar que, *hic et nunc*, os aprendizes têm, à disposição, estratégias diversificadas de argumentação, quer se trate de modo de raciocínio abdutivo no qual a narrativa desempenha um papel maior, das esquematizações e dos estereótipos, ou, ainda, do *valor argumentativo indireto que decorre da construção dos efeitos de pontos de vista na narrativa*.[42]

3.2 Centros de perspectiva e dinâmica interpretativa

Multiplicar os centros de perspectiva, mostrar seu papel na construção dos percursos interpretativos, é multiplicar, enriquecer, complexificar as vias de acesso aos textos.

A análise enunciativa interacionista e pragmática das narrativas, baseada na abordagem enunciativa / referencial dos diferentes PDV, permite ao leitor, ainda, penetrar, o mais próximo possível, os jogos dramáticos, os conflitos éticos e as belezas estéticas da obra, adotando todas as perspectivas (as dos diferentes personagens, assim como a do narrador) e estando o mais próximo possível das fontes enunciativas e dos desafios que resultam dessas formas de sentir, falar, agir ou narrar. Isso significa que a identificação está longe de situar-se apenas na identificação do leitor com "aquele que age", em primeiro lugar, com personagem principal. Ela funciona, também, a partir do narrador que conta, a partir das instâncias que veem, que falam. Os mecanismos inferencial-interpretativos do PDV instalam o leitor no interior dos personagens e do drama e, ainda, no interior da máquina narrativa, de modo que essa identificação não faz mais que levar o leitor à situação do *lido* (Picard, 1986), ou, do *lendo*. Do interior do drama que ele reconstrói, colocando-se no lugar de cada um, essa identificação permite-lhe desempenhar um papel de *leitor que lê e interpreta* (Jouve, 1992), estando, ao mesmo tempo, dentro e fora, com todos os personagens cujos PDV é capaz de reconstruir, e por sobre eles, por sua mobilidade, o que lhe permite, assim, recuperar sentido, a partir do interior

---

42. É um dos maiores objetivos do nosso *Argumentar contando* (Rabatel, 2004a).

da obra, e articular a *intentio operis* com a *intentio auctoris,* relacionando-as com as preocupações de seu *hic* e *nunc.*

A multiplicação e a diversificação dos PDV são, portanto, fenômenos cruciais: não porque convidam a se colocar no lugar desse ou daquele personagem ou do narrador, como se acaba de dizer, mas, ainda, porque se baseiam em modalidades diversas e, em geral, complementares de PDV, incitando o leitor a tirar partido de todas as informações do texto, inclusive as mais "banais", as mais fracamente "miméticas", conforme dão indicações sobre os personagens, sobre o drama e permitem ao leitor não estar prisioneiro de um só ponto de vista, e até mesmo compreender que os PDV são construídos, e que ele tem um papel a desempenhar nessa construção, para a compreensão da obra assim como para a compreensão de si.

Daremos, aqui, apenas uma visão dessa problemática, que será desenvolvida no segundo volume, apoiando-nos, uma vez mais, por seu alcance universal, no exemplo do combate de Davi contra Golias, no capítulo 17 do *Primeiro Livro de Samuel.* Não é sem sentido observar que Davi emerge, apenas progressivamente, na narrativa. Dessa forma, esse texto, fundador do que os teólogos chamam a "ascensão" de Davi (para a realeza), manifestava, ao adotar o PDV narrado de Davi, que ele merecia tornar-se rei de Israel, ao construir a imagem de um homem que se eleva para Deus por seus próprios méritos. Constrói-se, assim, uma *teologia narrativa,* mostrando um homem que, por suas ações (por suas obras, não apenas por sua fé), eleva-se até Deus.[43] Essa teologia, em apoio à análise dos PDV, questiona os dados tradicionais da narratologia. Segundo Alter (1999, p. 160), as ações representariam o grau inferior da caracterização dos personagens, autorizando apenas inferências. Ora, em um plano narratológico, o intrincamento dos PDV, no capítulo 17 do *Primeiro Livro de Samuel*, sublinha a importância

---

43. Leitura ainda mais estimulante, uma vez que o leitor familiarizado com o *Velho Testamento* sabe que o capítulo anterior evoca outra versão da ascensão de Davi, que se beneficia da unção do Senhor e, portanto, é escolhido por Deus para ser o futuro rei de Israel em razão de sua fé. *O Primeiro Livro de Samuel* contém, assim, o traço de duas tradições diferentes que coexistem, no processo espiritual, e ganham, ao ser interpretadas, menos como uma contradição a pôr na conta das inabilidades dos autores da antiguidade, que no crédito de uma confrontação de PDV no próprio coração da fé hebraica — e, de fato, no coração de todo crente. Tanto isso é verdade que as teologias evidenciam, mais ou menos, a fé e/ou as obras.

dos atos como critério de uma verdade que engaja o ser por completo, mais seguramente que a fala, mais seguramente que as fanfarronices de Golias, as hesitações de seus correligionários ou as lamentações de Saul.

Assim, as técnicas narrativas e enunciativas do PDV clareiam as análises tradicionais da narrativa, destacam os desafios de sua estrutura, articulando relações entre o agir e o sofrer humanos. Essa análise ecoa na profunda observação de Bres (1994, p. 35), segundo a qual "a organização da significação *procede de* e não *precede à* ação do homem sobre o mundo". Assim, a lógica da narração, apoiando-se na dinâmica inferencial, vem elucidar a narrativa do interior, como se, com efeito, ninguém (compreendamos, o narrador) falasse aqui, e os acontecimentos se contassem por si próprios, porque as ações da *fábula* encadeiam-se (ou parecem se encadear) segundo as motivações dos personagens, "abstração feita" do narrador, conforme uma lógica do *post hoc ergo propter hoc*, que será mais particularmente analisada, no capítulo 5 do primeiro volume, a respeito da ordem das palavras, e que nunca funciona tão eficazmente como quando a narração é transparente, sob a influência das evidências perceptuais, como se o narrador se apagasse de sua narração (cf. quarto volume, capítulos 4 a 6).

3.3 Revalorizar o papel do narrador, inclusive (e, sobretudo) quando é discreto, e de seu discreto (mas ativo) leitor coenunciador

Tem-se entrevisto, à luz do exemplo precedente e de seus comentários, que tal abordagem encadeia, igualmente, uma reavaliação do papel do narrador. Esse movimento diz respeito, por um lado, à existência de uma autêntica perspectiva narratológica, e, por outro, às particularidades de suas manifestações: o narrador pode exprimir seu PDV diretamente (a exemplo das famosas "intrusões do autor"), mas recorre, mais frequentemente, a uma forma de expressão indireta, inserindo seu próprio PDV no dos personagens. Com efeito, devido à sua própria posição de narrador, quer dizer, de um ponto de vista enunciativo, devido à sua posição de locutor primário, cada vez que relata um PDV de um personagem (locutor / enunciador segundo), ele o representa de uma forma que exprime, mais ou menos claramente, a existência do PDV do narrador sobre o PDV do seu personagem... Essa problemática será, inicialmente, apreendida teoricamente, a partir da análise do discurso representado, em seguida, será ensaiada, em um plano prático, nos capítulos consagrados a Ernaux e a Camus, antes de proceder a um novo desvio teórico e prático, nas análises consagradas ao narrador como sobre-enunciador, quando esse último atribui, às palavras de seus personagens, outras possibilidades de funcionamento, por causa da encenação enunciativa destacada, à qual ele procede (quarto volume, capítulo 5).

Se é verdade que o narrador é uma instância, e que esta se apreende a partir de seus atos, então se deve constatar que "o" narrador é, ao mesmo tempo, uma abstração cômoda que se apoia, na verdade, em uma realidade enunciativa fundamental de ser o enunciador primário e, ao mesmo tempo, um sincretismo que não deve mascarar as posições diversas ocupadas pelo narrador na cenografia enunciativa da qual ele é o organizador. O narrador não está apenas com seus personagens, "com eles", "por baixo deles" ou "por cima deles", como mostrou Pouillon ([1946] 1993). Mais exatamente, qualquer que seja sua posição, ele *é* seus personagens, em toda realidade enunciativa, pelo menos. Na verdade, essa reflexão enriquece a reflexão sobre a complexidade da função-autor, na linha dos trabalhos de Barthes (1970) e de Foucault ([1969] 2001a). É, sem dúvida, uma das implicações mais profundas do monólogo interior, mas a problemática está longe de se limitar a isso, como mostra o jogo das autocitações em um escritor do tipo de Renaud Camus.

Compreender as engrenagens e os mecanismos de uma escritura, as estratégias do narrador, pode deixar marcas profundas, sobretudo se essa abordagem enunciativa é vivificada pelo contato com uma história literária que ultrapassa as repetições do neolansonismo[44] e se vincula à materialidade das lógicas que estruturam o campo literário,[45] assim como às regras que regem a cena enunciativa. Afinal, essa abordagem enunciativa leva a sério a articulação

---

44. O autor refere-se à teoria literária de Gustave Lanson (1857-1934). [N.T.]
45. Ver Bourdieu (1992); Viala (1985, 1999); Rosier, Dupont, Reuter (2000); Maingueneau (2004).

entre forma e fundo, ao contrário do formalismo que "considera tão pouco a forma que a desatrela do sentido" (Merleau-Ponty, 2001, p. 124-125).

A teoria do PDV oferece, assim, ao leitor, instrumentos privilegiados para lhe permitir (re)tecer, por seu turno, os fios do texto ou fazer, por seu turno, "a síntese do heterogêneo" — síntese que não se efetua apenas na própria narrativa, como dizia Ricoeur, mas também no próprio ato de leitura, no ato de reconfiguração da narrativa. Nessa perspectiva, o PDV está a serviço de uma pragmática e de uma hermenêutica dos textos (literários e não literários) que faça do leitor "o terceiro no diálogo", conforme a bela fórmula de Bakhtin (1984, p. 332), que lhe permita tomar parte na coconstrução das interpretações, com base nas instruções do texto.

Assim apresentada, a problemática do PDV é essencial a uma boa compreensão e a uma boa interpretação dos textos narrativos. Dever-se-ia dizer que o PDV seria um traço definidor dos textos narrativos? Assim como escrevemos em outro texto (Rabatel, 2005d), o PDV é uma problemática "transversal", apoiando-se em formas de expressão linguística variadas, aparecendo em todos os tipos de texto e em inúmeros gêneros de discurso. Nesse sentido, o PDV não se limita ao vasto universo das narrativas, encontra-se em toda parte, nos textos informativos, nos textos argumentativos etc. Mas, assim como se vislumbrou na leitura do ponto 3.1, *abstração feita das particularidades genéricas dos textos narrativos e argumentativos*, o PDV em ação nos textos narrativos caracteriza-se, sobretudo, por seu caráter propositivo, enquanto que características impositivas concernem, principalmente, aos textos argumentativos (cf. *infra*, capítulo 2).

4. Plano da obra

A matéria de *Homo narrans* é tão vasta que, apesar das escolhas que tivemos que fazer, encontra-se reunida, aqui, a matéria, se não de vários livros, pelo menos de um só livro, em torno de uma só tese, mas disposta em quatro volumes que articulam, cada um, teoria e prática, segundo concepções próximas às que Meschonnic (1970) desenvolveu na apresentação de *Pour la poétique 1*: "A teoria não pode ser extraída senão de uma prática. As proposições aqui experimentadas não devem ser lidas independentemente da prova em que a teoria foi feita e continua a se fazer" (Meschonnic, 1970, p. 7).

Evidentemente, tal prática nem sempre é fácil para o leitor, sobretudo para o leitor apressado ou aquele que adora o conforto das igrejas (estas são também encontradas na linguística) e que não gosta de nada tanto quanto a recitação de um catecismo. Privilegiar a teoria na forma da análise descritiva dos objetos volta a colocar, em primeiro plano, a análise de exemplos, no quadro de um procedimento indutivo. É o que faremos ao longo dos quatro volumes de *Homo narrans*, analisando exemplos precisos (nas partes mais teóricas) ou textos completos (nas partes mais descritivas). Esse procedimento, além de ter a vantagem da falseabilidade, permite avançar na compreensão de textos e dos desafios teóricos. Se, sempre, para citar Meschonnic (1970), "uma terminologia é um instrumento de medida mental" (*ibid.*, p. 11), isso significa que a teoria não tem pertinência apenas para a compreensão reflexiva dos conceitos, na consideração de seu próprio valor, como na reavaliação das noções afins, mas, ainda, na compreensão dos textos nos quais eles se manifestam. Essa dimensão explica a extrema atenção que damos, em muitas de nossas análises, à questão da interpretação, ao ponto que alguns hajam podido pensar que a valorização do sentido fazia subestimar a análise propriamente linguística da produção dos efeitos de sentido. Na verdade, esse não é o caso, mesmo se, aqui, ainda, solicitemos ao leitor sérios esforços de ajuste. Daí, essas duas marcas de fábrica de nossas análises, que relacionam descrição linguística e interpretação, dando-lhes igual atenção na escritura, deixando ao encargo do leitor a construção de um discurso teórico que está, algumas vezes, subjacente ao exame dos fatos. Daí, também, a escolha de haver alternado, nos quatro volumes, uma parte mais diretamente teórica (mas sempre baseada em exemplos) e uma parte mais especificamente descritiva e interpretativa, testando a teoria a respeito de uma obra completa.

O primeiro volume, *Pontos de vista e lógica da narração: teoria e análises*, e o segundo, *Pontos de vista e lógica da narração: metodologia e interpretação*, centram-se na apresentação geral de nossa concepção do PDV. Em seu primeiro volume, a obra apresenta, sucessivamente, a problemática geral do PDV, bem como a história de seu desenvolvimento (capítulo 1), antes de apresentar as modalidades de PDV representados, narrados e assertados e seu pano de fundo argumentativo indireto (capítulo 2). O quadro estando traçado, os capítulos seguintes são consagrados a esse ou àquele aspecto estratégico da marcação dos PDV, em ligação com a perspectiva da construção da mimese e da argumentação indireta, principalmente os "apresentativos" (capítulo 3), os conectores e os marcadores temporais (capítulo 4), assim como a problemática da "ordem das palavras", abordada pela análise semântica e pragmática das séries de enunciados formados por um pretérito perfeito e um imperfeito ou por um imperfeito e por um pretérito perfeito; interessamo-nos, mais particularmente, pelo valor cognitivo do imperfeito e por seu papel na motivação do ato no pretérito perfeito, do ponto de vista da ação e da narração (capítulo 5).

O segundo volume trata de determinado número de pontos fortes da estratégia narrativa e dos efeitos que dela resultam para interpretação. Serão, sucessivamente, abordados três textos bíblicos, *1 Samuel*, o *Deuteronômio* e o *Êxodo* (nos capítulos 1, 2 e 3), consagrados, respectivamente, ao estudo das ações, da repartição dos "tu" e dos "vós", das repetições e das reformulações. Será visto que as questões técnicas, aparentemente menores, são carregadas de desafios interpretativos de primeiro plano, como se observou com o combate de Davi contra Golias. Seguem análises de duas novelas de Maupassant, "A confidência" ["La confidence"] e "A mãe selvagem" ["La mère sauvage"] (capítulos 4 e 5). A compreensão de sua encenação enunciativa revelará um narrador de Maupassant mais complexo que a imagem cínica que não parece corresponder à realidade das duas novelas. Enfim, terminaremos por uma análise do espaço e da temporalidade. A análise do espaço, em "Os loureiros estão cortados" ["Les lauriers sont coupés"], mostrará a que ponto a abordagem enunciativa do espaço diz muito sobre a crise do personagem e sobre as aporias de uma narração original em seu projeto, mas na qual falta seu objeto (capítulo 6). No capítulo 7, serão analisados alguns extratos de Hugo e de Gracq, cuja frequência iterativa influi no volume das percepções, mas também na natureza de sua dimensão epistêmica; em seguida, nós nos dedicaremos às consequências que isso acarreta na lógica da narração, prolongando, assim, em um plano interpretativo, o procedimento iniciado no plano teórico, no capítulo

5, sobre os parâmetros suscetíveis de influir na dimensão epistêmica dos enunciados estativos.

O terceiro volume, *Polifonia e dialogismo na narrativa: pontos de vista representados*, abre com uma introdução que, apresentando os quadros teóricos de referência, põe em perspectiva as relações entre o PDV, os discursos representados e o dialogismo. Seguem dois capítulos consagrados a Bakhtin e a Genette, cujas obras são revisitadas à luz desses aspectos (capítulos 1 e 2). Em seguida, três capítulos tratam da noção de discurso representado (capítulo 3), das relações entre PDV, discurso indireto livre e formas (pré-)reflexivas (capítulo 4), bem como das representações da voz interior, principalmente, o monólogo interior (capítulo 5). Esse terceiro volume termina com a análise da noção de idioleto à luz das representações (e dos PDV) que o narrador faz de seus personagens (capítulo 6).

Em seguida, vêm os estudos de caso, com o quarto volume, *Dialogismo e polifonia na narrativa: posturas, apagamento enunciativo e argumentação indireta*. Inicialmente, o volume repertoria certas figuras de mistura de perspectiva (capítulo 1), em seguida, segue o delineamento da mistura dos PDV e das posturas em alguns escritos pessoais de Annie Ernaux (capítulo 2) e em algumas obras de Renaud Camus (capítulo 3). Uma última parte do quarto volume, "Apagamento enunciativo e argumentação indireta", aborda essa questão a partir da relação entre a voz autoral com os personagens, por intermédio da análise das obras de Semprun (capítulo 4), Calaferte (capítulo 5) e Lydie Salvayre (capítulo 6).

*

O leitor terá, sem dúvidas, constatado que as obras selecionadas (como, aliás, muitos de nossos exemplos pontuais), exceto a *Bíblia*, tratam, de forma privilegiada, dos séculos XIX e XX. Se é verdade que se tem a teoria de seu *corpus*, há, aqui, de que alimentamos a reflexão sobre uma certa maneira de praticar a grande abertura, a menos que seja sobre uma certa maneira de ler textos antigos à luz de preocupações recentes, em todo caso, datados e situados. No entanto, uma tal abordagem do PDV pesa na concepção do romance (porque a maior parte das narrativas vem dos romances). Da mesma forma que começamos citando Barthes, terminaremos com ele: "Chamo romance [...] toda obra em que há transcendência do egocentrismo, não em direção à arrogância da generalidade, mas em direção à simpatia com o outro, simpatia, de alguma forma, mimética" (Barthes, 1978b, p. 226).

É certo que as concepções desenvolvidas nessa introdução correspondem, sobretudo, em primeira análise, à concepção do romance que Barthes propôs no seu seminário do Collège de France. Mas, por mais fascinante que seja o suporte de Barthes, não poderíamos aceitá-lo tal e qual, na medida em que não queremos reduzir a problemática do PDV apenas ao romance, *a fortiori*, a determinado gênero de romance. No máximo, podemos remeter, aqui, um certa atitude em relação ao outro, para entrar em suas razões, compreender / reter os problemas com os quais ele se confronta, entrar em diálogo com ele, assim como com os outros, mesmo que seja por vias indiretas.

Tal procedimento é, particularmente, pertinente para entrar na lógica da narração, devido a suas características gerais. Mas, ao mesmo tempo, não poderíamos insistir demais nesse ponto, não pretendemos que o procedimento deva ser limitado à análise da narrativa. Que desempenhe aí um papel insubstituível, não significa que não possa ser tomada como contribuição para outros contextos e outros textos. Estaremos de acordo que um procedimento compreensivo não poderia prejudicar quem quiser entrar na lógica da argumentação, até mesmo na lógica da informação, e tanto é verdade que aí se encontram, também, quadros nocionais que funcionam como meta-PDV, estruturando as informações (Rabatel, 2007a).

Na dinâmica interpretativa, o papel dos PDV é, portanto, entendido no âmbito de uma abordagem materialista da narrativa, da língua e, mais amplamente, da vida, que vai além da análise das narrativas. Voltaremos a isso, mais detidamente, na introdução do volume 3. Sublinhamos, no entanto, que é nesse âmbito que situamos nossa abordagem de interpretação. Em muitas publicações, ocorreu-nos fazer referência à tradição hermenêutica, para dar relevo ao papel do leitor / intérprete na construção do texto:

> A apropriação tem relação com o que Gadamer chama "a coisa do texto" e que chamo, aqui, "o mundo da obra". O que, finalmente, me aproprio, é uma proposição do mundo. Este não está *por trás do texto*, como se fosse uma intenção

escondida, mas *diante* dele, como o que a obra desdobra, descobre, revela. Desde então, compreender é *compreender-se diante do texto*. Não impor ao texto sua própria capacidade finita de compreensão, mas expor-se ao texto e receber dele um eu mais vasto, que seria a proposição de existência que responde da maneira mais apropriada à proposição do mundo. Compreensão é, então, todo o contrário de uma constituição cujo sujeito teria a chave. A esse respeito, seria mais justo dizer que o *eu* é constituído pela "coisa do texto".

(Ricoeur, 1986, p. 130)

Essa compreensão de si diante do texto significa que o ego não pode se compreender nem se conhecer diretamente. Para Ricoeur, a introspecção é limitada, e o conhecimento de si deve tomar por empréstimo o "desvio" da interpretação, o recurso aos textos. Que se pratique uma abordagem hermenêutica "da confiança", que confia no sentido tal qual é dado, ou uma abordagem hermenêutica "da dúvida", que desconfia do primeiro sentido dado e procede a uma análise crítica (crítica das ideologias, psicanálise, análise estrutural etc.; cf. Grondin, 2008, p. 43), essas abordagens, complementares, apoiam-se em uma abordagem referencial, comunicativa e pragmática da linguagem. Mesmo se não chegamos a defender a tese de Gadamer sobre a dimensão ontológica da hermenêutica, segundo a qual "o ser que pode ser compreendido é linguagem", na medida em que não pensamos que haja compreensão do homem apenas por intermédio da linguagem, tendo em vista a importância das ações, isso não muda o fato de que a linguagem — e, mais particularmente, a linguagem escrita — desempenhe um papel de representação inapreciável para o conhecimento e a reflexividade. Ora, parece-nos que, nesse sentido, o PDV desempenha um papel incomparável. Aqui, assim como a referência a Ricoeur (1983-1985, 1986), impõe-se a de Foucault (2001b). Pensamos, mais particularmente, em sua teoria do conhecimento em *L'herméneutique du sujet*. Nessa obra, Foucault defende uma abordagem conjunta do conhecimento de si (*gnôthi seauton*) e do cuidado de si (*epimeleia heautou*). Ele lembra a função cognitiva do cuidado de si por intermédio das tecnologias particulares (conversão do olhar, purificação, ascese etc.), graças às quais cada um pode tornar-se outro, diferente de si mesmo, para ter acesso à verdade sobre o mundo e sobre si (Michel, 2008). Ora, não se pode pensar que os PDV, pela sua dimensão fundamentalmente empática, pela educação do olhar e pela ascese do trabalho de descentração, pelo cuidado das análises linguageiras e das análises dos fatos humanos, sociais, façam parte dessas técnicas e desses desvios que permitem ao leitor — e, por trás do leitor, ao sujeito — ter acesso a mais Luzes?[46]

Uma última palavra, diretamente para nosso leitor modelo... e nossos leitores reais. Os recortes disciplinares dos professores universitários são, assim, feitos, quer se seja linguista ou literato, até mesmo que se seja sintaxista, foneticista, lexicógrafo, analista do discurso etc.; da mesma forma, do lado das Letras: é-se de um século, quando não se é de um movimento ou de um autor... Essas especializações têm suas razões, mas têm também seus limites. Ora, essas últimas, a despeito das advertências de Jakobson,[47] apenas pararam bastante de se manifestar, de uma forma ou de outra, nas últimas décadas.

Apesar do caráter aparentemente desordenado de nosso empreendimento, queremos, pois, um leitor que se interesse pelos textos literários e que se preocupe com a língua (e reciprocamente). Um leitor literário e linguista (de fato). Queremos um leitor que se interesse pela narrativa, mas que as problemáticas da argumentação o intriguem (e inversamente). Queremos um leitor que goste das belezas gramaticais da língua e que se interesse pelos mecanismos de interpretação que vão além dos limites da frase. Um leitor aberto a preocupações filosóficas, sociológicas, estéticas, exegéticas, políticas...

Um "homem honesto",[48] em resumo? Podemos formulá-lo assim, da mesma maneira que podemos invocar a figura do intelectual que busca articular os saberes, sabendo-se membro de um coletivo e, ao mesmo tempo, de uma coletividade. Qualquer que seja o nome que ele use, esse leitor nos será útil para ler os desafios deste século nascente.

---

46. Cf., *supra*, nota de rodapé 14.

47. "Um linguista surdo em relação à função poética, assim como um especialista da literatura indiferente aos problemas e ignorando os métodos linguísticos são, já, um e outro, exemplos flagrantes de anacronismos" (Jakobson, "Linguistique et poétique", em *Essais de linguistique générale*, 1963, p. 248).

48. "*honnête Homme*", no original. Diz respeito a um modelo de humanidade surgido no século XVII, com os escritores e moralistas da época. Dizia-se do homem galante, dotado de uma boa cultura geral e respeitoso das boas maneiras, conforme o ideal da época. [N. T.]

Introdução

POR UMA ABORDAGEM ENUNCIATIVA E PRAGMÁTICA DOS PONTOS DE VISTA

Após um número bastante considerável de textos consagrados à problemática do ponto de vista, é chegada a hora da avaliação. Esse primeiro volume de *Homo narrans* apresentará marcas dos subdomínios da problemática geral do PDV, problemática que não é mais restrita às percepções como era o caso de *Une histoire du point de vue* (Rabatel, 1997a) e *La construction textuelle du point de vue* (Rabatel, 1998a), a fim de identificar em quais pontos decisivos os processos do PDV trazem o novo sobre a narrativa, e, mais particularmente, sobre a atividade de narração. Faremos isso, defendendo uma forte articulação entre narratologia, linguística e interpretação.

1. Por uma apresentação historicizada e situada do procedimento

A avaliação a que queremos proceder não é fácil: implica escolher entre duas perspectivas escriturais igualmente dispendiosas, embora os inconvenientes sejam inversamente repartidos. Certamente, apresentar os resultados de dez anos de trabalho, seguindo um procedimento sintético que busca resultados, oferece ao leitor o conforto das noções estabilizadas e evita-lhe os tateamentos da pesquisa. Mas a apresentação estática dos resultados deve, em contrapartida, ser consistente e, portanto, alimentar as orientações normativas contra as quais tanto lutamos. Por outro lado, a apresentação histórica e analítica das diversas abordagens da problemática geral do PDV, além de poder desaguar em repetições ou alimentar as contradições, corre o risco de diluir as noções, esmaecendo as linhas de força. Em contrapartida, oferece a vantagem de situar, claramente, os desafios epistemológicos e iluminar o que pode parecer contraditório de um ponto de vista bem distanciado, ao relatar esse ou aquele procedimento em seu domínio de validade, prelúdio de novos avanços. Contas feitas, essa dimensão epistemológica faz-nos privilegiar a escolha de uma apresentação historicizada, situada, de nossos trabalhos, sem negligenciar, no entanto, a exigência de clareza e, de certa forma, a "obrigação de resultado", da qual não poderíamos nos esquivar. É por isso que cortamos, aparamos, ajustamos, sem mascarar as dificuldades ou as evoluções significativas, onde sua compreensão parecia indispensável à apreensão do sentido global do projeto. Assim, espera-se ter considerado o conforto do leitor (coisa estimável) e as expectativas dos especialistas (objetivo desejável), esses dois objetivos sendo menos antitéticos que parecem, à primeira vista: depois de tudo, o especialista é um leitor, e reciprocamente...

2. Resumo das extensões sucessivas dos pontos de vista: um percurso de abordagens semântico-enunciativas do PDV

O leitor nos perdoará, portanto, por algumas páginas mais pessoais que seguem: são as únicas que nos permitimos nesta obra, porque sentimos a necessidade de situar o processo da pesquisa, bem como as questões com que nos confrontamos. No limiar dessa perspectivação, que assume distância em relação à narratologia de essência estruturalista proposta por Genette, invocamos o nome desse último, com gratidão, tanto que ele subsidiou nossa reflexão. É certo que, no trabalho que nos levou a submeter um certo número de conceitos da narratologia à *dúvida metódica da enunciação*, fomos levados, algumas vezes, a criticar, fortemente (e mesmo, vigorosamente), algumas aquisições de sua narratologia. Mas esse trabalho, que não visa fazer tábua rasa das aquisições do passado, situa-se em uma perspectiva científica cumulativa, com a convicção de que a melhor maneira de ser fiel a Genette (como a todo teórico de alto nível) não está na repetição discipular das fórmulas, mas em um paciente trabalho de confrontação minuciosa dos instrumentos com o real (nesse caso, os textos) que eles supostamente devem dar conta... Nossa gratidão e nossa dívida são, igualmente, imensas, embora de outra ordem, para Ducrot, quaisquer que sejam, aliás, como se verá no capítulo 1, nossas diferenças com algumas de suas teorizações.

2.1 Do ponto de vista representado aos pontos de vista narrado e assertado

A problematização linguística do sistema de Genette incitou-nos, em 1996, a focalizar a questão pelo viés da expressão linguística da percepção. A redução do PDV aos conteúdos proposicionais contendo percepções tinha por objetivo mostrar que esses últimos, longe de serem notações objetivas, eram profundamente dialógicos, exprimindo sempre escolhas subjetivas, diálogo interior consigo mesmo ou com um terceiro, diálogo com o qual fazem eco as dimensões cognitivas (interpretativas, reflexivas),[1] axiológicas, ideológicas, tímicas etc., que emergem no *dito* e no *dizer* das percepções, e dão-lhes sua dimensão argumentativa.

Nesse quadro teórico, a percepção é sempre dotada de uma dimensão epistêmica importante, a escolha das denominações e do processo de percepção indicando sempre um ponto de vista e um saber sobre o objeto de discurso percebido. Esse saber é mais patente quando o processo de percepção predicado no primeiro plano é o objeto de uma apreensão detalhada no

---

[1]. A respeito da dimensão mais ou menos (pré)-reflexiva das percepções, ver, no terceiro volume, capítulos 3, 4 e 5.

segundo (Combettes, 1992). Resumimos, aqui, grosso modo, o capítulo 1 de *La construction textuelle du point de vue* (Rabatel, 1998a), que põe as bases do PDV representado, assim nomeado porque a percepção de um objeto do discurso qualquer era nele representada em enunciados delocutivos que não deixavam de ter parentesco com os enunciados contendo discursos indiretos livres.[2] Nesse caso, as percepções representadas pelo locutor primário (o narrador, mais frequentemente) exprimem o PDV de um enunciador segundo, que se mostra como sua fonte enunciativa fundamental, embora não exprima seu PDV em discurso direto. É o que mostra o exemplo (1), em que as frases que precedem a última frase, no pretérito perfeito, desencadeiam as percepções olfativas, auditivas e táteis do jovem Titi, associadas a inferências interpretativas, enquanto que o herói não diz, literalmente, nada.

(1) Um som muito doce vinha da noite, ou então um perfume, a custo perceptível, flutuava na escuridão. Algo de tranquilizador, semelhante ao odor que exala dos barcos e da madeira dos pontões úmidos. Ainda que Titi não pudesse definir a sensação, ele percebia seu efeito. Era como se desaferrolhassem alguma coisa dentro dele, ou como se abrissem uma boca fechada a cadeado, no fundo da sua consciência. E ele compreendeu, num relance, que a fome continuava ali.

(Joensuu, *Harjunpää et l'homme-oiseau*, 2000, p. 7)

A discordância enunciativa entre o narrador primeiro e o enunciador personagem funciona, claramente, em contexto narrativo na terceira pessoa (heterodiegético), mas esse mecanismo enunciativo fundamental opera, também, em contexto narrativo em primeira pessoa (homodiegético), como em (2), na medida em que o locutor / enunciador primeiro (o *eu* que narra), estando em sincretismo com o enunciador segundo (*eu* narrado), mantém

---

2. O parentesco entre PDV e discurso indireto livre não deve levar a confundir as duas formas: o discurso indireto livre é, frequentemente, anunciado por um *verbum dicendi* ou *putandi*; em contrapartida, se falta esse verbo e, além disso, o processo mental apoia-se em percepções, expressas no imperfeito, então a fronteira entre as duas formas é porosa. A respeito dessa questão, reportamo-nos ao capítulo 4 do terceiro volume.

um jogo meio distanciado, meio cúmplice, em relação ao rapaz que ele era, e que já anunciava (e não apenas em um modo sensitivo, como indica a antítese entre "imediato", "agora mesmo" *versus* "mais tarde") o homem em que ele se tornou, capaz de analisar, não sem ironia, mas com real prazer de provocação,[3] uma ambição social devoradora que é, em princípio, de bom tom, mascarar, hipocritamente...

> (2) Foi em Caen, que me foi dado ver, pela primeira vez, o que se chama de "pessoas ricas". Impressão muito boa, imediata. Mais que boa, aliás, admitamos: determinante.
> Ser um dia como aquelas pessoas!
> Isso foi, imediatamente, meu sonho.
> Realizou-se mais tarde.
>
> (Guitry, *Mémoires d'un tricheur*, [1935] 1981, p. 33)

Entretanto, o PDV está longe de sempre corresponder a uma representação das percepções no segundo plano, embora este se preste bem ao desenvolvimento destas últimas. De fato, um exemplo tão comum quanto (3) mostra que o PDV está, igualmente, presente no primeiro plano, por intermédio da referenciação indefinida da fonte perceptiva ("alguma coisa roncou"), que se acompanha de um esforço de interpretação ("como uma cabaça"), embora a natureza exata do fenômeno intervenha na frase, no segundo plano, no imperfeito.

> (3) Todos saltaram para trás. Alguma coisa roncou e, em seguida, rebentou no calçamento, como uma cabaça.
> *Era* o aparelho de rádio.
>
> (Bory, *Mon village à l'heure allemande*, [1945] 1982, p.188)

---

3. Lembremos o pano de fundo político da data da publicação, 1935. Observa-se que, além da gramática, é, aqui, que se dá a discursividade e, notadamente, a textualização escrita, que participa desse jogo, com, particularmente, o destaque das frases-parágrafos que buscam explicitar o que, inicialmente, havia sido vivido, de modo fulgurante, e que não mais hesita em se apresentar como palavra de ordem.

O exemplo (4) mostra esse problema de PDV que se exprime tanto no primeiro plano, quanto no segundo. A fonte enunciativa é idêntica, enquanto que muda o modo de apreensão do objeto: esse último é apresentado tanto em seu aspecto global ou factual, as percepções sendo aí consideradas como um todo, quanto em seu aspecto circular, o fenômeno perceptivo sendo abordado do interior, com um aspecto durativo que permite ao movimento inferencial exprimir-se em toda sua dimensão processual:

(4) Inicialmente, ele seguiu o fluxo do tráfego, guiado pelas placas de sinalização. Enveredou por longas ruas margeadas por casas de madeira com dois ou três andares, coloridas e ornamentadas com sacadas, empenas e pequenas torres. Depois, *de repente*, a paisagem *mudava*: ele observou, entre os segundos e terceiros andares dos edifícios, letreiros de loja, neons publicitários indicando lojas de produtos alimentícios, exaltando a Pepsi Cola [...]. *Depois, novamente, brusca mudança* na paisagem: as casas, alinhadas umas ao lado das outras, *reapareciam*.

(Schlink, Le nœud gordien, [1988] 2001, p. 243s).

A consideração progressiva do paradigma enunciativo na análise dos tempos verbais (Sthioul, 1998; Dendale, Tasmovski, 2001; Haillet, 2002; Mellet, 2003) levou-nos, assim, a completar nossos primeiros trabalhos, exclusivamente centrados no PDV representado, não mais enfatizando a oposição dos planos, em detrimento de dois outros componentes estruturantes da construção da referência, a saber, coesão nominal[4] e coesão lógica (Bronckart, 1996).

Entretanto, há (havia) uma razão fundamental para essa centração na coesão verbal, notadamente na oposição dos planos e no imperfeito: certamente, em contextos de narração na terceira pessoa, o único ponto de ancoragem gramatical de uma discordância enunciativa é o da oposição aspecto-temporal[5] que, nesse caso, equivale às marcas de abertura (passagem de

---

4. Cf. a importância dos fenômenos de construção das cadeias referenciais na marcação do PDV, nos trabalhos de Schnedecker (1996) e de Achard-Bayle (1996b), no n° 20 de *Recherches linguistiques*, bem como em Rabatel (2003g, 2004j, 2005i).

5. A oposição é menos de tempo que de aspecto. É por isso que a discordância enunciativa funciona tão bem, tanto em (2) quanto em (1), enquanto que (2) não se apoia na oposição pretérito perfeito /

uma forma de primeiro plano a uma forma de segundo plano) e de fechamento (passagem de uma forma de segundo plano a uma forma de primeiro plano), análogas ao que se produz com o discurso indireto livre, como observa Vuillaume (2000, p. 116-117).[6]

Seja como for, a definição do PDV proposta em 1998 (Rabatel, 1998, p. 54) merece ser revista, levando-se em conta, de agora em diante, a existência de um PDV embrionário (no primeiro plano, como em (3) e (4)) e as relações multiformes entre o PDV e o discurso relatado,[7] como em (5), em que se misturam PDV representado e discursos relatados:

> (5) Ela [a Senhora de Fontanin] estava de bata, como as suas enfermeiras, mas não trazia véu sobre os cabelos, agora inteiramente brancos. O rosto estava pálido e emagrecido. "Tez de cardíaco", pensou Antoine, maquinalmente. [...] "Talvez não chegue a durar muito".
>
> (Martin du Gard, *Les Thibault* [1920-1937] 1959, t. 3, p. 427)

Pouco a pouco, a extensão da problemática do PDV não foi apenas enriquecida com os PDV narrado e assertado, que exprimem, com o PDV representado, diversas facetas dos relatos de percepção, mais ou menos reflexivos e intencionais. Ela provocou uma aproximação, sob a égide do dialogismo, entre as diferentes modalidades dos PDV e dos discursos rela-

---

pretérito imperfeito, mas na oposição pretérito perfeito / presente. Nos dois casos, as formas aspecto-temporais opõem visada global e secante, e aqui está o essencial.

6. Vuillaume (2000) considera o fenômeno, a bem dizer, apenas como limite de fechamento, quando ele evoca "o emprego das formas verbais de pretérito perfeito, incompatíveis com o estilo indireto livre" (*op. cit.*, p. 117). Mas os exemplos de limites funcionam sob o mesmo princípio, mesmo que Vuillaume não mencione isso, explicitamente, estando mais atento às "expressões que denotam uma atividade verbal ou mental" (*ibid.*, p. 115). Ele dá, como exemplo: "Então, uma ideia a exasperou. Era uma sujeira que essas damas queriam lhe fazer, comportando-se mal na casa dela" (Zola, *Nana*, apud Vuillaume, *ibid.*, p. 116). Observa-se, aliás, que a menção ao processo mental poderia, igualmente, encontrar-se em limite final – como Vuillaume a considera, em seus exemplos (13) e (14) –, até no estilo indireto livre, como índice interno. Cf., igualmente, Sørensen (2002, p. 177-178), para uma lista dos índices de abertura, de fechamento e de marcas internas que se inscreve na longa continuidade dos trabalhos inspirados em Bally (1912 e 1914).

7. Uma vez que o PDV não se apoia mais apenas no imperfeito, as relações entre PDV e discurso indireto livre, ressaltadas por Banfield ([1982] 1995), não são mais as únicas pertinentes, como veremos no capítulo 4 do terceiro volume.

tados, prestes a redefini-los como discursos representados, que não dizem respeito mais apenas à *mistura de vozes*, como o discurso relatado, mas à *mistura de espaços mentais*.

2.2 A parte e o todo: por uma concepção ampla do ponto de vista

Eis por que é preciso nos prevenir contra o que seria um contrassenso grave: o de considerar a abordagem do PDV em nossas obras de 1997 e 1998 como uma representação global do fenômeno do PDV. Essa não foi jamais nossa intenção, e não acreditamos ter alimentado essa pretensão em nossos escritos. Isso teria sido não somente pretensão estúpida – em relação à imensidão da problemática –, mas também uma redução prejudicial – em relação à diversidade de nosso trabalho –, uma maneira de tratar a parte como o todo (*pars pro toto*), quando sempre destacamos que nossa abordagem centrava-se na percepção, sem, no entanto, excluir a abordagem do PDV a partir de outros processos.

Mas o perigo da redução não concerne apenas aos trabalhos voltados para o PDV representado. Em nossas tentativas ulteriores para desenvolver a análise de outras formas de PDV (PDV narrado, PDV assertado), depois, em nossos artigos sobre as relações entre PDV e discurso representado, ampliamos, certamente, o quadro, sem jamais haver querido dar a entender, nesse caso também, que essas três modalidades do PDV equivaleriam, enfim, à abordagem global do fenômeno. Com efeito, essas três maneiras de fazer tentavam dar conta da instabilidade com a qual a língua poderia dar conta de processos perceptivos, utilizando tanto um PDV representado, quanto um PDV narrado, quanto um PDV assertado, mas a ideia forte era que essas modalidades eram sempre pensadas em relação com a problemática das percepções. De modo que essa ampliação do quadro teórico não devia, não deve ser, também, pensada como o todo, uma vez que a parte, mesmo seriamente recheada em relação ao PDV representado, não ambiciona ser o todo, na medida em que esse todo engloba não apenas percepções mas também qualquer outra forma de exprimir um PDV, por intermédio dos pensamentos, das palavras, dos julgamentos explícitos ou, ainda, pelo viés dos modos de referenciação de qualquer processo ou estado, bem como pela escolha dos modos de atribuição das substâncias, de sua atualização e de sua qualificação.

A abordagem de Ducrot, conduzida em não importa quais enunciados, e não apenas nos enunciados referentes a percepções, falas ou pensamentos, foi, progressivamente, integrada ao nosso procedimento, é verdade, não sem flutuações, evidenciando, principalmente, variações de definição do PDV narrado, esse último sendo definido, tanto de forma limitada, como narrativa perceptiva embrionária, no primeiro plano (Rabatel, 2005d, p. 65), quanto de forma mais ampla, indo além das percepções, e chegando à abordagem genérica de Ducrot. Encontram-se traços dessa flutuação em nosso artigo de *La lecture littéraire*, n° 4 (Rabatel, 2000a), que trata dessas questões pela primeira vez, e onde a referência à seleção, à combinação das informações (cf. a citação de Bal e a referência à teoria da evidencialidade) levava o PDV muito além dos relatos de percepção, como marcador evidencial de escopo muito mais amplo que apenas as percepções (Rabatel 2000a, p. 222). Acerca desse plano, há uma real oscilação da qual estávamos conscientes (*ibid.*, p.196), e que resultava de tensões contraditórias entre, de um lado, uma abordagem global dos fenômenos, e, de outro, uma abordagem limitada às percepções. Essa tensão é encontrada, igualmente, a respeito do PDV assertado: tanto como sendo evocado em sua relação com o PDV representado, para significar que se pode dar conta das percepções, passando, seja por um PDV representado, narrado ou assertado (era o sentido profundo dos quadros e das manipulações de exemplos em *Langue française*, n° 132 (Rabatel, 2001e), *Travaux de linguistique*, n° 46 (Rabatel, 2003d), *Cahiers de praxématique*, n° 41 (Rabatel, 2003a), do qual muitos traços serão encontrados nos capítulos seguintes), como sendo PDV do enunciador de não importa qual asserção, e não apenas asserções que dizem respeito a percepções, como em *Le Français aujourd'hui*, n° 151 (Rabatel, 2005d, p. 66).

Seja como for, se a verdade de uma teoria está na sua prática, então verificaremos, no segundo volume, que os estudos de textos, limitados que sejam os fenômenos linguísticos e estilísticos observados, apoiam-se, também, em uma abordagem tão ampla quanto possível dos PDV em ação, a fim de dar conta dos textos, sem se limitar a identificações formalistas estéreis. Os mecanismos do PDV, genialmente identificados por Ducrot, vão além, legitimamente, do quadro dos relatos de percepção, apoiando-se na compreensão de um mecanismo enunciativo-referencial em ação por todo lugar. Desde então, o PDV em sentido amplo dá conta de pontos de vista de todo tipo, em todos os contextos. É essa concepção alargada[8] (de Ducrot – dê-se o mérito a quem o tem) que foi desenvolvida nas análises de textos filosóficos, que não tratavam das percepções, principalmente nos artigos sobre a Utopia, sobre o *Dictionnaire philosophique* de Comte-Sponville (2001), em nossos artigos consagrados aos PDV na mídia, bem como a respeito da análise de *corpora* orais, além dos artigos consagrados à análise de textos literários que estão reunidos no segundo volume.[9] Se for, realmente, necessário pesquisar um todo, é desse lado que ele se encontra, em uma abordagem enunciativa atenta aos traços do enunciador, em qualquer enunciado, sem eliminar da análise estes ou aqueles enunciados, devido ao seu conteúdo semântico.

3. Apresentação dos capítulos

Os capítulos deste primeiro volume apresentam o quadro geral da extensa problemática do PDV. O capítulo 1 focaliza as bases da abordagem enunciativa do PDV, particularmente a disjunção locutor / enunciador, crucial para a análise disjunta da atualização dêitica e da atualização modal. Para isso, faremos um retorno crítico às tensões que afetam a análise da subjetividade em Benveniste e, em seguida, à sua concepção de referenciação, antes de apresentar as bases linguísticas do PDV, destacando as particularidades de nossa abordagem, em relação à de Ducrot, no que concerne à hierarquização dos enunciadores. Ao final desse longo percurso, listaremos

---

8. Convém, ainda, dizer que a abordagem de Ducrot não é a última palavra da história (teórica) da noção, se pensarmos na forte dimensão semiótica da problemática, para a imagem fixa ou móvel. Cf. os trabalhos de Jost (1987) e Matsuhita (2005).

9. Ver as referências na bibliografia.

algumas marcas externas ou internas dos PDV, que têm a dupla característica de marcar, mais ou menos fortemente, as dimensões cognitivas, expressivas do PDV.

O capítulo 2 avalia a extensão da problemática do PDV, de acordo com várias perspectivas. De um lado, interessa-se pelas ligações entre PDV e focalização, PDV e empatia, reflexão que precede a extensão da problemática do PDV representado aos PDV embrionários (ou narrados) e aos PDV assertados. Decorre que, por um lado, o PDV não está ancorado apenas nas percepções e, por outro lado, as especificidades de sua marcação, sobretudo no PDV representado, no PDV narrado e em algumas formas elípticas do PDV assertado, apoiam-se no que Grize chama de esquematizações, que alimentam uma dinâmica inferencial na dimensão argumentativa indireta do PDV.

Essa dimensão argumentativa fundamental é o objeto das análises linguísticas e de seus efeitos narratológicos, nos três capítulos seguintes. O capítulo 3, consagrado aos apresentativos é [*c'est*], *há* [*il y a*], *eis* (*aqui, ali, acolá*) [*voici / voilà*], mostra que, nas narrações, mais particularmente, estes últimos manifestam um valor representativo-enunciativo variável, no entanto, sempre sensível, e, como tal, participam da construção da dupla mimese do objeto e do sujeito-enunciador na origem da re-apresentação [representação].[10] As relações textuais entre segmentos à esquerda e à direita do apresentativo, bem como as predicações das quais ele é o pivô (particularmente como operador de transição tópica e nas construções segmentadas) exprimem o ponto de vista de um enunciador-personagem distinto do narrador. Esses relacionamentos assumidos pelo enunciador são, igualmente, coconstruídos, partilhados com o coenunciador, que adere, tanto mais a essa representação, quanto mais esses objetos parecem estar postos sob seus olhos, e os relacionamentos em volta desses mesmos objetos parecem resultar, naturalmente, de sua referenciação, como evidências compartilhadas.

---

10. "*re-présentation*", no original. Em seu raciocínio sobre a mimese, o autor faz um jogo com o termo, em francês, "*représentation*" [representação], do qual distingue e põe em relevo o afixo "*re*", de modo a distinguir e poder levar em conta, também e ao mesmo tempo, o termo "*présentation*" [apresentação]. Como não é possível reproduzir o mesmo jogo com uma mesma palavra, em português, adotamos os dois termos emparelhados, mantendo o hífen em "re-apresentação". [N. T.]

O capítulo 4 mostra que, nas narrações em terceira pessoa, os conectores e marcadores temporais são susceptíveis de indicar a abertura de um PDV do enunciador-personagem ou das etapas significativas de seu desenvolvimento. Se *mas* embreia, diretamente, o PDV, em razão de seu valor argumentativo, *entretanto, então, agora, e* desempenham apenas um papel de coembreagem do PDV, na medida em que os movimentos deliberativos, patentes com o valor argumentativo, permanecem latentes com o valor temporal, e só são sensíveis em correlação com a marcação do PDV. Esse valor deliberativo / enunciativo de força variável, comum aos marcadores temporais e aos conectores lógicos, argumenta em favor de um contínuo argumentativo-temporal, os conectores lógicos e os marcadores temporais tendo, cada um, além do seu valor de base, um valor temporal ou um valor argumentativo enfraquecidos. Esses mecanismos são cruciais, de um ponto de vista narratológico: ao desempenhar um papel de marcador de PDV, eles contribuem, fortemente, com os efeitos do real, dando ao personagem uma dimensão cognitiva que aumenta sua autonomia. Esse fenômeno, conjugado com a discrição do narrador, explica que a narração escreve-se como que sob a motivação dos personagens, conforme a lógica do *post hoc ergo propter hoc*. Além disso, o valor deliberativo dos conectores e dos marcadores temporais intensifica a dramatização da narração, que incide, simultaneamente, sobre a apropriação dos efeitos de real (ou o jogo com esses mesmos efeitos) e sobre os efeitos indiretos da argumentação mostrada.

O capítulo 5 prolonga a reflexão sobre os efeitos narratológicos da lógica do *post hoc ergo propter hoc*, ao abordar a questão da ordem dos enunciados nos pretéritos perfeito e imperfeito. Ele explica como a impressão de avanço do tempo (quando o pretérito imperfeito denota um fato concomitante ao processo no pretérito perfeito) resulta da atividade inferencial (cognitiva) do sujeito perceptivo. É esta mesma atividade que permite atribuir os comentários expressos no imperfeito ao personagem centro de perspectiva. Mas a ordem dos componentes desencadeia outras consequências semânticas fundamentais. De fato, conforme o lugar do enunciado estativo no imperfeito, seu valor cognitivo varia, sensivelmente. Posposto ao enunciado no pretérito perfeito, o enunciado estativo no imperfeito tem um valor factual, as informações limitando-se a uma compreensão informacional limitada ao momento da percepção. Antepostas, as informações mudam, quantitativamente, os dados informacionais, não sendo mais limitados ao momento da percepção. As informações também mudam qualitativamente, porque adquirem uma dimensão causativa ou explicativa que motiva a ação expressa no passado. O raciocínio não é, aliás, próprio aos enunciados estativos, confirmando, assim, que os mecanismos argumentativos indiretos, que foram privilegiados aqui, estão longe de valer apenas para os PDV perceptivos.

Assim, os capítulos deste primeiro volume caracterizam-se pela marca do olhar do enunciador sobre a sintaxe, e pelos efeitos semântico-pragmáticos que dele resultam para a interpretação geral dos enunciados, assim como para a interpretação, mais específica, das narrações. Mais fundamentalmente, eles mostram que os PDV não se restringem apenas a influenciar a narrativa (a *fábula*), eles afetam sua narração, e é precisamente nisso que reside a eficácia de uma voz que sabe fazer-se ouvir, sem se manifestar enquanto tal, pesando, assim, de forma tão decisiva quanto discreta, nas interpretações.

Capítulo 1
A PROBLEMÁTICA GERAL DO PONTO DE VISTA

Analisar um ponto de vista é recuperar, de uma parte, os contornos de seu conteúdo proposicional e, de outra, sua fonte enunciativa, inclusive quando esta é implícita, a partir do modo de atribuição dos referentes e dos agenciamentos das frases em um texto.[1] Em uma tal abordagem, enunciação e referenciação pertencem a uma problemática comum, considerada de dois pontos de partida opostos, mas que se juntam no discurso: a enunciação parte dos traços do sujeito enunciador para ir até englobar as escolhas de construção dos referentes, enquanto a referenciação liga-se à construção dos objetos do discurso, e recupera aí escolhas que remetem a um enunciador determinado, ou a vários. Em resumo, enunciação e referenciação são solidárias, tão solidárias quanto eram o frente e verso que servia a Saussure para marcar, no signo linguístico, a unidade do significado e do significante. Solidárias, aliás, em duplo aspecto, na medida em que construem no discurso efeitos pragmáticos que exercem uma influência notável na interpretação dos enunciados pelo destinatário real ou adicional e, portanto, sobre o leitor.

---

1. Passar da frase (que é o quadro no qual Ducrot trabalha, em essência) ao texto, que é o que analisamos, não se dá sem retomar as instâncias do PDV e o modo de reagrupar os PDV. Essa questão é evocada mais adiante, na subseção 3.4 deste capítulo.

1. A teoria estendida do PDV em Ducrot

Ducrot (1984) entende por ponto de vista *todo* conteúdo proposicional cujo modo de atribuição dos referentes remete a um enunciador na origem desse conteúdo:

> Chamo "enunciadores" esses seres que, supomos, exprimem-se por intermédio da enunciação, sem que, no entanto, sejam-lhes atribuídas palavras precisas. Se "falam", é apenas nesse sentido que a enunciação é vista como exprimindo seu ponto de vista, sua posição, sua postura, e não, no sentido material do termo, suas falas.
>
> (Ducrot, 1984, p. 204)

Quanto ao locutor, que é o autor físico do enunciado, ele "se assimila" ao enunciador fonte do PDV, se está de acordo com este ou, nos casos contrários, distancia-se dele. Essas afirmações, tão frequentemente citadas, são complexas, por vezes enigmáticas: Ducrot não diz nada sobre o conteúdo do ponto de vista enquanto tal;[2] ele insiste no fato de que a expressão de um PDV não passa, necessariamente, por "palavras precisas". Sua abordagem não é semântica (no sentido referencial, representacional do termo) — ela é enunciativa e pragmática. Ducrot não é também mais prolixo no que se refere às relações entre o locutor e o enunciador: ele os distingue, rompendo com Benveniste, que nunca fala de enunciador, mas do locutor na origem dos atos de enunciação,[3] sem desenvolver o alcance de um posicionamento original.

Sob sua forma linguística, tal como Ducrot acaba de definir, o PDV *pode* corresponder seja a definições semânticas restritas a essa ou àquela entrada (por exemplo, o estudo das opiniões, o das percepções), seja a uma abordagem global, indiferente ao conteúdo semântico (na ordem da definição

---

2. Ou a um embrião de conteúdo proposicional cujo significante está suficientemente predominante no cotexto ou no interdiscurso, para remeter a um PDV expresso em uma asserção (ou várias) completa, formando um conteúdo proposicional completo.

3. Charaudeau; Maingueneau (2002, p. 220-224, 226).

do conceito, mas, muito evidentemente, não ao plano da descrição dos enunciados), baseada nos traços de escolhas enunciativas da referenciação dos objetos de discurso.

Como já dissemos na Introdução, isso não deve fazer crer que duas concepções se oporiam, uma restrita às percepções em contexto narrativo e, portanto, narratológica, e outra, linguística, baseada em uma análise enunciativa que leva em conta valores pragmáticos dos enunciados em língua.[4] Se diferenças há, não ganham em ser forçadas, visto que as duas abordagens são enunciativas, preocupadas com efeitos pragmáticos dos enunciados.

Qualquer que seja, considerando-se o caráter sibilino da definição ducrotiana do PDV, sentimo-nos no dever de precisar em que sentido utilizamos suas teorizações. Isso nos leva a voltar à distinção locutor / enunciador e, portanto, à diferença entre atualização dêitica, de um lado, e atualização modal, de outro, mesmo que seja arbitrário distinguir, radicalmente, essas duas atualizações. Em resumo, para bem compreender a originalidade da posição de Ducrot, impõe-se um rápido retorno a Benveniste.

2. Subjetividade, dêixis e sujeito modal[5]

Na sua teorização do aparelho formal da enunciação, Benveniste distingue:

(i) as séries pragmáticas pronominais (pronomes de primeira e segunda pessoas, possessivos aferentes), os índices de ostensão (pronomes, determinantes e advérbios de base demonstrativa), os marcadores temporais egocentrados (verbais e adverbiais);

---

4. É por isso que, neste capítulo, especialmente, uma vez que o objetivo é propor, se não uma teoria geral do PDV, pelo menos uma abordagem estendida da problemática, não limitaremos a escolha de nossos exemplos a textos narrativos.

5. A seção 2 foi publicada em Rabatel (2005c). Para análises mais amplas, o leitor se reportará a Ono (2007).

(ii) os fenômenos de responsabilidade enunciativa latente pelo viés dos subjetivemas de todo tipo, relativos à modalização (modalidades frásticas e modalizadores adverbiais) (Benveniste, 1966, p. 83-85).

Segundo Benveniste, esses conjuntos constituem sistemas. No entanto, esse sistema opera em nível (i), mas não em nível (ii), na medida em que a presença dos marcadores dêiticos não implica, necessariamente, uma forte presença de subjetivemas. Reciprocamente, a presença de subjetivemas pode tirar proveito de um posicionamento anafórico: encontra-se aí a base da oposição entre o posicionamento enunciativo e a marcação das modalizações e qualificações atribuíveis ao sujeito modal. A distinção pode parecer supérflua, porque o locutor é sempre também um sujeito modal. Mas se esse sincretismo não é negável, sua recíproca é, no entanto, radicalmente contestável, na medida em que todo enunciador, enquanto sujeito modal na origem de um ponto de vista, não é obrigado a exprimir seu ponto de vista ao se tornar locutor.

Em 1970, Benveniste corrige sua abordagem negativa da "narrativa", não a definindo mais por exclusões e condições restritivas, mas como lugar de um aparelho forma-específico (Philippe, 2002, p. 20). No entanto, contraditoriamente, Benveniste limita a enunciação à enunciação discursiva, apenas, retirando da definição (mas não da análise das marcas) toda consideração pragmática que estava no centro de sua primeira definição de enunciação: "toda enunciação que supõe um locutor e um ouvinte, e, nesse primeiro, a intenção de influenciar o outro sobre alguma coisa" (Benveniste, 1966, p. 242). Em 1970, "a enunciação é essa colocação em funcionamento da língua por um ato individual de utilização [...]. Esse ato é o fato do locutor que mobiliza a língua por sua conta" (Benveniste, 1974, p. 80). A comparação das duas versões mostra as prudências da versão de 1970, mas uma prudência custosa, uma vez que ela retira a questão, embora decisiva, de saber se a influência do outro pode operar, fora da enunciação de discurso, e como. Constata-se, portanto, que os aspectos normativos / prescritivos de 1959 desapareceram, felizmente, enquanto que a questão pragmática da relação com o outro é abordada, apenas oblíqua e restritivamente, por intermédio da invocação dos fatos linguísticos e discursivos relativos à enunciação pessoal: "grandes funções sintáticas" (como a interrogação, a intimação, a asserção), todas as formas de modalização, "a ênfase na relação discursiva com o parceiro", com a forma do diálogo (Benveniste, 1974, p. 84-85).

Ora, uma coisa é que essas marcas aparecem na enunciação de discurso, uma segunda, é verificar se elas não aparecem apenas nesse âmbito, e, uma terceira, é examinar como a interrogação, a intimação etc. exprimem-se no âmbito de uma enunciação histórica. Ao não evocar essas questões, Benveniste presta-se a uma leitura estreita dos fenômenos enunciativos, reduzidos apenas à enunciação pessoal. Em outras palavras, a questão que não é posta — e que desequilibra a reflexão no entanto considerável de Benveniste — é determinar sob que formas e sob quais modalidades se manifesta a subjetividade na enunciação histórica e, além disso, em toda enunciação não ancorada na situação de enunciação:

> (l) Quatorze de julho, Tomada da Bastilha. Eu assistia, como espectador, a esse assalto contra alguns inválidos e um tímido governador: se houvessem mantido as portas fechadas, jamais o povo teria entrado na fortaleza. Vi darem dois ou três tiros de canhão, não pelos inválidos, mas por guardas franceses, já havendo subido nas torres. De Launay, arrancado de seu esconderijo, após haver sofrido mil ultrajes, está inanimado sobre as escadas da prefeitura. O diretor dos comerciantes, Flesselles, a cabeça estourada por um tiro de pistola. É o espetáculo que os beatos sem coração achavam tão belo. Em meio a essas mortes, as pessoas entregavam-se a orgias, como nas perturbações de Roma, sob Óton e Vitélio. Faziam passear em carruagens *os vencedores da Bastilha*, bêbados felizes, declarados conquistadores no cabaré.
>
> (Chateaubriand, *Mémoires d'outre-tombe*, v. 8, Bibliothèque de la Pléiade, t. 1, p. 168)

> (2) Há livros que têm, sobre a alma e a saúde, efeitos contrários, conforme seja uma alma inferior, uma energia vital fraca, ou uma alma elevada, uma energia potente que os use. No primeiro caso, esses livros são perigosos, corrosivos, dissolventes; no segundo, são chamados às armas que provocam os mais bravos a expor toda a sua bravura. Os livros para todo mundo são sempre mal cheirosos — liga-se a eles um odor de gente pequena. Os lugares em que o povo come e bebe, os mesmos que ele adora, cheiram mal. Não é preciso ir às igrejas se queremos respirar um ar puro.
>
> (Nietzsche, *Par-delà le bien et le mal* II, "L'esprit libre", 30, 10 / 18, p. 57)

A enunciação histórica, em (1), e a enunciação teórica (esse caso não é repertoriado por Benveniste), em (2), tiram o melhor proveito da forte presença de subjetivemas que exprimem um ponto de vista, enquanto que o locutor escolheu apresentar esses objetos do discurso em enunciados não embreados. Comentaremos apenas o primeiro exemplo. Consta-se, com efeito, que:

- a escolha das denominações ("inválidos", "ultrajes", "bêbados", "orgias", "mortes");
- o modo de atribuição dos processos ("arrancado de seu esconderijo", "cabeça estourada");
- as qualificações ("tímido [= receoso] governador", "beatos sem coração", "bêbados felizes");
- as figuras — eufemismo ("dois ou três tiros de canhão"), hipérbole ("mil ultrajes"), antífrase — ("esse espetáculo"), ironia ("*vencedores da Bastilha*", "declarados conquistadores no cabaré"), comparação ("como nas perturbações de Roma, sob Óton e Vitélio");
- as próprios estruturas sintáticas — cf. intensificadores ("tão belo"), negação e oposição ("não pelos inválidos, mas por guardas franceses"), arranjo hipotético da segunda frase;

tudo isso, cuja lista não está fechada, indica a violência das ações (atrocidades) e o caráter fraudulento de uma vitória obtida sem glória nem esforços, uma vez que a Bastilha, mal defendida, mal comandada, além de aberta a todos os ventos, deixou-se tomar, sem, verdadeiramente, combater. Assim, a ausência de marcas dêiticas não implica a ausência de marcas modais, muito pelo contrário, uma vez que elas são abundantes no primeiro exemplo. De modo que, mesmo se as coisas parecem ser contadas por si sós, para parafrasear Benveniste, não é verdadeiro que o texto não exprime ponto de vista. Certamente, os eventos são referidos independentemente das marcas do *eu / aqui / agora*, a despeito de o enunciador dar a entender, fortemente, seu PDV. E ocorre o mesmo com o segundo exemplo, a coisa sendo tão patente que não parece útil insistir.

2.1 A concepção da referência, entre interioridade e exterioridade

As hesitações de Benveniste sobre o estatuto da enunciação materializam-se, ainda, a respeito da noção de referência. De uma parte, Benveniste considera a referência como voltada para o exterior, enquanto "parte integrante da enunciação" (Benveniste, 1970, p. 82): toda referência ao mundo, de natureza não autorreferencial, é construída pelo sujeito enunciador. Quanto ao sujeito, ele é integrado, enquanto locutor, a essa referência, o *Eu* "que define o indivíduo pela construção linguística da qual se serve quando ele se enuncia como locutor" (Benveniste, 1956, p. 255). Por outro lado, os pronomes são autorreferenciais, não remetem a lugares no espaço nem à realidade extralinguística, e fazem refletir apenas seu próprio emprego (*id.*, p. 254), em suma, são "signos vazios", "não referenciais" (*id.*, p. 254), dependentes de uma concepção da referência "em interioridade".

Estão aqui duas inscrições distintas da subjetividade que marcam essa última de maneira bem diferente: no primeiro caso, elas exprimem o ponto de vista do locutor / enunciador a partir do modo de atribuição dos referentes dos objetos do discurso; no segundo, a partir da inscrição do sujeito em seu discurso. As duas abordagens são complementares e, além disso, muito imbricadas, pois a referenciação dos objetos do discurso é articulada com a maneira com que o locutor / enunciador posiciona-se em seu discurso.

Ora, quando Benveniste trata do aparelho formal da enunciação, ele se limita a pensar a referência a partir do *ego, hic et nunc*, nas duas seções que abordam diretamente esse problema — a seção II ("A comunicação") e a seção V ("O homem na língua"). No entanto, Benveniste escreveu frequentemente sobre fenômenos que exprimem a subjetividade na linguagem (atualização modal, independente da atualização dêitica), que são complementares do aparelho formal da enunciação e que indicam outras pistas de pesquisa, reconhecendo que "outros desenvolvimentos [que o sistema do aparelho formal baseado no *eu, aqui, agora*] estariam para ser estudados no contexto da enunciação", sobretudo a respeito das "mudanças lexicais", da "fraseologia", da demarcação da "enunciação falada" e da "enunciação escrita" (Benveniste, 1974, p. 79 e 88). Assim, ao lado das marcas do aparelho formal da enunciação, existe, segundo Dahlet (1997), um "programa perceptivo", "há longo tempo ignorado", que constitui objeto de publicações anteriores de Benveniste, pretendendo a inscrição da subjetividade a partir da relação do sujeito com os objetos: trata-se menos dos "valores de um sujeito em ato [marcas do aparelho formal] que dos de um objeto para o sujeito" (Dahlet, 1997, p. 202). Em outras palavras, Benveniste, após ter aberto a via da análise do sujeito passional e acional em sua relação com os objetos, não leva mais em conta essa concepção da referência em sua análise do aparelho formal da enunciação. Leiamos, rapidamente, alguns artigos de Benveniste que dizem respeito a essa outra concepção da referência, em exterioridade: "O sistema sublógico das preposições em latim" (Benveniste, 1949), "Problemas semânticos da reconstrução" (Benveniste, 1954), "'Ser' e 'ter' em suas funções linguísticas" (Benveniste, 1960), "Por uma semântica da preposição alemã *vor*" (Benveniste, 1972). Esses artigos foram redigidos, em essência, antes dos de 1959 e de 1970. Esses últimos não integram, pois, uma reflexão amplamente preparada e que prossegue, após sua publicação.

Em parte, Benveniste é responsável por esse reducionismo. Todas as suas fórmulas, ao insistir na enunciação como apropriação do tesouro da língua por um locutor que diz "eu" ("o locutor põe-se como sujeito, ao remeter a si mesmo como *eu* no seu discurso" (Benveniste, 1958, p. 20)), não fazem diferença entre locutor e enunciador.[6] Para Benveniste, são os mesmos termos, sobretudo na concepção "em exterioridade" da enunciação. Numa concepção em interioridade da enunciação, que teria podido permitir distinguir a parte perspectiva das duas instâncias, a centralização nas marcas do aparelho formal da enunciação pessoal faz mais que reforçar a osmose entre locutor e enunciador. Ora, é precisamente a possibilidade para o sujeito (sujeito de enunciação) de se pensar como sujeito (modal), independentemente do ato externo de enunciação (de locução), que é preciso examinar. Em outras palavras, trata-se de analisar a subjetividade do locutor, fora de enunciação pessoal, ou, ainda, a de enunciadores internos aos enunciados, que não são locutores de discurso relatado.

---

6. É notável (assim como Normand (1997, p. 30) observa) que não encontramos em Benveniste a expressão "sujeito da enunciação", o que significa, possivelmente, a recusa de deixar crer que existiria um sujeito (sujeito da enunciação) tendo uma existência antes do ato de enunciação.

2.2 Desligamento teórico entre o locutor e o enunciador, isto é, a atualização dêitica e a atualização modal

Se, em um enunciado, há apenas um único centro dêitico, por outro lado, é sempre possível que haja pelo menos dois centros modais: um tal desligamento não é próprio ao discurso relatado, ele é fundamental em todos os enunciados dialógicos.[7] De fato, o desligamento das atualizações dêitica e modal apresenta o inconveniente de deixar pensar que a modalidade não teria nada a ver com a dêixis: não tem nada a ver, bem entendido, em certos modos (indicativo, imperativo etc.), tempos (presente, futuro, condicional etc.), que têm um valor modal importante. Mas a conjunção das duas atualizações apresenta o inconveniente intrínseco de subestimar os valores modais fora do sistema *eu, aqui, agora*, como assinala Berberis (2001, p. 330):

> Ao limitar a reflexão sobre as marcas da subjetividade às marcas da pessoa (pronomes pessoais de primeira e de segunda pessoa), aos determinantes ou pronomes demonstrativos e possessivos (*essa árvore, minha árvore, isso, o meu...*), aos advérbios dêiticos (*aqui / aí / ali / acolá, ontem / hoje / amanhã*), privamo-nos da possibilidade de ligar o sujeito autocentrado, plenamente individualizado, às outras formas de aparição da subjetividade, muito mais discretas e difusas, mais afetivas. Encontra-se aqui, sem dúvida, o limite das abordagens enunciativas em termos de marcas [...] Pois as mais claras (cf. os embreadores, por exemplo) tornam-se, também, as árvores escondedoras da floresta, onde se encontram os outros modos de posicionamento linguístico da subjetividade. Em particular, o sujeito de experiência não encontra nenhum lugar nesse quadro da subjetividade, que funciona em tudo (o sujeito é plenamente atualizado na marca de primeira pessoa e no *aqui* espacial), ou em nada (postula-se uma abordagem antropológica e experiencial, mas ela não se apoia em nenhuma forma identificável de subjetividade).

É, portanto, para posicionar a balança em favor de um continente pouco explorado que optamos em favor de um desligamento *teórico* das atualizações,

---

7. Essa argumentação, já havendo sido publicada, permitimo-nos remeter o leitor a Rabatel (2003a, p. 57-58; 2003e).

para melhor dar conta das *dinâmicas práticas* da encenação enunciativa em um âmbito radicalmente dialógico. A escolha de uma enunciação embreada não implica, necessariamente, que o enunciado seja impregnado de numerosos traços de subjetividade, fora daquela que, evidentemente, remete a *ego, hic et nunc*. Da mesma forma, a escolha de uma enunciação desembreada (que engloba a enunciação histórica e a enunciação teórica) não implica que, em ausência bem real de marcas do aparelho formal da enunciação, a subjetividade não teria como se exprimir. Assim, os exemplos (1) e (2), pertencentes a planos de enunciação não embreados, comportam muitos subjetivemas, à diferença de (5) e (6). Da mesma forma, a enunciação pessoal acomoda-se bem a enunciados mais ou menos saturados (exemplo (3)) ou a enunciados nos quais tendem a uma presença idealmente nula (exemplo (4)), com a finalidade de produzir um enunciado tão objetivo quanto possível, para aumentar sua credibilidade:

Plano de Enunciação		
Enunciação embreada / atualizada	Enunciação não embreada (ou desembreada[8])	
Enunciação pessoal	Enunciação histórica	Enunciação teórica
(3) *subjetivante* (4) *objetivante*	(5) *objetivante* (1) *subjetivante*	(6) *objetivante* (2) *subjetivante*
Planos de expressão do sujeito modal		

(3) Tentei, de minha parte, tento, ainda, regular-me, mais ou menos profundamente, com essa terrível experiência,[9] e salvar de um certo desastre o que merece ser salvo. Depois da guerra e da ocupação, não parei de tirar as con-

---

8. A enunciação não embreada ou desembreada designa o mesmo fenômeno, mas o segundo qualificativo indica a situação fundamentalmente dominante da enunciação embreada, a partir da qual o locutor efetuaria operações de debreagem.

9. Camus evoca "um certo niilismo", propagado pelos surrealistas, que exercerá um papel negativo, desarmando alguns em sua luta contra os fascismos.

sequências desse sofrimento e sempre acreditei que Breton partilhava com isso. Se bem que ele negue hoje, admito que é difícil acreditar nisso.

(Camus, *Actuelles II*, Gallimard, p. 44)

(4) Eu dirigia na fila da direita. Estava com o pisca-pisca ligado e me apressava em girar à direita na rua Tronchet, quando o veículo B saiu do lugar reservado para o estacionamento do lado direito da calçada, sem haver ligado seu pisca-pisca e [me bateu na esquerda[10]] bateu no [meu] veículo A, na frente do lado direito (ver croquis).

(queixa amigável)

(5) Tendo chegado ao cume da duna, Pencroff e seus dois companheiros, sem outro instrumento além de seus braços, retiraram os principais galhos de uma árvore bem franzina, espécie de pinho marítimo emagrecido pelos ventos. Em seguida, desses galhos, fizeram uma maca que, uma vez recoberta de folhas e ervas, permitia transportar o engenheiro.

(Verne, *L'île mystérieuse*, t. 1, Le livre de poche, p. 94)

(6) Metonímia: Uma das principais figuras do discurso, com a metáfora, desde a Antiguidade grega. A metonímia designa, globalmente, as operações retóricas que dizem respeito à combinatória dos termos no interior dos enunciados. De grau forte, essas operações retóricas são de natureza tópica (substituição de termos). De grau fraco, dizem respeito ao funcionamento não tópico da linguagem.

(Marc Bonhomme, in Charaudeau; Maingueneau *Dictionnaire d'analyse du discours*, 2002, p. 379)

Da mesma forma que o locutor tem a escolha de uma enunciação embreada ou desembreada, ele tem a escolha, nesses dois planos de enunciação, de dar a suas falas uma composição subjetivante ou objetivante. Essas últimas marcas dependem menos da seleção de um plano de enunciação que de constrangimentos genéricos (ou mesmo estilísticos) ou de intenções comu-

---

10. Fragmentos entre colchetes.

nicativas específicas que não se situam no nível da abstração dos planos de enunciação. A enunciação pessoal, em (3), acompanha-se de numerosos subjetivemas, porque se trata de uma escrita polêmica na qual o locutor se implica, enquanto enunciador, e tenta implicar seus coenunciadores. Esses subjetivemas são eliminados de (4), devido ao gênero queixa amigável. O desligamento locutor / enunciador é fundamental: se um enunciador monológico (contanto que esse tipo de enunciado não seja um artefato, desde que ultrapasse o limite da frase simples) comporta um locutor e um enunciador em sincretismo, no entanto, os enunciados dialógicos, que são a norma, comportam mais enunciadores que locutores, sobretudo nos casos de dialogismo interno, isto é, nos casos em que os PDV são expressos em "frases sem fala", como o ponto de vista dos sem-culotes, em (1), ou das almas elevadas e inferiores, em (2).

3. Os instrumentos enunciativos do ponto de vista

Devido à complexidade das noções, apresentaremos, inicialmente, uma visão global do problema, sem entrar no detalhe de exemplificações que fariam perder de vista o essencial. As seções 3.2 a 3.4, baseadas em exemplos, permitirão aprofundar esse ou aquele ponto teórico.

3.1 As instâncias enunciativas do ponto de vista

Todo PDV é assumido, seja diretamente, por um locutor / enunciador primeiro, seja indiretamente, por um locutor / enunciador segundo (intratextual), seja, ainda, por um enunciador segundo não locutor. O locutor é a instância que profere um enunciado (nas dimensões fonéticas e fáticas ou escriturais), conforme um posicionamento dêitico ou um posicionamento independente de *ego, hic et nunc*. Se todo locutor é um enunciador, todo enunciador não é, necessariamente, locutor, o que leva a dizer que um locutor pode, em seu discurso, ecoar em vários centros de perspectiva modais, mais ou menos saturados semanticamente. Essa disjunção permite dar conta do fato de que o locutor narrador dá a entender o PDV de um enunciador personagem, mesmo se seu PDV não está expresso em uma fala (como é o caso com o PDV de desprezo de Golias em relação a Davi), mas ela permite, também, dar conta das diversas posturas enunciativas autodialógicas do locutor, enquanto se distancia desse ou daquele PDV que havia sido o seu, ou que poderia ser o seu em outros quadros de veridicção (hipótese, ironia, concessão, negação etc.).

Ducrot define o enunciador e o ponto de vista de modo solidário. No entanto, por trás da implicação recíproca dos termos (não há ponto de vista sem enunciador, não há enunciador sem ponto de vista), os dois conceitos não funcionam no mesmo nível, a noção de ponto de vista não sendo tão fundamental quanto o conceito de enunciador, mas exercendo um papel acessório na definição do enunciador, enquanto que esse último é, a partir de agora, disjunto do locutor. Pode-se tomar por prova a ausência de critérios semânticos na definição do ponto de vista. Os parassinônimos "ponto de vista", "posição", "atitude", dizem, eloquentemente, que a expressão "ponto de vista" não tem mais importância que os dois outros e que o importante é que o ponto de vista não passe por "palavras" referidas a um locutor, autor de um discurso direto ou de um julgamento pessoal que implica a presença do *eu*.

Todo enunciado, enquanto combinação de um *modus* associado a um *dictum*, denota um PDV, mesmo na ausência de um *eu*. No entanto, a estrutura *modus ~ dictum*, herdada de Bally, não é sólida no plano linguístico. Como acentua Ducrot, a noção de modalidade "pressupõe que se possa separar, pelo menos em teoria, o objetivo do subjetivo. Principalmente, exige que haja uma parte isolável da significação que seja pura descrição da realidade" (Ducrot, 1993, p. 113). Ora, "isso que é chamado *ideia, dictum, conteúdo proposicional* não é constituído de outra coisa [...] que uma ou várias tomadas de posição" (idem, 128).[11] É preciso, portanto, buscar o ponto de

---

11. A definição de um PDV como combinação de um *modus* e de um *dictum* (Nølke, 2004, p. 31-32) não é sólida no plano científico, pois não é possível distinguir do *modus* subjetivo um *dictum* que seria objetivo. Mas é prático considerar que o *dictum* apresenta-se *como* objetivo.

vista não apenas no *modus*, mas também no *dictum*, uma vez que as escolhas que presidem o modo de atribuição dos referentes são altamente figurantes no *modus*. Essa questão será ilustrada mais detalhadamente em 3.3.

No entanto, o avanço teórico que representa essa encenação dos enunciadores na origem dos conteúdos proposicionais dos locutores levanta novas questões relativas às relações entre locutor e enunciador, desde quando os enunciadores são, também, reavaliados e diferenciados do locutor, conforme a diversidade das encenações enunciativas. A teoria enunciativa de Ducrot merece ser interrogada sobre a natureza das relações entre enunciadores e locutores e sobre o fato de que todos os enunciadores que compõem um texto não são para ser colocados em um mesmo plano.

O conceito de enunciador permanece abstrato em Ducrot (1980, 1984), assim como parece ser o caso dos enunciadores nos exemplos com o conector *mas* ("*A mas B*") ou com enunciados negativos (cf. o exemplo "esse muro não é branco"). Uma tal abstração não é um problema para exemplos com oposição, pressuposição ou negação. No entanto, se saímos dos limites dos enunciados e abordamos textos, a questão da saturação semântica do enunciador vem em primeiro plano, porque o locutor não se contenta em pôr em cena enunciadores abstratos na fonte de um conteúdo oposto, negado ou pressuposto, mas os faz "assumir a responsabilidade enunciativa"[12] por intermédio de um sujeito do enunciado dotado de mais ou menos consistência, o que põe a questão de saber qual é a natureza exata das relações entre o leitor e os diferentes enunciadores que afloram no seu discurso.[13] Desde que se ultrapassa o limite dos enunciados limitados à frase simples ou à frase complexa, para se interessar a frases múltiplas e a textos, a questão da definição do ponto de vista *pela fonte enunciativa* do conteúdo proposicional, e *não mais apenas pelo conteúdo proposicional*, parece cognitivamente pertinente. Com efeito, se nos confrontamos com textos longos, os enunciadores internos ao discurso do locutor primeiro, como é o caso em um romance, são inúmeros e devem estar agrupados, hierarquizados.

---

12. Precisaremos a natureza dessa "responsabilidade enunciativa" no final da subseção 3.1.

13. Não retomaremos aqui um desenvolvimento consagrado às análises da abordagem escandinava da polifonia. O leitor interessado se reportará a nosso artigo em Rabatel (2005c).

Os textos compõem-se, também, de pacotes de conteúdos proposicionais que podem ter conteúdos temáticos diversos, como em (1): os conteúdos proposicionais evocam Launay, Flesselles, em seguida, sem-culotes. Mais que considerar que esse texto comporta tanto enunciadores quanto conteúdos proposicionais, parece mais simples reunir esses conteúdos proposicionais convergentes sob a autoridade do enunciador segundo que é o *eu* narrado, na medida em que participam todos do ato de acusação mudo da revolução, aos olhos do *eu* narrado. Da mesma forma, em (2), o locutor primeiro põe em cena dois enunciadores segundos, "alma inferior" *versus* "alma elevada" (aos quais se ligam pacotes de conteúdos proposicionais antitéticos), os termos valorizadores (ponto de vista da alma elevada) e desvalorizadores (ponto de vista adverso), informando sobre a consonância do locutor primeiro com a alma elevada e a dissonância em relação à alma inferior.

Por sua reflexão sobre os papéis e os quadros participativos, Goffman (1981) propõe instrumentos para hierarquizar os fenômenos de heterogeneidade polifônica interiores à fala, a partir da noção de *footing*. Quer o locutor se engaje no dito (*be an author*), do qual ele está na origem (de alguma forma, o equivalente do locutor que escolhe a enunciação pessoal, de Benveniste), quer ele se refira a outras fontes que assumem o enunciado (*be an animator*), explicitamente ("X", "nós", "alguém / a gente / -se") ou implicitamente (ditados, provérbios), entre essas posturas, emerge, frequentemente, a voz de um *principal* (cf. a voz da lei) que não tem, necessariamente, nome (Goffman, 1981, p. 144), que exerce uma certa autoridade, enquanto que a *figura* corresponde à imagem de si no discurso (cf. Plantin, 2002, p. 259). A ideia de identificar um *principal* é muito útil, pois ele fornece um ponto de apoio à necessária hierarquização dos enunciadores que estão em cena. De nossa parte, o *principal* não determina, essencialmente, o conteúdo (discurso da lei, da ciência, da autoridade), nem mesmo pelos mecanismos linguísticos de apagamento enunciativo. Ele se define pelo fato de que é ele que corresponde ao PDV do locutor, enquanto tal, do locutor ser do mundo, e, para além dele, ao sujeito falante. Em outros termos, é em relação a esse principal que o locutor engaja seu PDV, e é em relação a esse PDV que se será / seria susceptível de lhe pedir contas, se necessário. Nesse sentido, o *principal* corresponde ao sincretismo do locutor e do enunciador, aquele que, em um enunciado monológico, corresponde a L1 / E1.[14] É também L1 / E1, em um enunciado dialógico, isto é, aquele que corresponde ao que pensa o locutor / enunciador primeiro, aquele ao qual o alocutário ou o destinatário imputa uma posição, marcando que esse último está mais em acordo com um certo enunciador intradiscursivo que com um outro.

Em outras palavras, todos os enunciadores (enquanto fonte de conteúdos proposicionais) não se equivalem. Alguns são mais importantes que outros, conforme seu grau de atualização no discurso, a natureza dos fenômenos de responsabilidade enunciativa e as reações dos interlocutores:[15]

- Primeiramente, o enunciador primário, aquele que assume a responsabilidade enunciativa dos PDV aos quais ele adere, aquele a quem se atribui um grande número de PDV, redutíveis a um PDV geral e a uma posição argumentativa global que, supõe-se, corresponde a sua posição sobre a questão. Nomearemos *principal* o enunciador em sincretismo com o locutor, porque esse último exprime o PDV em um triplo aspecto: enquanto locutor, por intermédio de seu papel na enunciação (o locutor enquanto tal, de Ducrot); enquanto ser do mundo (o locutor λ, de Ducrot) e, por fim, enquanto sujeito que fala, aquele a quem se pede que preste contas pelo que é dito e pela forma como é dito.[16]

---

14. Notaremos pela maiúscula L, seguida do algarismo 1, o locutor / enunciador primário, que corresponde ao *principal*. A barra oblíqua simboliza o sincretismo de L1 e E1. Em situação dialogal, o *alter ego* de L1 é notado por uma maiúscula, seguida o algarismo 2, ou 3, em caso de triálogo (e assim por diante, em caso de plurilogos), e cada sincretismo é notado L2 / E2 etc.

Em um quadro dialógico, notaremos, respectivamente, por uma minúscula seguida de um algarismo variável, l2 e e2 (ou l3, e3 etc.), os locutores e / ou enunciadores encaixados (ou citados) que atualizam mais ou menos os sujeitos modais no discurso de L1 / E1. L e E são

— linguisticamente primeiros, em relação a l e a e, que ocupam uma postura segunda, uma vez que a dêixis é calculada em relação a L1, implicando as transformações adequadas no discurso citado de L2;
— hierarquicamente superiores a l e a e, no plano pragmático, na medida em que L1 dá conta dos PDV de l2 em função de seus próprios interesses de locutor primário.

15. Em um contexto interacional, o principal não é apenas autoproclamado, ele deve ser ratificado pelos outros interactantes (ou pelo que mantém seu lugar, a orientação do discurso).

16. Certamente, não temos a ingenuidade de crer que o discurso dos locutores reduz-se, em última instância, a um *principal*, em detrimento da riqueza (e das vantagens pragmáticas) do desdobramento enunciativo. Mas trata-se de não ceder às vertigens de análise que multiplicam as instâncias, as posições

- Em seguida, os enunciadores segundos, internos ao enunciado que correspondem, no caso da narrativa, aos personagens e que são verdadeiros centros de perspectivas, visto que agregam em torno de si um certo número de conteúdos proposicionais que indicam o PDV do enunciador intradiscursivo sobre tal evento, tal estado, tal noção etc.

- Distinguiremos, cuidadosamente, esses enunciadores centros de perspectiva, apresentados do interior, daqueles que são mencionados "do exterior", "de passagem", aos quais está atrelado, de forma prototípica, um certo número de posições, mas que são destituídos de autonomia, na medida em que são convocados no discurso do locutor citante apenas para remeter a uma posição, sem que esta sirva apenas para apreender o universo do discurso a partir de seus valores.[17] É toda a diferença entre os enunciadores embrionários dos exemplos (18) e (21): em (18), os enunciadores embrionários são convocados no discurso do locutor citante, sem mais que isso, enquanto que, em (21), o pai furioso é, verdadeiramente, centro de perspectiva, uma vez que é por seu intermédio que o locutor toma conhecimento dos objetos e situações que alimentam sua ira (cf. *infra* 3.2.2).

Duas observações ainda. A primeira pretende antecipar sobre o espanto do leitor, que poderia se interrogar sobre uma aparente contradição entre o fato de que nossos enunciadores remetem, logo acima, a entidades singulares, e a inscrição de nossos trabalhos no campo do dialogismo, esse último insistindo, fortemente, na dimensão coletiva dos discursos. Na realidade, não há nenhuma contradição: claro, os discursos são sempre atravessados pela fala dos outros, construídos com e contra eles, no dialogismo interlocutivo e interdiscursivo. Mas o próprio fato de que, em seu discurso, um locutor / enunciador ecoe em um certo PDV diferente, em um tal PDV coletivo, em um tal PDV dóxico, não exclui que a dimensão radicalmente socializada dos

---

e os papéis, e limitam a linguagem a um puro jogo intelectual, sem tomadas sobre o real. A língua não é, simplesmente, um sistema desencarnado, é um meio de comunicação e de ação.

17. A hierarquização dos enunciadores não é própria da narrativa, ele é também pertinente a outros tipos de texto e gêneros de discurso, principalmente os textos informativos e argumentativos.

intercâmbios passe por sua voz... mesmo se ela a ultrapasse. Em consequência, quando apontamos para a origem singular dos enunciadores, isso não pode ocorrer negando-se a dimensão social de seus discursos, mas, pelo contrário, com o propósito de melhor pensar os delineamentos discursivos da dialética do singular e do social no próprio cerne da fala (Rabatel, 2003k, 2005e, 2007b, d).

A segunda observação trata da questão da responsabilidade enunciativa. A complexidade do problema obriga-nos a nos estender mais sobre o que se entende, habitualmente, sob o termo observação...[18]

3.1.1 "Fonte" e instância de validação do ponto de vista em um conteúdo proposicional: da responsabilidade enunciativa por si à imputação pelos outros

Nossa reflexão sobre as diferentes variedades de responsabilidade enunciativa (RE), em função das instâncias, incita-nos a distinguir, de uma parte, a RE, para os conteúdos proposicionais que o locutor / enunciador primeiro (L1 / E1) assume por sua própria conta, porque ele os julga verdadeiros, e de outra, a *imputação*, para os conteúdos proposicionais que L1 / E1 atribui a um enunciador segundo (e2). Nesse segundo caso, se o enunciador está na fonte de um ponto de vista (PDV), no sentido definido por Ducrot (1984), sem ser autor de falas, é difícil falar de RE, em relação à concepção segundo a qual assumir a responsabilidade enunciativa é falar, dizer. É por isso que, em um primeiro momento, fazemos a hipótese de uma "quase-RE", as aspas assinalando que essa RE não é, realmente, uma responsabilidade enunciativa, mas que ela é, no entanto, necessária para que L1 / E1 possa, em seguida, ser determinado, relativamente a esse PDV: nisso, afastamo-nos, sensivelmente, das teses de Ducrot.

Todo enunciado pressupõe uma instância que assume a responsabilidade enunciativa do que, seguindo-se os quadros de referência, é chamado o

---

18. Retomamos, reduzindo-as, particularmente, as análises que são o objeto de uma investigação mais avançada em Rabatel (2009b).

dictum, a lexia, o conteúdo proposicional, a predicação, segundo o esquema mínimo de enunciação "EU DIGO ('o que é dito')". Para além das diferenças de denominação, a instância que assume a responsabilidade enunciativa de um enunciado monológico é a que está na fonte do processo de produção do enunciado. Em um enunciado como "eu não gosto dessas questões de responsabilidade enunciativa", *eu* é a fonte e o validador, isto é, aquele que confirma a veracidade do conteúdo proposicional.

Mas o dialogismo complica rapidamente as coisas. Assim, em (7), Pierre é locutor segundo e validador da fala (na subordinada), sem que se saiba o que pensa L1 / E1, que relata o enunciado:

(7) Pedro disse que não gosta dessas questões de responsabilidade enunciativa.

No entanto, em (8), L1 / E1 valida, por sua conta, a relação predicativa da subordinada. Em outras palavras, ele assume, explicitamente, a responsabilidade enunciativa da fala relatada no enunciado precedente, por intermédio da manifestação de seu acordo:

(8) Pedro disse que não gosta dessas questões de responsabilidade enunciativa. Sou de acordo!

Elaboramos a hipótese de que, se a RE diz respeito apenas ao enunciador primário E1, isso não significa que a problemática geral da RE não concerne, de um modo geral, aos enunciadores segundos.[19] A tese que apresentamos é que essas últimas dizem respeito a uma *certa* forma de "PEC", por imputação, a exemplo da RE por l2 / e2 do PDV segundo o qual ele não gosta da problemática da responsabilidade enunciativa. Essa tese não apresenta problema para os enunciados como (7) e (8), mas é mais difícil de ser admitida para um enunciado como (9), na medida em que o enunciador não é locutor:

---

19. Ducrot (1984, p. 193) recusa aos enunciadores a possibilidade de assumir a responsabilidade dos enunciados, que ele lhes havia reconhecido em 1980, considerando que apenas o locutor engaja-se em sua enunciação. Quanto aos enunciadores, eles estão na origem de um PDV, esse PDV não sendo assertado, mas mostrado (Ducrot, 1989, p. 182). Certamente. Mas isso fechou um pouco rapidamente a porta às investigações sobre a natureza de uma eventual RE pelos enunciadores segundos.

(9) A guerrilha estaria realmente pronta para libertar os reféns.

(*Antenne 2*, 10/1/2008).

L1 / E1 (Sophie Le Saint, jornalista) relata essa informação, colocando-a à distância, com o mais-que-perfeito epistêmico. L1 / E1 não é o enunciador do modalizador de certeza *realmente*. O advérbio aponta para os reféns do ponto de vista da guerrilha,[20] que não diz nada a respeito de uma liberação iminente dos reféns, mas a quem L1 / E1 imputa um engajamento (ou uma RE pressuposta) em relação ao conteúdo proposicional. Isso significa que L1 / E1 considera que a guerrilha (e2) fez saber, com efeito, de uma forma ou de outra, que estava "realmente" decidida a liberar os reféns, em outras palavras, que esse ato de linguagem poderia ser considerado, do ponto de vista de e2, como uma promessa. Em resumo, a quase RE poderia ser parafraseada / explicitada por (9a):

(9a) A guerrilha disse / assegurou que estava realmente pronta para liberar os reféns.

É essa quase-RE, imputada a e2, que, em seguida, permite a L1 / E1 posicionar-se em relação à posição enunciativa de e2. Constata-se, há uma grande diferença entre a RE de L1 / E1, *no* e *pelo* discurso, e o fato de atribuir um PDV a uma fonte, sobretudo quando essa fonte não diz nada. A imputação de um PDV a um enunciador que não diz nada é complexa em francês, na ausência de marcadores morfológicos que indiquem o mediativo (Guentchéva, 1996).[21] Isso implica que é mais fácil atribuir um PDV a l2 / e2 em (2), pelo fato do discurso relatado, que a e2 em (8a). É mais fácil, também, atribuir um PDV ao enunciador segundo de (9), em razão da

---

20. Podemos, é claro, considerar que essa certeza corresponde ao PDV de um bom conhecedor da guerrilha apto a decodificar os sinais emitidos pela guerrilha: essa hipótese não muda nada no conteúdo. Ela confirma que o PDV é atribuído a uma instância distinta de L1 / E1. Podemos, em seguida, perguntar por que privilegiar a hipótese segundo a qual e2 corresponde à guerrilha, e não a tal conhecedor. A resposta deve-se ao fato de que a "guerrilha" é o elemento saliente no co(n)texto.

21. Dendale (2001) e Kronning (2001) contestam essa afirmação, na medida em que consideram o condicional como um marcador gramatical de mediação. Não obstante, mesmo nessa hipótese, o francês comporta poucas marcas morfológicas em relação às línguas analisadas por Guentchéva.

presença de um modalizador epistêmico, enquanto que, em (8a) o PDV é recuperado por intermédio da existência de um lexema, "pesadelo", pronunciado por L1 / E1, do qual se pode perguntar se o valor subjetivo não é imputável a Pedro, mesmo se esse último não é o locutor segundo:

> (8a) Essas questões de responsabilidade enunciativa são o pesadelo de Pierre.

Certamente, em (8a), é possível que L1 / E1 emita esse julgamento a respeito de Pierre, pela primeira vez. Mas, do ponto de vista enunciativo e pragmático, que é o nosso, que entende dar conta da dimensão argumentativa dos enunciados, esse enunciado é dialógico, sobre o apoio de provas anteriores — falas de Pierre, de um terceiro ou de inferências a partir do comportamento de Pierre:

> (8b) Essas questões de responsabilidade enunciativa são o pesadelo de Pierre, ele me disse / ele reconheceu isso.

> (8c) Essas questões de responsabilidade enunciativa são o pesadelo de Pierre, disseram-me / asseguraram-me.

> (8d) Essas questões de responsabilidade enunciativa são o pesadelo de Pierre, eu verifiquei isso frequentemente.

Essas três variantes sustentam o conteúdo proposicional de (8a) por *fontes* evidenciais. A noção de fonte indica uma origem anterior ao dizer de L1 / E1 que, aqui, apoia esse último. Ao mesmo tempo, pressupõe-se que a fonte (Pierre, um terceiro etc.) assumiu a responsabilidade desse PDV, em outro tempo e outro lugar. Nos exemplos precedentes, onde e2 não é o locutor segundo, o cálculo mais econômico, fora do contexto, leva a considerar que e2 falou anteriormente. O caráter putativo dessa atribuição explica que falamos de imputação para esse tipo de "RE" pressuposta. Não há RE, porque esta não é atualizada por um "eu digo que X", *ela é pressuposta como havendo ocorrido anteriormente*. A imputação é, portanto, uma RE *com responsabilidade limitada*, porque construída pelo locutor primeiro, atribuída por ele a um locutor / enunciador segundo que pode, sempre, alegar que não é responsável por um PDV que L1 / E1 imputou-lhe injustamente.

Por limitada que seja, essa quase RE é indispensável nos casos em que L1 / E1 está de acordo com e2, assim como nos casos de desacordo, uma vez que esse último só é posto em relação a outro PDV.[22] Essa função pragmática discursiva é atestada pelo fato de que os encadeamentos discursivos logo adiante incidem sobre o PDV de Pierre:

(7a) Pierre disse que não gosta dessas questões de responsabilidade enunciativa.
— Com efeito, Pierre não gosta realmente disso. / Com efeito, essas questões são um verdadeiro quebra-cabeça.

(8e) Essas questões de responsabilidade enunciativa são o pesadelo de Pierre.
— Com efeito, Pierre não gosta realmente disso. / Com efeito, essas questões são um verdadeiro quebra-cabeça.

O interlocutor não diz, certamente, a mesma coisa que o locutor do primeiro enunciado, mas o que ele diz confirma a posição de Pierre, tal como é relatada por L1 / E1, isto é, que "Pedro tem pesadelos a respeito da responsabilidade enunciativa". Da mesma forma, todos os incrementos, que incidam sobre Pierre ou sobre L1 / E1, que relata o PDV de Pierre — que L1 / E1 compartilhe o PDV de Pedro (8f) ou que ele não compartilhe (8g) —, pressupõem que, com efeito, o PDV de Pierre é o do locutor:

(8f) Essas questões de responsabilidade enunciativa — o pesadelo de Pierre —, compreendo que não se gosta de falar a respeito.

(8g) Essas questões de responsabilidade enunciativa — o pesadelo de Pierre —, não compreendo a desconfiança que suscitam.

---

22. Para a caracterização geral do fenômeno, é secundário saber se esse PDV imputado provém de uma fala, de um pensamento, de um ouvir dizer ou de uma inferência. Da mesma forma, se ele é imputado justamente ou não, de forma baseada em certeza ou hipotética. Por outro lado, esses dados importam de um ponto de vista pragmático.

Além disso, as operações de focalização (8h), de sobrevalorização, de confirmação (8j), de retificação (8k) põem o PDV de Pierre como ganho no discurso, mesmo se a maneira de formular vem de L1 / E1:

(8h) São um verdadeiro pesadelo para Pierre, as questões de responsabilidade enunciativa.

(8i) Essas questões de responsabilidade enunciativa são hiperpesadelescas para Pierre.

(8j) Essas questões de responsabilidade enunciativa são o pesadelo, sim, o pesadelo de Pierre.

(8k) Essas questões de responsabilidade enunciativa são o pesadelo de Pierre, enfim, pesadelo é um pouco forte, mas ele não gosta de abordar essa problemática.

Enfim, a negação do PDV de Pierre, ou sua oposição, deixam ileso o pressuposto que, com efeito, Pierre "comunicou" e "assumiu a responsabilidade enunciativa" desse PDV, mesmo se L1 / E1 não compartilha essa opinião:

(8l) Essas questões de responsabilidade enunciativa são o pesadelo de Pierre. Enfim, um "pesadelo", ele diz, mas eu, eu penso que ele não crê numa palavra disso e que, de fato, ele bem que gosta de questões complicadas.

Nos casos precedentes, L1 / E1 não assume, *inicialmente*, a responsabilidade enunciativa do PDV imputado a e2. Ele o imputa a e2, isto é, ele considera que esse PDV é o de e2, então ele o *leva em conta*. De que se trata? O levar em conta (Roulet, 1981, p. 19), como seu termo indica, diz respeito aos PDV dos outros,[23] que L1 / E1 integra em seu dizer, sem se pronunciar sobre a veracidade deles. É apenas graças a esse levar em conta por imputação, que L1 / E1 poderá precisar se ele se distancia do PDV de

---

23. Veremos, mais adiante, que o "PDV dos outros" não é entendido apenas em um sentido heterodialógico. Em um sentido autodialógico, com efeito, L1 / E1 pode, também, emitir um PDV "por ver", e pode, em seguida, confirmá-lo ou, pelo contrário, rejeitá-lo. Ver *infra*, os exemplos de desasserção.

e2 ((8g), (8k), (8l)), se ele o relata de forma neutra (8a), ou se ele o aprova mais ou menos ((8f), (8j)). A noção de imputação é, pois, fundamental para a distinção entre RE e levar em conta, visto que todo levar em conta implica uma imputação precedente. Assim, de um ponto de vista cognitivo, parece que três etapas se encadeiam: a imputação, o levar em conta, depois a RE, mesmo se essas etapas estejam, às vezes, compactadas no discurso.

A RE, isto é, o fato de assumir o conteúdo proposicional de uma fala como verdadeira, não equivale, pois, ao levar em conta: toda RE implica um levar em conta, mas a recíproca não é verdadeira, como na concessão, na refutação, na retificação etc. Quando L1 / E1 leva em conta um ponto de vista de e2, isso significa que não o rejeita, sem, no entanto, aceitá-lo. Ele não confirma o fato, em si já significativo, de integrá-lo em seu discurso.[24] É apenas em uma etapa posterior, como se verá em 3, que L1 / E1 se posicionará em relação a esse PDV imputado, rejeitando-o ou tornando-o como seu.

Uma integração como essa suscita, rapidamente, a questão de sua exploração discursiva, por L1 / E1, como por aqueles que são as testemunhas do levar em conta, *a fortiori*, por aqueles que são os destinatários da mensagem de L1 / E1. É por isso que o levar em conta é instável, como ressalta Laurendeau (2009), resvalando ora para a RE, ora para a não RE. A situação intermediária da neutralidade é, certamente, teoricamente possível, mas nunca dura muito, sobretudo quando os fenômenos de levar em conta de PDV contraditórios sucedem-se: o destinatário da mensagem de L1 / E1 tem necessidade de saber o que esse último pensa por si mesmo.

3.1.2 Imputação, neutralidade, acordo, desacordo

É apenas em relação à noção de imputação que as noções de acordo, desacordo ou neutralidade fazem sentido. A não RE não é a contraparte da RE, porque é a imputação que exerce esse papel. É no nível inferior da exploração pragmática das imputações que L1 / E1 precisa se ele está em

---

24. Decorre da nota precedente que o levar em conta pode, também, concernir ao L1 / E1. É o caso, por exemplo, quando ele emite uma hipótese e aceita refletir no interior de um quadro hipotético, sem, no entanto, validar, realmente, a hipótese inicial. As interações orais atestadas são abundantes em exemplos desse gênero.

desacordo com o PDV imputado, se ele o considera, sem tomar partido, explicitamente (o que nomeamos "neutralidade" ou RE zero),[25] ou se ele está de acordo com o PDV. Essa maneira de ver interroga os esquemas tradicionais (cf. Dendale; Coltier, 2005, p. 137), que põem em um mesmo nível hierárquico RE e não RE.

3.1.2.1 Não responsabilidade enunciativa distanciada de um PDV imputado

Quando L1 / E2 opera uma não RE, ele se distancia de um PDV imputado ao Outro (inclusive nos caos de diálogo consigo, quando o *Eu* toma distâncias consigo mesmo como sendo Outro, como em "Por longo tempo, eu pensei que *P*, hoje eu abandonei essa forma de ver"),[26] alocutário ou terceiros: cf. os exemplos (8g), (8i), (10) e (11). Se o PDV é retomado pelo próprio L1 / E1, em forma distanciada, pode-se falar em desasserção,[27] como quando um locutor, após haver afirmado *X*, retoma a si mesmo e diz: "Enfim, eu disse que *X*, é verdade, mas isso nem sempre é verdade. É verdade, se *Y* ou se *Z*". Assim, o exemplo (11) começa por retomar a asserção do ministro, em uma forma irônica, iniciando uma desasserção que se exprime no final da carta. A expressão do desacordo é modular, da marcação explícita e agônica frontal do distanciamento, como em (10), à marcação mais irônica e implícita em (11):

(10) Eu não sou blairista, nem blairista regionalizado. Eu assumo minha posição socialista responsável, que prepara a França para o futuro.

(Laurent Fabius, *Le nouvel observateur*, 8 novembre 2006)

---

25. Empregamos o termo por falta de um melhor.

26. Seria, igualmente, o caso com os condicionais epistêmicos assumidos pelo locutor primeiro. Esses exemplos, que acumulam mediação enunciativa e epistêmica (cf. Kronning, 2005), voltam a dizer que L1 / E1 abre um espaço de discussão a uma imagem de Si diferente daquela que ele tem, em princípio (cf. Rabatel, 2006a, 2006b).

27. Laurendeau (2009), de quem tomamos emprestado o conceito, usa como exemplo de desasserção (polêmica), principalmente: "A: Eu creio, realmente, que está chovendo. B: Sim, bem, isso está para se ver". O exemplo autodialógico que damos não é polêmico.

Em (10), a negação e o deslocamento impõem uma leitura dialógica que engendra a reconstrução dos enunciadores dos dois PDV originais: trata-se, no contexto, do debate entre candidatos à candidatura socialista às eleições presidenciais de D. Strauss-Kahn ("Eu sou blairista") e de S. Royal ("Eu sou uma blairista regionalizada"). É óbvio que nenhum dos dois pronunciou o PDV que lhes é imputado, polemicamente, por L. Fabius, esse último compactando fonte e RE (por falta), a fim de torná-lo indiscutível. L1 / E1 exprime, fortemente, seu desacordo com o PDV imputado, recorrendo à negação, ao deslocamento e a um atributo de coloração negativa, pelo menos no partido socialista francês.

Em (11), o método silábico é apresentado por L1 / E1 (Daniel Carré), mas ele não o leva em conta. Ele se distancia, ironicamente, do enunciador e2 (o ministro da Educação Nacional, Gilles de Robien), pela narrativa de sua experiência fracassada:

(11)   Método silábico

O ministro da Educação disse: aprendemos indo do simples ao complexo. Eu, que sou respeitoso das autoridades esclarecidas, decidi ensinar a minha filhinha a andar de bicicleta por esse método. Na segunda-feira, eu lhe ensinei a utilizar a buzina. Na terça pela manhã, vimos o guidão, e à tarde, associamos buzina-guidão. Na quarta pela manhã, foram as rodas, e à tarde, buzina-guidão-rodas. Na quinta, acrescente os pedais, e na sexta, a sela. No sábado, ela subiu na bicicleta... e tive que recorrer à bolsa de primeiros-socorros. Sobre sua aprendizagem da natação, creio que vou refletir a respeito.

(Daniel Carré, Saint-Georges-sur-Baulche, *Télérama* n° 2964, 4-10
novembro 2006, Courrier des lecteurs)

O distanciamento diz respeito, também, a L1 / E1, um outro enunciador que rebaixa Carré ao nível de locutor / enunciador encaixado, l2 / e2. Sua identidade referencial é complexa, suas manifestações linguísticas também (Rabatel, 2006c). Ela é o sincretismo de várias pessoas que intervêm no título, na paginação (responsável pela correspondência dos leitores, jornalista, secretário de redação, responsável pela redação), e também nomearemos essa instância de o sobre-enunciador *Télérama* (Rabatel, 2005b). O que faz esse sobre-enunciador? Ele dá a palavra, ele é responsável pela paginação, pela localização do texto, pela escolha dos caracteres, pelo tamanho da fonte e pelos cortes — até mesmo pelo título. No caso, os caracteres são os menores utilizados na rubrica, o texto está abaixo de uma "bela página". Ora, na bela página precedente, *Télérama* havia dado a palavra ao ministro Robien (no alto da página, mas com a mesma tipografia que Carré), que respondia, ele próprio, a um artigo de *Télérama*. É também a Carré que *Télérama* dá a última palavra, em uma espécie de resposta (irônica) ao direito de resposta do ministro. De modo que, por sobre Carré, o sobre-enunciador assume, *implicitamente*, a responsabilidade enunciativa da crítica do discurso ministerial sobre a aprendizagem da leitura. Essa RE implícita vai além do levar em conta, sem ser uma RE explícita: ela corresponde ao que nomeamos consonância (Rabatel, 2005, p. 127), para distinguir esse tipo de acordo implícito do acordo explícito (= RE ou ligação de responsabilidade, conforme a Scapoline).

3.1.2.2 Neutralidade a respeito de um PDV imputado: entre levar em conta e responsabilidade enunciativa

Quando L1 / E1 reproduz o PDV de um enunciador intradiscursivo *sem se distanciar dele*, convém distinguir, e está aí toda a dificuldade, as imputações com visada puramente informativa daquelas com visada argumentativa (PDV de e2 instrumentalizado por L1 / E1, por sua conta):

a) Nos casos de uma visada informativa, a "neutralidade" pode ser analisada, inicialmente, como levar em conta: esta incide sobre a *verdade do relato* da informação, *sem que seja necessário que L1 / E1 se engaje com a verdade do conteúdo proposicional relatado:* o PDV já tendo sido formulado, L1 / E1 não tem que assumir isso por sua conta (salvo por vontade deliberada). Assim, o policial que redige um boletim de ocorrência ou um auto de infração, o jornalista que relata declarações, não fazem mais que registrar os PDV, e o registro não significa que, no fundo, acreditem neles. Se quiserem fazer isso, devem reassertá-los por conta própria. O exemplo (7) tem a ver com esse levar em conta "neutro". Mas não é fácil traçar uma fronteira nítida entre uma informação e seu perfilamento em vista de uma visada argumentativa de L1 / E1. Assim é o caso nos enunciados de ficção. Quando o narrador de uma narrativa realista escreve que "Jeanne, havendo acabado de aprontar suas malas, aproximou-se da janela, *mas* a chuva não parava" (Maupassant, *Une vie*, in Ducrot, 1980a, p. 20; Rabatel, 2003, p. 133), L1 / E1 assume, por falta, a verdade das verdades fornecidas por intermédio da perspectiva de Jeanne. É por isso, dando-se crédito ao narrador, que o leitor compreende que chove, realmente, que Jeanne está, de fato, impaciente para partir, mas que a chuva atrasa seus projetos. Aqui também, estamos embasados para invocar uma consonância entre L1 / E1 e seu personagem, e para considerar, conforme as convenções da narrativa realista, que a quase RE do personagem centro de perspectiva junta-se à RE implícita do narrador, que deixa entender, por falta, na ausência de distanciamento, que aquilo que é visto / sentido pelo personagem centro de perspectiva é "verdadeiro".

b) No caso de uma visada argumentativa, L1 / E1 serve-se de informação por sua própria conta, como em (12), com uma RE indireta, implícita ou por falta.

(12) No que diz respeito ao ensino, *todo mundo concorda em dizer que existe* um desacordo entre minhas posições e as de Ségolène Royal.

Por exemplo, no contexto de um debate entre os pretendentes socialistas à candidatura à eleição presidencial, no outono de 2006, L. Fabius exprime seu desacordo com as proposições de S. Royal, protegendo-se por trás de uma constatação partilhada pela opinião geral: esconder-se com seu dizer não indica uma ausência de RE, mas uma tática de legitimação que consiste em se apoiar em uma garantia externa. Aqui, o gênero debate político engendra a RE por falta, porque, segundo as regras do debate, não se cita alguém que não seja em apoio a suas teses ou para criticá-lo, ou para apoiar / criticar um terceiro... em resumo, a neutralidade está excluída, e é o co(n)-texto que indica se é preciso escolher o acordo ou o desacordo.

3.1.2.3 A responsabilidade enunciativa de um PDV imputado: do levar em conta ao acordo implícito

Um grau suplementar na expressão da RE por L1 / E1 corresponde ao acordo explícito com o PDV de e2. Aqui, dois casos de figura apresentam-se:

ou L1 / E1 diz seu acordo com a esfera do outro (8e), ou o acordo emerge como uma coconstrução, um *nós* (Jacques, 1979). É o que se passa nos exemplos (8) e (8f): L1 / E1 faz mais que registrar a prova da verdade do PDV de e2, ele torna seu o PDV do outro. Essa RE corresponde a uma coenunciação, enquanto que coprodução de um PDV único e partilhado, os dois locutores formando apenas um enunciador (Rabatel, 2005b). O acordo repousa em duas asserções convergentes ou concordantes. Nesse mesmo ponto, o outro é integrado à esfera do *eu* e encontramos... a RE, da qual uma das "margens" remete ao levar em *sua* conta um PDV exterior.

Uma tal apresentação do par RE e imputação ressalta a importância do dialogismo e das interações na RE. Esses fenômenos de RE repousam em uma tensão entre si e os outros, tensão que estrutura os continentes do Eu e do Outro: uma parte de mim me afasta do outro (si mesmo como um outro), enquanto que uma parte do Outro me leva a mim, por intermédio da dinâmica do acordo. E é apenas no fundo de um paradoxo aparente que a afirmação de si passa pelos outros, em um conjunto de negociações em que o critério da verdade tem, certamente, um lugar de eminência, mas não exclusivo.

Esse quadro geral será objeto de exemplificações mais exploradas nas subseções 3.3 e 3.4. Mas, antes disso, convém examinar as relações entre o grau de atualização dos enunciadores no discurso e a porção textual, no interior da qual o PDV pode se revelar, mesmo se as relações entre os dois pontos não sejam análogas.

3.2 *Ponto de vista, conteúdo proposicional e ilhas textuais*

3.2.1 Ponto de vista, conteúdo proposicional, asserção e predicação

Se queremos definir o PDV como um conteúdo proposicional, a primeira exemplificação do PDV leva a dizer que ele se manifesta em uma asserção, uma vez que essa última é o contexto de uma predicação.

(13) Davi é um jovem bem frágil!

(14) Esse feto é um adversário indigno de um combate extraordinário.

(15) A multidão era numerosa.

(16) Os manifestantes eram realmente numerosos.

(17) O populacho fervilhava no pátio, sem qualquer perturbação.

A predicação oferece o contexto para um julgamento, em particular para o modo de atribuição dos referentes, as escolhas aspecto-temporais, a marcação das relações entre componentes do enunciado. Insistamos neste ponto: o PDV não se limita a um *modus* subjetivo ao qual se oporiam um *dictum* objetivo. É, em um primeiro momento, no nível do *dictum*, por intermédio, sobretudo, da seleção, a categorização ou, ainda, a estruturação que operam as modalidades, como, em (14), a denominação de "feto" e, em (17), a escolha de "populacho" e o modo indicativo que apresenta o PDV como um fato "objetivo", portanto, não sujeito à discussão. Assim, a escolha de uma denominação, a partir da predicação, tal como "multidão", "manifestantes", "populacho", é suficiente para orientar o enunciado em um sentido determinado e, conforme o efeito a ser produzido no destinatário, não se escolherá a mesma palavra.

Mas o julgamento de valor pode assumir a forma de um comentário explícito, como em (13) ou (14). Quanto à modalização, ela diz respeito à distância do locutor em relação ao seu dizer, por intermédio dos desdobramentos enunciativos, dos comentários reflexivos etc.: confirme "realmente", "sem qualquer perturbação", em (16) e (17). Também, cada um dos enunciados precedentes pode compreender mais ou menos subjetivemas, que dão um aspecto mais ou menos subjetivante ao PDV, ou, ao contrário, objetivante, sobretudo nos enunciados não embreados marcados pelo apagamento enunciativo. Nesse contexto, o dialogismo do PDV permite compreender que os PDV podem ser exibidos ou ocultados sob evidências dóxicas ou perceptivas objetivantes, e eles não permanecem, fundamentalmente, menos PDV. Nesse sentido, parece didaticamente útil distinguir as estratégias de referenciação do *dictum* daquelas que intervêm na construção do *modus*.

3.2.2 Ponto de vista e ilhas textuais

Mas o PDV não se manifesta apenas em uma asserção. É toda a problemática das "ilhas textuais": uma palavra, em certas condições, pode ser suficiente para remeter a um PDV, tão pouco que a palavra remete, nitidamente, a um enunciador e a um PDV claramente identificados por uma certa comunidade linguística. Se pensamos que o PDV deve representar uma asserção, então ele não deve ser inferior a um enunciado completo (enunciado ou frase simples), a predicação devendo permitir suportar uma asserção que encontra sua origem e sua responsabilidade enunciativa no locutor citado. Se, por outro lado, julgamos que o PDV pode se limitar a uma retomada de uma palavra ou de uma expressão julgadas importantes, ou até de um grupo de palavras, ao modo das ilhas textuais, então não há limite inferior ao PDV, uma vez que a asserção permanece o fato do locutor citante, que engloba em seu próprio discurso ilhas de PDV, por dialogismo interdiscursivo ou interlocutivo. Independentemente desse quadro dialógico, é possível, em um outro quadro teórico, complementar do precedente, que os PDV embrionários existam em língua, em função da orientação argumentativa dos lexemas (Carel; Ducrot, 1999; Schulz, 2001). Mas é verdade que, nesse caso, há o risco de alimentar uma abordagem entrópica, ao multiplicar miríades de enunciadores. É por isso que é capital, como indicamos em 3.1, hierarquizar os PDV e reagrupá-los segundo sua origem enunciativa, seu papel descritivo e sua função argumentativa.

Nas ilhas textuais, o PDV é ancorado por acréscimo[28], nesse ou naquele termo, suficientemente emblemático, em determinada comunidade, para remeter a uma posição particular. Esses fenômenos são particularmente instáveis na vida social, mas operam, constantemente, com uma duração de vida limitada que não altera, no entanto, a validade do processo: "gentalha", "limpar com karcher", "júris populares", no debate político francês, fazem

---

28. Essa noção de acréscimo remete ao fato de que, em geral, se o enunciador representa um PDV em uma frase (Anscombre, 2006, p. 355), é possível considerar, ao mesmo tempo, que o PDV existe aquém da predicação de uma frase, em uma palavra ou uma expressão às quais uma comunidade linguística junta um conjunto indeterminado de frases que representam o PDV que existe no estado embrionário em uma palavra.

sentido, imediatamente, no momento em que são escritas essas linhas, mas seu caráter emblemático não durará. O mesmo ocorre com falar de "muro", "barreira de segurança", para familiares do conflito israelo-palestino. Esse tipo de fenômeno, no entanto, está longe de se limitar à vida cotidiana ou ao mundo político. Em todos os domínios, certas palavras flutuam como estandartes em torno dos quais se agregam vários PDV e posições. Esse tipo de embriões de PDV é particularmente nítido no exemplo seguinte, extraído da correspondência dos leitores de *Télérama*:

(18) Keufs
Antes, tínhamos "guardiães da paz".
Hoje, temos "forças da ordem".

(Hervé Hillard, Montreuil. *Télérama*, n° 2964,
4-10 novembre 2006, Courrier des lecteurs)

L1 / E1 (o autor da carta), enquanto organiza a antítese dos PDV, assume a responsabilidade enunciativa do caráter antitético das duas frases, colocando em cena, em seu discurso, dois enunciadores intradiscursivos distintos, indeterminados, na origem dos dois PDV embrionários que repousam nas denominações entre aspas, e2, a primeira, e e3, para a segunda. Esses PDV são identificáveis, mesmo se estão aquém de uma asserção completa, pois as denominações remetem a um interdiscurso no qual esses termos estão, por acréscimo, no cerne de posições ideológicas, engendrando discursos e representações sociais antagonistas, como confirma a antítese entre "antes" e "hoje", esses dois advérbios formando o contexto no qual o PDV é verdadeiro.

Teoricamente, L1 / E1 poderia partilhar o PDV de cada uma das duas denominações, como indicam as inclusões parentéticas, entre travessões, de julgamento de acordo de L1 / E1 e as expansões reformulativas parafrásticas que as seguem, com um "pois", indicando um acordo com e2 ou e3, acordo que é igualmente sensível com "visto que", logo que o L1 / E1 explicita, uma segunda vez, sua aprovação ("como dizia-se, com razão"):

(18a) Antes, os policiais eram comumente chamados de "guardiães da paz" — *e acho, pessoalmente, que era uma denominação consistente* — **pois / visto que**, *como se dizia, com razão,* eram considerados agentes pacíficos.

(18b) Hoje, os policiais são comumente chamados de "forças da ordem" — *e acho, pessoalmente, que é uma denominação consistente* — **pois / visto que**, *como se diz, com razão*, são considerados agentes que devem fazer reinar a ordem por todos os meios, inclusive pela força.

Mas a estrutura antitética convida a escolher um dos enunciados. Ela se apoia não apenas na oposição dos períodos temporais, calculados relativamente à situação de enunciação de L1 / E1, mas também no equilíbrio dos valores associados às denominações: dificilmente, "guardas da paz" pode ser tomado como a parte ruim, considerando-se os valores de "paz".[29] como aqueles, em contexto, da entrada nominal da expressão, "guardião". No entanto, "forças da ordem" pode estar tanto na abertura nominal quanto no complemento: a força não está sempre a serviço da justiça, a ordem não é sempre justa.[30] Esse desequilíbrio faz a balança inferencial pender mais para o lado de e2.

As mudanças de denominação significam, pois, em essência, mudanças de orientação política na representação que o poder constrói a respeito do papel da polícia. L1 / E1 serve-se das oposições de PDV para afirmar uma degradação de antes a hoje, em relação com a situação do sujeito produtor da enunciação. A um antes (idealista?) corresponde uma época em que os guardiães da paz são dados como a garantia da paz social, enquanto que, hoje, os policiais são evocados não mais sob o aspecto positivo de guardas protetores, mas sob a vertente mais agressiva da força, dando a entender que a ordem apoia-se em uma relação de força afastada

---

29. Mesmo se falamos de "paz nos cemitérios"...

30. De um modo geral, o termo *paz* não é atravessado por clivagens políticas direita *versus* esquerda, como é o caso para a *ordem*. Cf. a análise sêmica desses termos. Particularmente, é instrutivo que, por ocasião da última campanha para a eleição presidencial de 2007, Ségolène Royal haja sacolejado o campo político de direita e de esquerda, afirmando a necessidade de uma "ordem justa". Pois a palavra *ordem* aparece no vocabulário (e também nas noções políticas) da direita, enquanto que a *justiça* pertence à esquerda (cf. Comte-Sponville, 2001, p. 184-189). Daí as reações divertidas ou aborrecidas da direita ("a ordem justa é a justa ordem", replicou Nikolas Sarkozy) e as reações também irritadas de alguns que, na esquerda, viram aí um deslize para a direita, ao focalizar sobre a "ordem" e ao omitir a problemática da justiça social... N.B.: hesitação entre o emprego das aspas ou dos itálicos, por ordem e menção, provém de que os termos não são apenas mencionados (itálicos), eles acumulam a menção e o uso...

da paz social anterior. É verdade que "forças da ordem" é, de fato, um hiperônimo em relação a "guardiães da paz" e que, nesse sentido, as duas expressões não têm a mesma extensão, mas a estrutura antitética dos enunciados convida, primeiramente, a considerar os termos como parassinônimos, e, em seguida, a considerar que esses últimos numa relação de oposição... Em outras palavras, tudo evocando, de um ponto de vista geral, um "mesmo" referente, eles não o atualizam em discurso da mesma forma. Tal é a encenação enunciativa que L1 / E1 organiza, imputando a esses enunciadores dois PDV que remetem a duas visões de mundo distintas e parecendo mais estar em consonância com o enunciador que lamenta a evolução do papel atribuído à polícia.

3.3 A referenciação

Assim definido, o enunciador, enquanto sujeito modal, localiza-se não apenas por intermédio de seus comentários explícitos, ele se constrói por meio das indicações que afetam a construção dos objetos do discurso. Localizar um enunciador em um discurso implica buscar sua presença por intermédio da referenciação dos objetos do discurso (inclusive, talvez até sobretudo, na ausência de marcas do *eu-aqui-agora*), em seguida, precisar se o enunciador é o que está em sincretismo com o locutor / enunciador primário, ou, por falta, precisar a posição de L1 / E1 a respeito dele (acordo, desacordo, neutralidade). A referenciação não é jamais neutra, mesmo quando os enunciadores avaliam, modalizam ou comentam o menos possível. Essa abordagem dá conta de todos os tipos de PDV, inclusive de PDV implícitos, como em (19):

(19) — A dialética é a arte e a maneira que **vós** tendes de sempre cair novamente sobre os vossos pés!
"**Vós**", éramos **nós: os dirigentes**. Mas **eu, eu** pensava "**eles**", quando me ocorria pensar a respeito.

(Semprun, *Adieu vive clarté*, Gallimard, 1998, p. 85)

O primeiro enunciado, dirigido pelo militante comunista Fernand Barizon (motorista dos executivos do Partido Comunista Francês) a Semprun, pseudônimo Gérard, dirigente comunista do PCF na clandestinidade, sob a ditadura franquista, comporta uma asserção sobre o que é a dialética para os dirigentes comunistas (PDV 1: "A dialética é a arte e a maneira que vós tendes de sempre cair novamente sobre os vossos pés"). Todavia, a reiteração das formas de segunda pessoa "vós", "vossos" dá a entender que a dialética é utilizada para justificar os interesses *particulares* da direção, daí a antítese *in absentia* entre "vós" e "nós". O primeiro PDV compreende, igualmente, PDV implícitos (mas, ao mesmo tempo, bem reais, considerando-se a reação do interlocutor), que remetem a uma ruptura entre "direção" e "base", doxa produzida sem discussão, dando a entender, assim, que o partido comunista é um partido como os outros (PDV 2: "vós" *versus* "nós". A antítese dos pronomes tem apenas um valor geral, visa, de forma cruel, o próprio Semprun, que aceita tão mal essa distância quanto Gérard (era seu nome sob a clandestinidade) partilhou com Barizon a fraternidade dos campos em Buchenwald (cf. *Quel beau dimanche!*). Ora, o contexto indica que Barizon havia feito gesto de não *re*conhecê-lo, significando, assim, que esse último, a partir de então, passou para o outro lado, o lado dos chefes, o que confirma as palavras que acabamos de citar. Portanto, (19) lembra a ruptura entre base e direção, comporta um terceiro PDV, implícito, que rebaixa Semprun ao nível dos (outros) dirigentes, até mesmo de um dirigente como um outro qualquer: PDV 3: "vós" = "*vós todos, inclusive tu*"). A reação do interlocutor, ao privilegiar, entre esse empilhamento de PDV, aquele que é o menos explícito, aponta para um questionamento pessoal doloroso, pois Gérard situava-se em exterioridade, relativamente a uma direção que ele combate por suas traições à causa da revolução, mas à qual Barizon acaba de lhe lembrar, brutalmente, que ele pertence, seu estatuto de opositor não apagando a ruptura entre base e dirigentes. Estima-se que, em (19), apesar da raridade de indicações explícitas, aos planos cognitivo, ideológico, axiológico, passional, a referenciação do *dito* indica que o PDV 3 é pragmaticamente predominante e imprime sua dimensão argumentativa ao discurso, no plano interacional, implicitamente, mas, ao mesmo tempo, muito eficazmente, considerando-se a reação do alocutário.

3.4 Da multiplicidade dos conteúdos proposicionais à hierarquização dos PDV, conforme as fontes enunciativas e a estruturação argumentativa

O empilhamento dialógico de PDV contextualizados, em (19) — análogo, em seu princípio, ao que se pode observa em um enunciado fabricado, como "esse muro não é branco" (Nølke *et alii*, 2004, p. 26-27) —, confirma a pertinência da questão da hierarquização dos PDV, crucial para aperfeiçoar a compreensão das mensagens e a reação de seus destinatários. A variabilidade da saturação semântica dos enunciadores, conforme seu grau de atualização e seu papel na ação ou as cadeias de argumentos, aumenta a necessidade da hierarquização das instâncias. Essa hierarquização dos enunciadores depende, em última análise, dos vínculos que o locutor / enunciador primário estabelece com os enunciadores dos PDV, seguindo-se que L1 / E1 assume a responsabilidade enunciativa de determinado PDV, ou que ele se contenta em relatar / assertar um outro PDV, sem assumir seu conteúdo, nem, sobretudo, suas implicações:

> (20) Se eu fosse americano, eu preferiria ser democrata. Em seu tempo, eu apreciei a segunda esquerda de Michel Rocard. Mas, no sistema bipolar francês, eu sou direita.
>
> (Jacques Barrot, antigo membro do UDF, presidente do grupo UMP na Assembleia Nacional, *Le Monde*, 1/11/2002)

Em um contexto autodialógico, como em (20), o locutor / enunciador primário, que se afirma como de direita, apresenta o PDV de enunciadores que correspondem às imagens do locutor lambda (conforme Ducrot), contrafactuais (um americano) ou passadas (a época da segunda esquerda rocardiana), sem as assumir (uma vez que não se está na América e que a segunda esquerda não é mais atualizada), expondo, assim, sua abertura de espírito, para não prejudicar a expressão de seu posicionamento atual à direita, como locutor enquanto tal (Ducrot), ao término de todas essas precauções oratórias.

De um ponto de vista cognitivo, a multiplicação dos conteúdos proposicionais (e, portanto, dos enunciadores) é difícil a gerir, sobretudo se integramos a problemática do implícito, com os pressupostos e os subentendidos, e mais ainda com o dialogismo da "palavra com duas vozes" (Bakhtin, 1984), quando o PDV de um emerge na voz do outro, sem tomar emprestado, necessariamente, a forma de discursos estruturados e identificáveis (cf. (19) e (20))...

É por isso que pressupomos reagrupar os conteúdos proposicionais, conforme o *conteúdo referencial* (todos os conteúdos proposicionais tratados do mesmo referente), conforme a *fonte enunciativa* (todos os conteúdos proposicionais tendo a mesma origem enunciativa) e conforme a *orientação argumentativa* (todos os conteúdos proposicionais coorientados, aos quais se juntam, eventualmente, conteúdos proposicionais orientados em oposição, integrados na linha argumentativa do enunciador principal). Seria desejável poder modelizar essas variáveis (cuja lista não é exaustiva), mas estamos longe disso: elas não combinam sempre uma com outra, as liberdades discursivas do locutor perturbam qualquer previsão.

Assim, mesmo se os diferentes conteúdos proposicionais de (21) tratam de referentes diferentes, eles são "empacotáveis" por trás do PDV do pai, precisamente porque não têm a mesma fonte enunciativa e a mesma orientação argumentativa desfavorável, como indica a reiteração desses "demonstrativos venenosos"...

(21) Ele transborda de sombras e conjecturas impessoais, ornadas de demonstrativos venenosos. Sua casa tornou-se *essa* casa, onde reina *essa* desordem, onde *essas* crianças "de baixa origem" professam o desprezo ao papel impresso, encorajadas, aliás, por *essa* mulher.

(Colette, *La maison de Claudine*, Le Livre de Poche, 1990, p. 16)

O empacotamento dos PDV apoia-se em cadeias sintagmáticas, assim como acabamos de ver. Ocorre o mesmo no exemplo (20): o PDV, hierarquicamente superior, é a afirmação "mas, no sistema bipolar francês, sou de direita", os outros conteúdos proposicionais remetendo a mundos possíveis ou passados que não são pertinentes na situação de J. Barrot, como confirma o conector. Eles servem, todavia, à construção do PDV, pois não é a mesma coisa dizer-se de direita por pragmatismo, dando prova (no discurso) de uma certa abertura de espírito, ou mostrar como de direita, por um posicionamento doutrinário e intolerante. Uma outra forma de empacotar os PDV baseia-se na hierarquização dos conteúdos postos e implícitos: assim, em (19), o PDV 1 (posto) e o PDV 2 servem para construir o PDV 3, que é o PDV dominante, no plano da orientação argumentativa e da dinâmica interacional.

4. Marcas externas e internas do PDV

Nós assinalamos, anteriormente, as reservas demandadas pela dicotomia interna / externa, no plano interpretativo e semiótico. Também não é nesse sentido que utilizamos esses termos, mas em um sentido espacial, demarcatório, no plano da organização textual. Mas as denominações não são mais suficientes, como será visto nos capítulos 3 e 4, na medida em que não é jamais fácil dizer com uma grande precisão e uma igualmente grande facilidade onde começa um PDV e onde ele se fecha. Essa dificuldade não se deve apenas à ausência eventual dessas marcas. Ela se deve, também, à natureza radicalmente dialógica da língua e dos discursos. Em consequência, mesmo nos casos em que o texto joga, voluntariamente, com PDV diferentes, até antagonistas, o dialogismo é tão evidente que o PDV de um enunciador segundo por se ver anunciado por antecipação no discurso de L1 / E1, como esse último pode, ainda, fazer eco dele, em seu próprio discurso, após o haver mencionado. Em resumo, o PDV dos enunciadores segundos apresenta-se, raramente, como um bloco homogêneo no discurso do locutor / enunciador primeiro, e esse último, conforme a natureza do diálogo mudo que estabelece com seus personagens, alimenta seu próprio discurso com o PDV dos outros, para a frente e para trás, no texto — e também, é claro, durante a menção ou a apresentação dos PDV do outro.

Mas, o essencial não está aí. As marcas listadas adiante estão longe de existir apenas para contextos narrativos. Encontraríamos os mesmos em textos informativos ou argumentativos. No entanto, nas narrativas, produz-se um fenômeno particularmente significativo: essas marcas, por sua reiteração e sua congruência, contribuem para adensar a imagem dos personagens centros de perspectiva. Certamente, assim como dissemos anteriormente, esse fenômeno produz-se, também, em outros tipos de textos, embora mais raramente. Em contexto narrativo, o PDV cria um fenômeno qualitativamente novo, fazendo, do personagem, um centro de perspectiva. Quando o procedimento aplica-se para personagens diferentes, permitindo ao leitor entrar em suas visões, em suas razões, o PDV favorece que a complexidade do mundo seja levada em conta. Essa dimensão é fundamental, no plano antropológico, e deve estar sempre presente no espírito, a fim de liberar os jogos interpretativos das marcas formais.

4.1 Marcas externas

As marcas são frágeis, desde que saímos do quadro bem balizado do discurso direto escrito. Para o PDV assertado, as marcas externas são as do discurso relatado. Não há marcas externas claras senão para o discurso direto (e, ainda, isso só é verdadeiro na escrita, mesmo que os fenômenos entonativos exerçam um papel demarcador na oralidade), pois, com o discurso indireto, se existe uma marca que abre, a marca que fecha está longe de estar sempre presente. As dificuldades de delimitação externa vão crescendo com o discurso indireto livre e com o discurso narrativizado. De modo semelhante, os marcadores de escopo, tais como *"conforme / segundo / de acordo com* Pierre, a assistência era numerosa" etc., indicam a abertura de um outro espaço enunciativo no discurso do locutor, sem precisar, sempre, onde se encerra o dizer do outro. E o problema é ainda mais complexo quando o PDV limita-se à inclusão de subjetivemas, na ausência de fronteiras de abertura e de fechamento, remetendo a sujeitos modais que não são locutores. É por isso que, para a interpretação dos PDV em "frases sem fala", é crucial listar algumas das marcas externas (de limites) e internas (de atualização modal), que indiquem a abertura ou, na ausência, o traço de um outro espaço enunciativo no dizer do *ego*.

As *marcas externas* são as marcas de abertura e de fechamento, que indicam o início e o fim de um PDV representado ou a passagem de um PDV narrado a um PDV representado, como em (24). Para o PDV representado, o limite de abertura é assinalado por um processo de percepção (um verbo, mais frequentemente, mas também um nome que indica um processo, do tipo "vista", "espetáculo") e um sujeito perceptivo aferente. Na ausência dessas marcas, o processo de percepção pode ser inferido de um verbo de movimento. A oposição das formas temporais globais (como o pretérito perfeito ou o presente histórico) e secantes (como o imperfeito ou mais-que-perfeito) exerce um papel de abertura (passagem do primeiro ao segundo plano) ou de fechamento (passagem do segundo plano ao primeiro plano), a exemplo do que se passa com o discurso indireto livre (Vuillaume, 2000). É o que tentamos ilustrar, nos exemplos seguintes, com as formas em itálico separadas por barras duplas (/ / \\\) orientadas em oposição. Para o PDV assertado, encontramos as marcas externas evocadas anteriormente. Enfim, para o PDV embrionário, sobretudo nos casos em que o PDV não corresponde à pessoa do locutor / enunciador primeiro, mas considera as coisas a partir da perspectiva de um enunciador intradiscursivo, as marcas externas de limitação não podem existir, uma vez que, por natureza, o PDV embrionário consiste em uma debreagem enunciativa mínima, para considerar as coisas de um PDV diferente, sem apresentar, no discurso, um espaço que possa ser interpretado, explicitamente, como uma predicação completa que emana de um enunciador intradiegético: o PDV embrionário baseia-se, pois, em ilhas textuais,[31] segmentos de enunciado, portanto, em marcas internas que indicam, no discurso do locutor primeiro, traços furtivos do PDV de um outro.

Os princípios de marcação externa funcionam corretamente em (22), (23) e (24).

(22) O pai abade *permaneceu um momento silencioso, / / olhando direto diante de si, com um ar sonhador, como se hesitasse* não sobre o conteúdo mesmo da resposta, mas sobre a oportunidade de dá-la. O caminho do tanque

---

31. Nesse caso, as marcas de abertura e de fechamento são indicadas pelas aspas. Da mesma forma, na oralidade, com a verbalização da expressão entre aspas, marcada pelo gesto, cada vez mais frequente, de aspear com dois dedos das duas mãos, gesto que, eventualmente, substitui a expressão "entre aspas". N.B.: essas aspas, presentes, por exemplo, em (18), podem, eventualmente, ser omitidas quando as palavras são suficientemente salientes na memória discursiva, para remeter a um PDV claramente identificado — os títulos de imprensa jogam, muito frequentemente, com esse tipo de fenômeno. As aspas das "ilhas textuais" podem, igualmente, ser omitidas nas narrativas, quando a memória discursiva atribui tal palavra ao idioleto de tal personagem.

encurvava-se para o sul e, descendo em ladeira suave para a peça d'água, situada em nível abaixo do monastério, seguia, **na ocasião**, a borda oriental das hortas, das quais *se percebiam* os limites em todas as direções.
\\ "Eu tenho poucas certezas, *disse* o pai abade".

(M. Rio, *Le perchoir du perroquet*, Points Seuil, p. 43)

(23) Ele saiu da janela e deitou-se na cama. *Fechou* os olhos. / / Ruídos *vinham*-lhe, furtivos, amenizados pela distância: ronronado contido de uma leitura piedosa vindo da sala de refeições; tilintares metálicos das tubulações de água quente, dilatando-se ou se retraindo; batimento irregular de um vidro mal fixado, movendo-se na sua moldura; assobios leves do vento na lareira; tiro de caçador nas matas próximas; cantos de pássaros empoleirados nas ramagens do parque... Ele não sentia mais a melancolia que o havia invadido na igreja, enquanto que essa voz das coisas permanecia inteligível para sua memória e sua sensibilidade, no meio da recusa de sua razão. Esses ruídos *pareciam* familiares a seus ouvidos e, a seu espírito cortado do mundo real pela angústia e pelo medo, destituídos de sentido, como se toda a mecânica exterior *continuasse a funcionar* de maneira banal e absurda. \\ Ele *se levantou*, bruscamente, sentou-se à sua mesa e se pôs a desarrumar a pilha de papéis que continham seus apontamentos.

(M. Rio, *Le perchoir du perroquet*, Points Seuil, p. 30-31)

(24) Ele *perambulou* toda a manhã diante das bancas de feira e por entre o gado alinhado na praça. / / Ao longo da rua principal, rapazes dos vilarejos olhavam com gozação as moças que passavam de braços dados, e riam zombeteiramente para irritá-las. Ele gosta disso. \\ Ele *decidiu* voltar a pé, são duas horinhas de caminhada. Hélène, que voltava de bicicleta, passou por ele na saída do vilarejo.

(Vailland, *Les mauvais coups*, Le Livre de poche, p. 77)

Mas não é mais o caso em (25), na medida em que certos primeiros planos não estão no mesmo nível hierárquico que a linha temporal que estrutura a narrativa, na perspectiva de Zénon: as reações do doente e dos camponeses, que se exprimem em um primeiro plano, exercem, todavia, um papel subordinado ao primeiro plano englobante, assim como mostrado por Combettes (1992), e é por isso que codificamos com / /.

(25) Zénon prescreveu um calmante e *examinou* a perna. / / Os ossos, em dois lugares, *saíam* da perna que, ela mesma, pendia em frangalhos. Nada nesse acidente parecia com o efeito de coices. As marcas de cascos não eram visíveis em lugar algum. Em caso semelhante, a prudência exigia a amputação, mas o ferido, vendo o médico passar pelo fogo a lâmina de aço, reanimou-se o suficiente para urrar. O ferreiro e seu filho mal estavam menos inquietos, temendo, se a operação desse errado, ter um corpo morto nos braços. / / Mudando de plano, Zénon *decidiu* tentar, inicialmente, reduzir a fratura.

(M. Yourcenar, *L'Oeuvre au noir*, Folio, p. 257-258)

O exemplo (26) é também problemático. Assinalaremos, inicialmente, que o parágrafo fecha-se no segundo plano, de modo que não há fechamento explícito. Certamente, pode-se objetar que pretéritos perfeitos ("ele reconheceu", "ele se endireitou") exercem um papel de limitação final: mas nos encontramos, então, confrontados com problemas de hierarquização. Com efeito, os pretéritos perfeitos indicam a passagem de um PDV perceptual a PDV mais abstratos, mas permanecemos, apesar de tudo, no mesmo PDV, cujo preço é, precisamente, esse movimento, de uma observação à reflexão sobre essa mesma percepção. Em outras palavras, a dificuldade de delimitação não se deve, aqui, à ausência de marcas, mas à sua multiplicidade e às dificuldades de hierarquização que se seguem. Em outras palavras, os pretéritos perfeitos entoam momentos no PDV e, portanto, o fim de um momento e a abertura de um outro, mas não fecham, completamente, o PDV do personagem:

(26) Por volta do meio-dia, ele adormeceu, deitado de bruços, em um buraco na areia, a cabeça sobre os braços, sua lupa caída da mão, que repousava sob ele, em um tufo seco. Ao despertar, ele *acreditou* perceber / / contra seu rosto, um bicho extraordinariamente móvel, inseto ou molusco que se mexia na sombra. Sua forma era esférica. Sua parte central, de um preto brilhante e úmido, era contornada por uma zona de um branco rosado ou desbotado. Pelos franjados cresciam na periferia, saídos de uma espécie de carapaça mole castanha, estriada de fissuras e deformada por protuberâncias. Uma vida quase assustadora habitava aquela coisa frágil. Em menos de um instante, antes mesmo que sua visão pudesse formular um pensamento, ele reconheceu que o que ele via não era outra coisa senão seu olho refletido e aumentado pela

lupa, por trás da qual a erva e a areia formavam um fundo prateado como o de um espelho. Ele se endireitou pensativo. Ele havia se visto, vendo. Escapando das rotinas das perspectivas habituais, ele havia olhado de bem perto o órgão pequeno e enorme, próximo e, no entanto, estranho, vivo, mas vulnerável, dotado de imperfeito e, no entanto, prodigioso poder, do qual ele depende para ver o universo.

(M. Yourcenar, *L'Oeuvre au noir*, Folio, p. 242)

4.2 Marcas internas

De uma maneira geral, mais as marcas externas são contidas, mas são as *marcas internas* de atualização modal que exercem o papel de sinais de alteridade enunciativa[32] e que têm o mérito de representar as instâncias na origem dos PDV. Esse fenômeno é fundamental no PDV embrionário, mas ele não atua senão nesse âmbito. Em todas as diferentes modalidades de PDV, as marcas internas exercem um maior papel para dar corpo à perspectiva do enunciador, para lembrar a presença por intermédio das escolhas de modo de atribuição dos referentes.

Numerosos elementos lexicais são susceptíveis de exercer esse papel. Assim, no plano da coesão nominal, denominações lexicais comportam julgamentos de valor apreciativos ou depreciativos (27), (28), ou os fenômenos de atualização do nome (29), (30):

(27) O filisteu olhou e, quando percebeu Davi, desdenhou-o: **esse menino, um efebo** *de tez clara e rosto atraente*.[33]

---

32. É nesse sentido, essencialmente, que, em Rabatel (1998, p. 83 e seg.), escrevemos que os subjetivemas exercem um papel segundo, em relação à marcação externa, que indica, mais claramente, a abertura e o fechamento de outro espaço enunciativo. Mas essas marcas segundas são tudo, exceto secundárias, sobretudo se as primeiras estão ausentes... Outras razões são levadas em conta, principalmente a vontade de não deixar pensar que todo subjetivema devia ser relacionado ao locutor primeiro.

33. Variação de acordo com o exemplo (1) da Introdução Geral, "O filisteu olhou e, quando percebeu Davi, desdenhou-o: era um menino de tez clara e rosto atraente." (*Primeiro Livro de Samuel*, 17, 41. *TOB*, p. 542).

(28) O populacho era numeroso / **fervilhava**.

(29) O filisteu olhou e, quando percebeu Davi, desdenhou-o: *esse menino de tez clara e rosto atraente estava repugnante como soldado.*

(30) **A / essa** multidão inspirava respeito.

No plano verbal, as escolhas aspecto-temporais, o semantismo dos verbos ("a assistência *vinha* se precipitar para a praça"), os apresentativos etc., contribuem, igualmente, com a atualização modal.

No plano da coesão lógica, o valor enunciativo-argumentativo dos conectores ((31) e (32)) e dos marcadores temporais e espaciais (33), dos intensificadores, exerce um papel de marca externa, até de marca interna, entoando as etapas de um PDV, assim como vemos no exemplo (32), em que dois conectores exercem o papel de marca externa ("mas") e interna ("embora")[34]:

(31) O filisteu olhou e, quando percebeu Davi, desdenhou-o: *era apenas um menino, **mas** sua tez clara e seu rosto atraente **não mascaravam seu aspecto**.*

(32) Pedro aproximou-se da janela e olhou o cortejo fúnebre: ***mas**, a assistência, **embora tão** numerosa, nem sempre se movimentava.*

(33) Pedro aproximou-se da janela e olhou o cortejo fúnebre: à sua direita / **no entanto / agora /** *a assistência, numerosa, movimentava-se.*

No plano sintático, a maior parte das marcas de dialogismo exerce um papel de marca interna e faz o relato de percepção para o relato de fala ou de pensamento, e confirma que o PDV é o do enunciador centro de perspectiva: assim, as marcas de dialogismo que entram na composição do *dictum* (conteúdo proposicional) reforçam a dimensão reflexiva das percepções, quer se trate da interrogação (34), (35), da questão retórica (36), (37), da pressuposição ou da negação (38), (39), da frase clivada (focalização, topicalização) (40), (41), da retificação (48), (49), da sobrevalorização (50), (51):

---

34. Assim como veremos, mais em detalhe, no capítulo 4.

(34) O filisteu olhou e, quando percebeu Davi, desdenhou-o: *quem seria o campeão do campo adverso? Era o menino de tez clara e rosto atraente.*

(35) Pedro aproximou-se da janela. O cortejo fúnebre seria importante? *Sim, a assistência era numerosa!*

(36) O filisteu olhou e, quando percebeu Davi, desdenhou-o: *viu-se jamais um inimigo tão ridículo? Era um menino de tez clara e rosto atraente.*

(37) Pedro aproximou-se da janela e olhou o cortejo fúnebre: *viu-se **um dia** assistência **mais** triste.*

(38) O filisteu olhou e, quando percebeu Davi, desdenhou-o: ***o inimigo não era, verdadeiramente, para temer**, era um menino de tez clara e rosto atraente.*

(39) Pedro aproximou-se da janela e olhou o cortejo fúnebre: a assistência **não** era ridícula, ***pois havia do que se fazer um verdadeiro cortejo***.

(40) O filisteu olhou e, quando percebeu Davi, desdenhou-o: ***o campeão inimigo**, era um menino de tez clara e rosto atraente.*

(41) Pedro aproximou-se da janela e olhou o cortejo fúnebre: *o que o chocou foi a numerosa assistência / **essa assistência** tão numerosa, **que** choque!*

(42) O filisteu olhou e, quando percebeu Davi, desdenhou-o: *mesmo que o adversário tivesse o ar audacioso, era um menino de tez clara e rosto atraente.*

(43) Pedro aproximou-se da janela e olhou o cortejo fúnebre: ***certamente**, a assistência era pouco numerosa, ela era, **no entanto**, determinada.*

(44) O filisteu olhou e, quando percebeu Davi, desdenhou-o: ***não era um combatente aguerrido**, era um menino de tez clara e rosto atraente.*

(45) Pedro aproximou-se da janela e olhou o cortejo fúnebre: ***havia apenas alguns fiéis, a multidão de desconhecidos era impressionante.***

(46) O filisteu olhou e, quando percebeu Davi, desdenhou-o: ***sim**, era **verdadeiramente** um menino, de tez clara e rosto atraente.*

(47) Pedro aproximou-se da janela e olhou o cortejo fúnebre: *havia muita gente*, **com efeito**, *a assistência era* **muito importante**.

(48) O filisteu olhou e, quando percebeu Davi, desdenhou-o: *era um homem jovem*, **de fato, um menino** *de tez clara e rosto atraente*.

(49) Pedro aproximou-se da janela e olhou o cortejo fúnebre: *a assistência não era ridícula*, **na realidade, mas insuficiente para impressionar** / *a assistência*, **mais exatamente, o pequeno grupo de pessoas presentes**, *era bastante numerosa*.

(50) O filisteu olhou e, quando percebeu Davi, desdenhou-o: *era um menino*, **talvez um feto afeminado**, *de tez clara e rosto atraente*.

(51) Pedro aproximou-se da janela e olhou o cortejo fúnebre: *a assistência não era ridícula, ela era* **mesmo impressionante** / *a assistência*, **de fato, uma verdadeira multidão**, *era impressionante*.

Essas marcas dialógicas explicitam a dimensão responsiva, subjacente, possantemente, nos enunciados autênticos a partir dos quais propusemos um certo número de variações. Por exemplo, os relatos perceptuais dialógicos de (36), (37) são uma resposta a uma objeção implícita pressuposta; (38), (39), (42), (43) são uma resposta a uma objeção anterior (ou, em todo caso, antecipam-se a essa objeção), e assim por diante. O sujeito do enunciado[35] seria, igualmente, o centro das atualizações modais com essas outras marcas de dialogismo, que são a retomada-eco, o desvio, a ironia, o condicional, a modalização autonímica (Authier-Revuz, 1995) etc., mesmo que essas marcas indiquem, além disso, um distanciamento de L1 *em relação a* l2 / e2.

O PDV pode, inversamente, apagar essas marcas no *dictum*, e pode mesmo apagar os verbos de percepção (em certos contextos, é o sujeito perceptivo que está subentendido — cf. Rabatel, 2002b), caso a referenciação do objeto percebido dê indícios, suficientemente, para compreender quem está na fonte da percepção:

---

35. Certamente, é provável que L1 esteja em consonância com os processos mentais expressos, não apenas por falta, mas essa consonância vem se juntar à presença empática do sujeito do enunciado, que é um centro modal ao lado desse outro centro modal, que é o locutor citante.

(52) O filisteu avançou para seu adversário: *era um menino, de tez clara e rosto atraente.*

(53) Pierre aproximou-se. *A assistência não era ridícula.*

Concluiremos este capítulo com três observações.

Primeiramente, o leitor poderia se perguntar se uma tão grande diversidade de marcas não seria contraproducente e não esconderia, por trás da abundância, a ausência de solidez linguística, em razão mesmo da ausência de aparelho formal. A questão é difícil, porque a objeção é séria e, ao mesmo tempo, de alcance limitado. É séria, com efeito (deixaremos de lado as injunções daqueles que se indignam com a ausência de uma tal formalização nos trabalhos de seus colegas, mas se acomodam muito bem com a ausência em seus próprios trabalhos...), porque todo linguista deve visar esse esforço de sistematização. De alcance limitado, no entanto, porque, em razão da ausência de biunivocidade das marcas, é difícil propor elementos confiáveis de um aparelho formal. Como, aliás, foi sublinhado que, em Benveniste, o aparelho formal era mais complexo que o que se dizia a respeito, que, além disso, os quadros de análise foram complexificados, desvinculando-se atualização dêitica e atualização modal, não seria de admirar que nos encontramos diante de uma complexidade que mal se deixa reduzir a um sistema formal. Ainda mais que a escolha por trabalhar com textos atestados, em extratos (relativamente) longos, complica a tarefa, multiplicando-se os parâmetros a ser levados em conta. É por isso que o interesse essencial dessas marcas é, de uma parte, sua recorrência, e de outra, suas coocorrências no plano sintagmático. As marcas só têm pertinência em discurso. É, pois, nesse plano textual, que elas apresentam cientificidade, e é nesse nível que devem ser discutidas. Decorre que, no plano propriamente linguístico, uma tal complexidade requer outras metodologias. É preciso considerar outras abordagens complementares, que se limitam a analisar apenas uma marca (um conector, uma preposição, um lexema etc.).

Em segundo lugar, todas as marcas, cuja lista não é exaustiva, entram na marcação das diferentes modalidades de PDV. Assim, em função do dialogismo das marcas linguísticas de todo enunciado, essas últimas denotam processos mais ou menos intencionais[36] e reflexivos, mais ou menos carregados de dimensões epistêmicas e axiológicas. Essa questão é decisiva para a referenciação das percepções. Os processos linguísticos dessas últimas contribuem, assim, com o contínuo entre percepções, pensamentos e falas, e alimentam uma reflexão de natureza mais antropológica sobre a parte das percepções na emergência da reflexividade,[37] mas também no funcionamento da argumentação indireta, que é objeto dos quatro capítulos seguintes.

Enfim — e é nossa terceira e última observação —, não esqueceremos que, se o conjunto dessas marcas e dos processos sobre os quais elas se apoiam é particularmente precioso para a análise das percepções, precisamente em razão das leituras objetivantes que fomos levados a fazer, às vezes — com frequência, muitas vezes —, em nossas representações (nas mídias, no sistema escolar etc.), é, no entanto, fundamental ter em mente que essas mesmas marcas e processos não se limitam às percepções, nem mesmo aos pensamentos ou aos discursos, uma vez que toda referenciação traz em si os traços de um PDV, nas narrativas como nos outros gêneros de textos. Em consequência, as análises desse capítulo têm um alcance geral que não se limita aos textos narrativos e que, por essa mesma razão, não poderia se limitar aos quadros tradicionais da narratologia.

---

36. Evidentemente, outros fatores são levados em conta, de maneira especial o semantismo dos verbos de percepção, os dados contextuais ou, ainda, a escolha desta ou daquela estrutura sintática (Rabatel, 1998, p. 20-22).

37. Questão que será tratada nos cinco primeiros capítulos do volume 3.

Capítulo 2
PONTOS DE VISTA REPRESENTADOS, NARRADOS E ASSERTADOS
os efeitos argumentativos indiretos dos modos de inscrição da subjetividade nos registros perceptuais

As noções de focalização, empatia, evidencialidade, escopo ou universo de discurso são evocadas, muitas vezes, para dar conta de fenômenos aproximados, ao ponto que são considerados parassinônimos da noção de ponto de vista, mesmo levando-se em conta que essa parassinonímia mereça um exame[1] mais amplo. Mas, paradoxalmente, essa vigilância crítica não é acompanhada de efeito...

---

1. Artigo publicado em *La lecture littéraire* (Rabael, 2000a). Esse texto, cujo título modificamos, é reproduzido sem modificação, em sua essência, exceto a supressão da seção consagrada à complementaridade dos PDV. Apenas alguns acréscimos foram feitos nas notas e assinalados como tal. Uma vez que a maior parte dos nossos textos é reescrita, optamos por reproduzir tal e qual esse texto que exerceu um papel notável na evolução de nossa abordagem. Não apenas porque é a primeira vez que a análise não se restringe mais ao PDV representado, mas porque as formas complementares, que são os PDV narrados e assertados, são consideradas a partir de um pano de fundo argumentativo que deve ser articulado com a noção de apagamento enunciativo, mesmo se ainda não utilizamos a expressão, que aparece em nossos trabalhos em 2001. Será encontrada aí, sem qualquer dúvida, uma das razões pelas quais escolhemos aproximar o PDV a partir das percepções e, mais ainda, das percepções em contexto heterodiegético: é que estávamos fascinados (e ainda estamos, sempre) por todas as formas de apagamento enunciativo — essas formas que parecem objetivantes, mas que dependem, apesar de tudo, de

Ora, essa necessidade de esclarecimento é desejável, pois a sobreposição de conceitos vindos de horizontes teóricos diversos é, frequentemente, mais opacificante que esclarecedora. De fato, nos últimos anos, pôde-se constatar a existência de uma problematização linguística da noção de focalização nas narrativas, a partir do primado da expressão linguística das percepções:[2] o ponto de vista (PDV), neste quadro teórico baseado nas teorias da enunciação, é definido como percepção e / ou pensamento representados (por analogia com o pensamento representado do discurso indireto livre). No entanto, essa tentativa de problematização, afastada do sistema genetiano e próxima da análise de certos fenômenos de heterogeneidade enunciativa analisados por Banfield (2001, 1995), Jaubert (1990, 1997, 2000, 2005a, 2005b), Authier-Revuz (1995, 1992, 1998, 2000, 2003), Rosier (1993, 1995, 1999, 2001), não foi, até o momento, confrontada com as análises do ponto de vista na argumentação.[3] De maneira que se está diante de concepções diversas de fenômenos diversos, recobertos por uma mesma denominação, sem que se dê ao trabalho de pensar nessa bizarra conjunção.

Essa situação é, aliás, ainda mais confusa do que nossa apresentação deixa pensar: pois não há, na realidade, duas concepções homogêneas do ponto de vista que se oporiam — a concepção narrativa, de um lado, e a argumentativa, de outro. Com efeito, as análises do PDV nas narrativas são, elas próprias, muito diferentes, conforme se apoiem, como é o nosso caso, sobre a *expressão linguística das percepções representadas*, ou conforme repousem em uma concepção alargada das percepções e, sobretudo, na *expressão linguística do saber dos locutores ou agentes dos enunciados* — e isso, inclusive, quando o saber está desconectado das percepções (Kuno, 1976, 1977, 1987; Charolles, 1988; Charolles; Schnedecker, 1993a, 1993b; Combettes, 1990, 1992, 1998a, 1998b; Martin, 1992; Conté, 1990; Achard-Bayle, 1996a, 1996b, 1999, 2001; ou Vogeleer (1994b, 1996, 1998).

---

escolhas do enunciador — e pelos efeitos que delas decorrem sobre o plano da dimensão argumentativa (indireta), que Amossy distingue, cuidadosamente, da visada argumentativa (direta).

2. Cf. Rabatel (1997a, 1998).

3. Alguns falam, nesse caso, de "ponto de vista nos discursos", por oposição ao ponto de vista narrativo (Cf. Nonnon, 1999).

É grande a tentação de se ater à constatação das diferenças de domínio e justificar, assim, as divergências teóricas. Uma outra tentação é aninhar-se sobre a própria concepção e relegar ao limbo qualquer outra abordagem... Ora, o linguista não tem que apresentar julgamentos de valor *a priori* nem de exclusão fora do domínio da Ciência: "Inicialmente, compreender": o adágio spinozista é um guia precioso. Se a expressão de ponto de vista é, nesse ponto, polissêmica, visto que mistura percepções, saberes e julgamentos em condutas linguageiras diferentes, é tentador ver o que existe a ganhar ao interrogar essa relação, tanto de modo teórico como prático.[4]

É, portanto, porque tínhamos consciência de que não tratamos, em nossos trabalhos precedentes, de todos os dados relativos à questão, que retomamos o problema posto mais acima: não que nos consideremos acima de todos com nossas publicações sobre o ponto de vista representado, não que estejamos seguros de trazer respostas definitivas! Mas, pelo menos, pensamos que é sábia prudência não jogar, definitivamente, aos esquecimentos da história (e esta é aqui uma palavra bem grande), "as lixeiras" do ponto de vista.

É assim que essa "reciclagem das lixeiras" (difícil de resistir à tentação...) nos leva a distinguir três estados distintos do ponto de vista, que propomos nomear ponto de vista representado, ponto de vista narrado e ponto de vista assertado. Num primeiro momento, nós nos deteremos à análise dos pontos de vista representado e narrado e, num segundo, apreenderemos o ponto de vista assertado, principalmente tal como funciona nas narrativas. No final dessa reflexão, nós nos interessaremos pelas relações entre essas formas diferentes, mas complementares, o que nos conduzirá a formular um certo número de hipóteses sobre a argumentatividade da narrativa e, por fim, sobre uma certa concepção da argumentação.

---

4. O presente trabalho privilegiará o exame das relações teóricas entre essas diversas noções, a partir do prisma do PDV. Quanto às consequências práticas e, especialmente, às implicações didáticas, elas serão abordadas sob um ângulo programático em volumes posteriores.

1. Ponto de vista representado e ponto de vista narrado: o ponto de vista confrontado com os conceitos de percepções e pensamentos representados, focalização, empatia, universo de discurso e escopo

1.1 Os parâmetros linguísticos do ponto de vista representado[5]

Esse ponto de vista deixa-se apreender a partir das relações sintáticas e semânticas entre um sujeito perceptivo (o focalizador ou enunciador), um processo de percepção e um objeto percebido (o focalizado). No entanto, a copresença desses três componentes não é sempre necessária nem, sobretudo, suficiente para predizer a existência de um PDV: é preciso ainda um feixe de traços específicos coocorrentes relativos à referenciação do focalizado.

1.1.1 Percepção de um enunciador (ou sujeito de consciência, ou focalizador) distinto do locutor-narrador

O PDV é um fenômeno enunciativo próximo do discurso indireto livre, na medida em que remete a percepções (muitas vezes associadas a pensamentos) que não são as do narrador, mesmo levando-se em conta que elas sejam relatadas pela interpretação da voz do narrador. Nas narrativas heterodiegéticas, o PDV apoia-se, como escreve Banfield (1995, 2001), num paradoxo: o PDV exprime a subjetividade de certas percepções e pensamentos, em enunciados que comportam terceira pessoa e tempo passado (enquanto que, em princípio, a subjetividade está acoplada ao sincretismo tradicional do *eu-aqui-agora*):

---

5. Para uma apresentação detalhada desses parâmetros, remetemos o leitor ao primeiro capítulo de nossa obra *Construction textuelle du point de vue*, do qual tomamos emprestado os exemplos deste desenvolvimento consagrado ao PDV representado.

(1) P1 Rovère detalhou longamente as pernas. P2 *As de uma mulher, provavelmente bastante jovem, a julgar pelo molde da coxa, da panturrilha, que a putrefação não havia ainda apagado.* P3 *Tatuzinhos, percevejos e baratas haviam-se infiltrado sob a seda das meias e fervilhavam em placas ondulantes*[6].

(Th. Jonquet, Les orpailleurs, Gallimard, Série Noire, 1993, p. 16)

Os processos contidos nas frases P2 e P3 de (1) correspondem não a uma descrição assumida pelo narrador, mas a percepções e pensamentos *representados* que constroem um *sujeito de consciência*[7]: assim, o pretérito imperfeito "*fervilhavam*" corresponde a uma impressão de Rovère, no momento em que ele inspeciona o cadáver. É evidente que os insetos fervilhavam sobre o cadáver antes que Rovère se aproximasse e olhasse, mas o texto é escrito de tal modo que o leitor só toma conhecimento da existência desse processo (assim como dos outros, expressos pelos mais-que-perfeitos) no momento em que ele passa pelo "filtro perceptivo" do focalizador. O pretérito imperfeito dá a P2 e P3 um valor subjetivo. No segundo plano, cada um desses enunciados descritivos pode ser assimilado às percepções e aos pensamentos não verbalizados do focalizador-sujeito do primeiro plano, Rovère. P2 é uma espécie de comentário, inferindo a juventude da vítima com base na silhueta da coxa. Mesmo levando-se em conta que o texto mencione, explicitamente, a existência dessas inferências ("provavelmente", "a julgar por", assim como os processos expressos pelos mais-que-perfeitos), elas não são, explicitamente, atribuídas ao focalizador. É nesse sentido que Banfield (1995) considera tais enunciados como "frases sem fala".

1.1.2 Intrincamento dos pensamentos e das percepções do focalizador

Em discurso, os verbos de percepção — verbos experienciais, verbos de percepção inferencial ou verbos de percepção representacional (Benzakour,

---

6. Por convenção, nesta parte, os enunciados em itálico correspondem ao PDV representado.

7. A noção de sujeito de consciência remete aos elementos do discurso que representam o PDV de uma pessoa que não é o sujeito falante (Zribi-Hertz, 1990, p. 104).

1990) — associam, mais frequentemente, percepções a uma dimensão, se não sempre intencional, pelo menos interpretativa, mesmo que seja uma mínima, de modo que há, quase sempre, uma dimensão cognitiva que se justapõe (mais ou menos) à dimensão perceptiva. Aliás, é essa a característica que diferencia o PDV representado do discurso indireto livre, do qual, no entanto, aproxima-se: com efeito, enquanto que, por um lado, os processos de percepção estão inevitavelmente intrincados com o pensamento em um plano linguístico, por outro, os processos mentais e os atos de fala estão, em um plano linguístico, desconectados dos processos de percepção. Essa proximidade linguística dos processos de percepção e dos processos mentais[8] é ainda mais patente se nos interessamos pelos mecanismos de aspectualização das percepções:

(2) P1 Pluvinage deu um passo para o lado, curvou-se sobre a cabeça e, com mil precauções, retirou suavemente o saco plástico, *uma sacola vulgar de Prisunic[9], que a mantinha prisioneira.* P2 *Ela havia agido como uma estufa, gerando um aumento de umidade, de modo que o trabalho dos insetos havia sido mais rápido que no resto do corpo.* P3 Não restava mais que alguns farrapos de carne agarrados ao maxilar. P5 *A massa dos cabelos, um aglomerado castanho com reflexos ruivos, cobria o crânio à maneira de uma peruca deslocada, o couro cabeludo não havendo resistido à fúria devastadora dos milhares de mandíbulas que dele havia se regalado* à guisa de festim. P5 *Uma grande bola de espuma plástica estava enfiada entre os dentes e resíduos de esparadrapo pendiam ao longo das têmporas.*

— P6 Amordaçaram-na, constatou Rovère.

(Th. Jonquet, *Les orpailleurs*, Gallimard, Série Noire, 1993, p. 23)

A percepção focalizada da cabeça da vítima (itálico de P1, P2 a P3) segue uma progressão temática de tema fragmentado: a aspectualização das diversas partes da cabeça associa, aproximadamente, a cada percepção, um processo inferencial cognitivo, expresso pelo gerúndio e pelo particípio

---

8. Cf. Sperber e Wilson (1989) e Rabatel (1998, p. 19-23 e seg.).
9. Rede francesa de supermercados. [N. T.]

("*gerando*",[10] "*não tendo resistido*"), pela comparação explicativa com a estufa, a evocação da diferença dos ritmos da decomposição, a expressão da relação consecutiva ("de modo que"), sem contar a percepção do esparadrapo, que autoriza a inferência sobre o amordaçamento, verbalizado no discurso direto. Além disso, as avaliações (cf., sobretudo, P5) testemunham que a percepção objetiva do cadáver funciona como uma sucessão de indícios que permitem reconstruir o passado. A dimensão cognitiva, mais frequentemente rematizada, indica, pois, a forte proximidade entre processo de percepção e processo mental (independentemente da situação particular — descoberta de um cadáver — na qual evolui um personagem de tipo particular — um detetive), como mostra a maior parte de nossos exemplos. Em resumo, em discurso, as percepções suscetíveis de ancorar um PDV não se limitam a uma predicação pura e simples, tal como se poderia observar, caso o texto se limitasse a:

(1b) Rovère detalhou, longamente, as pernas.

(2b) Pluvinage curvou-se sobre a cabeça decomposta.

1.1.3 A representação da percepção

É preciso, pois, para que haja um PDV representado, que a percepção não seja apenas predicada (cf. (1b) e (2b)), mas que também se faça objeto de uma expansão ao longo da qual o focalizador detalhe diferentes aspectos de sua percepção inicial, entregue-se, em pensamentos não verbalizados, a inferências sobre o que ele percebe e, eventualmente, comente algumas características delas. Essa expansão concernente à focalização não deixa de se aparentar com os mecanismos de "aspectualização" do tema-título de uma

---

10. Particípio presente, na gramática do francês. No original: "générant" [gerando], "n'ayant pas résisté" [não tendo resistido]). Para efeito de tradução, fazemos uma adaptação na nomenclatura gramatical das duas línguas. Optamos pelo termo "gerúndio", como uma adaptação tradutória da nomenclatura do particípio em francês, visto que o autor se refere a essas duas ocorrências como "os particípios" que, na gramática francesa, apresentam-se em duas formas: o particípio presente ("générant") e o particípio passado ("n'ayant pas résisté"). [N. T.]

descrição. Isso significa que a ideia global da percepção encontra-se como desenvolvida em várias partes ou comentada de uma maneira ou de outra (cf. (2)). A proximidade das percepções e dos comentários explica que se possa falar de percepção representada, a exemplo do que se passa com as falas e, sobretudo, com os pensamentos representados. A copresença dos mecanismos linguísticos dessa *representação* é a condição necessária para que estejamos, efetivamente, diante de um PDV. Isso implica, primeiramente, uma oposição entre os primeiros e os segundos planos do texto; concomitantemente, a presença das formas de visada secante (mais particularmente, a do pretérito imperfeito, em razão de seus valores textuais); e, por fim, no plano semântico, uma relação dependente da anáfora associativa entre as percepções representadas nos segundos planos e a percepção predicada nos primeiros planos.

1.1.3.1 *A oposição primeiro plano / segundo plano* exerce um papel decisivo na organização do PDV. Como sublinha Combettes (1992, p. 112), "nas obras romanescas, a oposição dos planos, que corresponde, de fato, à distinção ação / percepção [...] ou à diferença reflexões sucessivas / conteúdos das reflexões, poderá se encontrar utilizada para traduzir o ponto de vista de um personagem". Essa oposição funcional constrói uma espécie de deslocamento enunciativo próprio ao focalizador, enquanto os segundos planos acolhem o lugar do PDV.

A prova disso é que qualquer manipulação dos planos leva ao desaparecimento do PDV. Assim, de (3) a (5), nada muda além do tempo verbal, mas essa mudança é decisiva:[11] em (3), o destaque faz de P2 uma espécie de comentário de Pierre (no pretérito imperfeito) sobre a ação (no pretérito perfeito):

(3) P1 Pierre olhou para sua esquerda. P2 *A sombra se aproximava perigosamente.*

---

11. Com efeito, a "mudança de tempo" é uma comodidade de linguagem. Na realidade, é a mudança de visada que é decisiva, e é o que explica que passados simples de visada secante possam exprimir o PDV (cf. Rabatel, 1996 e 1998).

E seria a mesma coisa, se P1 e P2 estivessem invertidas:

(3b) P2 *A sombra se aproximava perigosamente.* P1 Pierre olhou para sua esquerda.

Em (3b), P2 permanece interpretado como uma percepção de Pierre, pelo fato da oposição dos planos. Pode-se mesmo chegar a dizer que, com (3d), mesmo se "ninguém fala aqui", como diria Benveniste, a narrativa parece se escrever como sob a visada dos personagens, *como independentemente* de qualquer subjetividade do locutor-narrador.

Em (4), a menção do personagem em um segundo plano impede o funcionamento dos mecanismos de construção de uma focalização por este último.

(4) P1 Pierre olhava para sua esquerda. P2 A sombra se aproximava perigosamente.

P1 e P2 formam um embrião de texto descritivo, a ser atribuído ao narrador, uma vez que a ausência de destaque indica que o personagem é "visto" e não, "aquele que vê". Não pode haver aí PDV do personagem porque o texto não opera a debreagem enunciativa que o tornaria possível. E ocorreria a mesma coisa com os enunciados de visada global:

(5) P1 Pierre olhou para sua esquerda. P2 A sombra se aproximou perigosamente.

Em (5), os processos no pretérito perfeito sucedendo-se, no primeiro plano, não há lugar, portanto, nem para um desligamento enunciativo, nem para a interpretação de P2, como um comentário explicativo de Pierre ou do narrador. Essas manipulações demonstram que o valor subjetivo da percepção não se deve, essencialmente, ao semantismo do verbo, mas é tributário da organização textual dos discursos, no caso, da oposição dos planos e, mais especificamente, da ordem das proposições e do semantismo dos verbos, como será visto, mais detalhadamente, no capítulo 5.[12]

---

12. Em retrospectiva, confirmamos a análise de (5). Mas a ausência de PDV representado, em razão da ausência de diferencial enunciativo, não significa que um PDV embrionário possa ser

1.1.3.2 A frequência de percepções e / ou de pensamentos do focalizador, nos segundos planos no pretérito imperfeito (mais que com qualquer outro tempo que exprime uma simultaneidade em relação ao primeiro plano) explica-se, além disso, pelo *valor subjetivo dos pretéritos imperfeitos* (Bally, 1912).[13] Em seu artigo, Bally cita este exemplo de A. Daudet:

(6) Como ele [Jack] punha o pé na escada, [...] uma longa sacudida balançou o navio. O vapor, que rosnava desde a manhã, regularizou seu ruído. A hélice pôs-se em movimento. *Partíamos*.

Segundo Bally (1912),

"*Partíamos*" equivale, aproximadamente, a "Evidentemente, partíamos, era preciso crer que partíamos", isto é, que os indícios descritos (a sacudida, o ruído regular do navio a vapor, o movimento da hélice) fazem concluir que a partida está próxima, ainda mais, que essa conclusão é tirada pelo próprio Jack. É como se ele houvesse dito: "Taí! Parece que estamos partindo".

(Bally, 1912, p. 601)

Esse valor subjetivo do pretérito imperfeito explica que as percepções representadas possam ser correlacionadas com "agora". O pretérito imperfeito exerce um papel de *presentificação*, o que é efetivamente passado estando quase presente na memória do enunciador, como se o processo não atual exercesse, subjetivamente, um papel que vai além de seu caráter factual. O pretérito imperfeito tem aqui um duplo uso: *descritivo* (ele representa um estado de coisa) e *interpretativo* (ele indica uma outra representação) (Smith, 1993).

1.1.3.3 Além disso, o pretérito imperfeito caracteriza-se por seu valor *anafórico meronímico*. Com mostraram Berthonneau e Kleiber (1993, p. 68),

---

atribuído ao narrador ou ao personagem (cf. "perigosamente"). Mas o cotexto não permite ser mais preciso. Nota de 2008.

13. Ou, ainda, valor perspectivo, intrassubjetivo (Guillaume, 1990).

1: o pretérito imperfeito é um tempo anafórico, porque sua interpretação exige sempre que se leve em conta uma situação temporal do passado, portanto, de um antecedente, explícito ou implícito. 2: a relação anafórica entre a situação antecedente do passado e a situação apresentada no pretérito imperfeito é uma relação de tipo parte (pretérito imperfeito) — todo (antecedente).

É por isso que, frequentemente, a anáfora associativa está *acompanhada da expressão do PDV.*

(7) P1 Pierre olhou o motor. P2 *As válvulas funcionavam e a correia girava sem ruído.*

P2 é uma percepção representada de Pierre, mais que uma pura e simples descrição assumida pelo narrador, pois P2 mantém uma relação de tipo anafórico meronímico com P1. A relação anafórica é, primeiramente, situacional: P2, sob o escopo de P1, é a continuação do processo de percepção anunciado em P1. Além disso, a relação meronímica deve-se ao fato de as "válvulas" e a "correia" serem hipônimos do hipertema "motor". Enfim, e o argumento não é o menor, Pierre é o focalizador saliente.

Podemos fazer a hipótese de que o PDV pode ser atribuído a um personagem saliente no co(n)texto, mesmo na ausência de um verbo de percepção, por pouco que o personagem esteja numa situação que pressuponha que ele possa perceber e subentenda que ele observa efetivamente.

(8) P1 Pedro entrou no povoado. P2 *As chaminés fumaçavam.*

De fato, não é correto pretender, sem maiores precauções, que "entrar" pressupõe que Pierre percebe, necessariamente, alguma coisa. Mas, em contexto, é a presença de P2 que, retroativamente, leva a pressupor que P2 é o resultado da percepção de Pierre. *Em outras palavras, aqui o mecanismo inferencial funciona por recuo de P2 para P1*, e não para adiante, de P1 para P2. P2 poderia estar parafraseado por um verbo de percepção e / ou de processo mental que, explicitamente, atribuiria a Pedro essas percepções de P2, com uma progressão temática de tema constante:

(8b) P1 Pierre entrou no vilarejo. P2 Ele percebeu que *as chaminés fumaçavam*.

Em (8b), P2 é atribuído a Pierre, mas essa percepção segue o processo de P1. Em (8c), é o inverso: P2 é tanto mais percebido como PDV de Pierre quanto mais sua percepção é apresentada como o motivo de sua entrada no vilarejo. Em todos os casos, a anáfora associativa locativa funciona, as chaminés são as do vilarejo e uma parte desse todo. (8c) exprime, aproximadamente, o mesmo processo perceptivo, na origem da mesma curiosidade, e a mesma ação voluntária de entrada no vilarejo que em (8d), exceto essa diferença — fundamental para a condução da narrativa (ou do embrião que ali tem lugar...) — que, em (8d), como já foi dito a respeito de (3d), a narrativa parece se escrever como sob a visada do personagem, mesmo levando-se em conta que este não diga nada.

(8c) P1 Pierre entrou no vilarejo. P2 *Ele havia percebido que as chaminés fumaçavam.*

(8d) P2 *As chaminés fumaçavam.* P1 Pierre entrou no vilarejo.

Esse tipo de anáfora associativa funciona nos casos de estereotipias perceptual ou funcional, ou nas situações de contiguidade perceptual, como na anáfora associativa locativa. A inferência por recuo reestabelece as ligações lógicas faltantes entre os termos indispensáveis da relação ponto de vista (Vogeleer, 1994b, 1998),[14] voltando das percepções representadas para o personagem contextualmente saliente — na falta do que as percepções representadas são atribuídas ao narrador.[15] Além disso, a inferência por recuo é emblemática de nossa diferença de abordagem em relação à de Genette:

---

14. De onde o papel decisivo do trabalho sobre as inferências na ótica de uma didática do PDV e, sobretudo, o papel estratégico do trabalho sobre a inferência por recuo: é, com efeito, a que é particularmente decisiva na ausência da menção do focalizador e do processo de percepção antes das percepções representadas.

15. A questão que se coloca, então, é determinar o estatuto dessas percepções representadas e, mais particularmente, determinar se nos encontramos diante de um autêntico PDV do narrador e, a partir daí, traçar uma fronteira (mais ou menos permeável, como toda fronteira...) entre o que diz respeito ao PDV e o que não diz respeito a ele. Cf. Rabatel (1997a), em especial os capítulos 3, 12 e 13, e Rabatel (1998), capítulo consagrado aos embreadores do PDV do narrador.

onde ele busca o *ponto foco das focalizações* a partir das perguntas "Quem sabe? / Quem vê?", buscamos o focalizador a partir da referenciação do focalizado (em resumo, "*o que é visto / sabido*"), *a percepção do sujeito perceptivo estando inscrita no modo de atribuição dos referentes dos objetos percebidos*. Essa formulação dá a entender que os mecanismos essenciais do ponto de vista representado dizem respeito, precisamente, a essa aspectualização das percepções. Partindo daí, é tentador avançar as investigações concernentes às eventuais relações entre esse ponto de vista representado e a noção de focalização. Com efeito, se, como menciona o dicionário *Le Robert*, um ponto de vista é tanto "um conjunto de objetos, um espetáculo sobre o qual a vista para", quanto "uma opinião particular", então é permitido perguntar se essas percepções *motivadas, aspectualizadas* (pois a vista não "para" sem que seja intencionalmente...) têm o que quer que seja de comum com a valorização de uma informação nova, o que parece, à primeira vista, muito provável; e, sobretudo, é preciso verificar se a recíproca é pertinente (o que parece mais discutível). Em outras palavras, o conceito de focalização de uma informação é, por um lado, pertinente e, por outro, suficiente para ajudar na localização de um PDV?

1.2 Ponto de vista e focalização

Se preferimos falar de PDV mais que de focalização é, por um lado, porque, na literatura científica, fala-se mais de ponto de vista e, por outro, porque, fundamentalmente, há apenas uma relação muito afastada entre a noção de focalização narrativa e a utilização comum do conceito de focalização linguística, que corresponde à focalização de uma informação, nas abordagens comunicativas. Esta última é uma operação de evidenciamento de conteúdos. O foco diz respeito às proposições focais, explicitadas por Lerot (1993) desta forma:

> As proposições focais são proposições que fazem parte do domínio ilocutivo, isto é, os conteúdos sobre os quais incide a intenção comunicativa (ilocução) e que, por esse fato, encontram-se no anteplano da comunicação. As

proposições focais são igualmente chamadas de conteúdos remáticos ou remas. [...] Os conteúdos que constituem o plano anterior da mensagem servem para esclarecer os conteúdos focalizados. Eles apresentam um conjunto de conhecimentos prévios ou contêm explicações julgadas necessárias para a boa compreensão da proposição focal. Esses conteúdos não fazem parte, pois, do domínio ilocutivo. Frequentemente, eles são chamados de conteúdos temáticos.

(Lerot, 1993, p. 129-130)

Existe uma grande diferença entre as duas focalizações, naquilo que, essencialmente, a focalização da nova informação concerne a todos os tipos de enunciados e não apenas àqueles que exprimem um PDV, no sentido em que o entendemos: por isso, os exemplos (9) a (16).[16] Esses exemplos, livremente adaptados de Moeschler e Reboul (1994, p. 458 e seg.) e de Stendhal,[17] evidenciam que não importa que informação possa ser focalizada: depende do que o locutor (L1) queira valorizar (e aí a entonação exerce um papel preponderante na oralidade); depende também da atitude suposta do interlocutor (L2), uma vez que a coerência temática pressupõe uma concepção dialogal, interativa da linguagem.[18] É por isso que, em (b), cada enunciado seguinte é seguido de uma pergunta que ele pressupõe e à qual parece responder, obrigando, por sua vez, o alocutário a se encadear com as informações em coerência com o elemento focalizado (c).[19]

(9) L1 Fabrice avistou todos os generais de Napoleão **ontem**.
(9b) L2 Quando Fabrice avistou os generais de Napoleão?
(9c) L2 Ah, bom, foi ontem.

---

16. Nos exemplos (9) a (16), as novas informações, focalizadas, estão em negrito.

17. Henri-Marie Beyle, conhecido como Stendhal, em *La chartreuse de Parme* (1839). [N. T.]

18. É por isso que os enunciados, mesmo que sejam fabricados, são aqui considerados em uma perspectiva dialogal: pois a dimensão pragmática da focalização, a fim de obter a informação pertinente buscada por intermédio do modo de atribuição das perguntas, incita o alocutário a responder em um certo sentido, como evidenciam as respostas que propomos, que testemunham a dimensão responsiva da focalização.

19. Essas respostas não figuram no artigo original.

(10) L1 Ontem, Fabrice avistou todos os **generais** de Napoleão.

(10b) L2 Quem Fabrice avistou ontem?

(10c) L2 Então ele não viu outros oficiais.

(11) L1 **Foi Fabrice** quem avistou todos os generais de Napoleão.

(11b) L2 Quem é que avistou todos os generais de Napoleão?

(11c) L2 Eu tinha dúvida de que fosse ele.

(12) L1 Fabrice **avistou todos os generais de Napoleão.**

(12b) L2 O que fez Fabrice?

(12c) Eu queria saber o que ele havia feito.

(13) L1 Fabrice **tem** avistado [20] todos os generais de Napoleão.

(13b) L2 Fabrice vai avistar os generais de Napoleão?

(13c) L2 Então, está bem.

(14) L1 Fabrice tem **avistado** todos os generais de Napoleão.

(14b) L2 O que é que Fabrice fez com os generais de Napoleão?

(14c) L2 Ele os viu, mas falou com eles?

(15) L1 Fabrice avistou **todos** os generais de Napoleão.

(15b) L2 Fabrice não deixou de ver alguns generais de Napoleão?

(15c) L2 Melhor então, se ele os viu todos.

(16) L1 Fabrice avistou todos **os generais de Napoleão.**

(16b) L2 Que generais Fabrice avistou?

(16c) L2 Então ele não viu os generais prussianos?

---

20. [N. T] No original, "Fabrice **a** aperçu tous les généraux de Napoléon". Nesse caso, tomamos como referência os trechos negritados, devido à ocorrência de aspectos específicos de formas verbais em francês, sem equivalentes em português. A tradução é apenas para ilustrar a forma verbal do tempo composto em francês (*passé composé*), em função da análise, que leva em conta a forma *a* do verbo *avoir* em negrito. Em francês, essa forma composta corresponde ao pretérito perfeito (aspecto pontual, acabado), em português (em situação ordinária, o enunciado é traduzido por "Fabrice **avistou** todos os generais de Napoleão". Embora semelhante, a forma do *passé composé* não corresponde à sua correlata em português que, no caso, é descrita como a do presente composto (com aspecto durativo em português brasileiro). O mesmo se aplica ao enunciado (14).

Esses exemplos de focalização não comportam, no caso, nenhuma percepção e / ou pensamento representados. Seria, pois, totalmente errado considerar que existem relações privilegiadas e únicas entre a focalização e o PDV representado, uma vez que a focalização também entra em jogo em qualquer tipo de enunciado. Em consequência, o que é focalizado é de outra ordem, diferente da focalização narrativa. A focalização discursiva concerne à coerência temática e referencial dos enunciados e é, por assim dizer, indiferente ao conteúdo proposicional dos enunciados, enquanto que a focalização narrativa seleciona, entre os enunciados, aqueles que têm um conteúdo proposicional bem preciso: trata-se daqueles que compreendem *pensamentos e / ou percepções*. Além disso, a essa condição necessária, devem-se acrescentar, necessariamente, se queremos nos encontrar diante de um PDV representado, traços sintáticos e semânticos constitutivos dos parâmetros do PDV, isto é, da expressão de *percepções representadas*. Além de sua grande generalidade, a focalização discursiva não pode deixar de cruzar o domínio da focalização narrativa. Mas os fenômenos de seleção e apresentação da informação visados pela focalização discursiva não são muito úteis para a localização do PDV, tal como o definimos[21]. Os processos de focalização são, portanto, processos transversais, ativos tanto em fragmentos que comportam um PDV quanto em fragmentos que não o contêm. Essa primeira análise, no entanto, é preciso ser relativizada, como indicam as duas ressalvas seguintes.

Primeira ressalva: se um PDV implica percepções representadas, isso passa por uma sucessão de predicados que estão em relação remática com a percepção inicial predicada. Sob esse ângulo, há, de alguma maneira, uma certa relação entre o PDV e a focalização. A operação genérica de rematização diz respeito, de maneira privilegiada, à expressão de um PDV, que é tanto mais desenvolvido quanto mais a progressão temática enfatiza a expansão dos remas, tendo, mais frequentemente, uma relação meronímica de tipo parte / todo com o elemento-alvo da percepção, muitas vezes predicada no primeiro plano.

---

21. Por outro lado, eles entram em jogo como marca interna, assim como vimos no capítulo precedente.

(16d) Fabrice avistou todos **os generais de Napoleão**. *Ney jurava mais que de costume, Poret de Morvan falava baixo com Roguet, enquanto que Friant acalmava seu cavalo. Quanto a Harlet e Mallet, eles observavam, admirados, o mutismo do Imperador...*

Se, pois, a problemática tema / rema intervém na análise da focalização narrativa, é no nível da expressão do PDV e, mais especificamente, no nível da aspectualização das percepções e dos pensamentos que a elas estão associados, visto que essa aspectualização nunca é tão perceptível como quando está desenvolvida nos enunciados focalizados, como em (16d)^{22}. Assim, há uma estreita relação entre a focalização e o PDV, naquilo que as percepções representadas são, com efeito, focalizadas. Mas isso não convida a concluir que todos os enunciados focalizados exprimam PDV, muito pelo contrário! É, pelo menos, a segunda conclusão à qual se pode chegar, razoavelmente, a partir de uma definição restrita da focalização narrativa como percepção representada.

Essa última conclusão é, aparentemente, satisfatória, mas ela é frágil. Daí, esta segunda ressalva: com efeito, ela se apoia na ideia de que haveria, de um lado, percepções e, de outro, pensamentos, saber etc. Ora, como entrevimos no início deste capítulo, as percepções estão sempre já (mais ou menos) imbricadas a processos cognitivos (mais ou menos) ativos e intencionais, conforme nos encontremos diante de percepções experienciais, inferenciais ou representacionais. Se acrescentamos a isso as teorias concernentes aos espaços mentais, os universos de crença, os escopos (cf. *infra*), então ponderamos o que essa primeira conclusão tem de incerta. Considere-se, com efeito, o exemplo seguinte:

(17) A regra geral prevê que o **animal escavador** torne-se **inseto perfeito**, abandone sua morada subterrânea e se ocupe de suas larvas na mesma estação [...]
Semelhante lei aplica-se à *Ammophile hérissée* [vespa amófila]? A mesma razão prevê a transformação final e os trabalhos do **inseto**? É muito duvidoso, pois o **himenóptero**, ocupado com o trabalho das tocas no fim de março,

---

22. Ver Rabatel (1998, p. 28-30).

deveria então concluir suas metamorfoses e romper o casulo durante o inverno, no mais tardar em fevereiro. A rudeza do clima nesse período não permite admitir tal conclusão.

Não é, absolutamente, quando o áspero mistral ruge uns quinze dias sem cessar e congela o solo, nem é quando as pancadas de neve sucedem-se a esse sopro gelado, que podem se realizar **as delicadas transformações da ninfose** e que **o inseto perfeito** pode sonhar em deixar o abrigo de seu casulo. É preciso haver as doces umidades da terra sob o sol de verão para o abandono da célula.

(J.-H. Favre, *Souvenirs entomologiques*, in Achard-Bayle, 1999, p. 23 e seg.)

As expressões sublinhadas destacam as diversas fases da metamorfose. Como observa Achard-Bayle (1996, 1999, 2001), o recurso à hiperonímia permite que se evite designar, precisamente, o referente em sua evolução, fazendo eco com os dois processos que correspondem a dois momentos opostos de sua vida.

Parece que o autor se recusa a designar o inseto por seu nome enquanto não estiver perfeito ou, para permanecer na dinâmica de suas transformações, enquanto ele não houver completado sua evolução. Em resumo, a "Ammophile [...]", para o autor, não recebe seu "verdadeiro" nome, seu nome de batismo (com maiúscula), uma vez tendo saído de seu casulo.

(Achard-Bayle, 1999, p. 25)

Está-se aqui muito longe do texto narrativo: testemunha isso o fato de tais exemplos serem frequentes nos manuais ou na imprensa, atendendo a estratégias informativas, explicativas ou argumentativas evidentes. Mas, tão longe que se esteja do texto narrativo (aparentemente, Favre tendo escrito seus registros como uma narrativa), está-se tão longe do PDV como se poderia pensar?

A partir de quando integramos nossas observações precedentes relativas à muito frágil (até mesmo muito hipotética) fronteira entre percepção e saber, somos incitados a desconfiar de uma resposta negativa que se apoiaria em representações reificantes da percepção. *Há aqui, por intermédio dos diferentes modos de atribuição do referente evolutivo, a expressão de um certo ponto de vista do locutor sobre o objeto de discurso considerado*, e este mesmo se os processos de metamorfose não correspondam à ideia comum de uma percepção imediata de um fenômeno concreto. Em (17), há uma maneira de "ver" ou de considerar a *Ammophile hérissée*. É preciso, por via de consequência, abandonar, modificar ou completar a definição do PDV como PDV representado? Resguardemo-nos de concluir muito rapidamente. Apesar disso, a forte questão à qual chegamos incita-nos a levar mais longe nossas investigações, tentando determinar se as relações da empatia com o PDV permitem avançar uma resposta mais embasada.

1.3 Ponto de vista e empatia: em direção ao conceito de ponto de vista narrado

A empatia concerne à atitude do locutor a respeito dos protagonistas do evento. Esse fenômeno consiste, mais precisamente, em apresentar informações a partir de um dos atores do enunciado:

> Usarei o termo "empatia" para referir à atitude do falante em relação com quem, entre participantes de fala e de evento (o falante e o ouvinte) e os participantes de um evento ou estado que ele descreve, esse falante se identifica.
>
> (Kuno, 1976)

Consideremos, sem pretensão à exaustividade, algumas ilustrações do fenômeno de empatia. Os exemplos seguintes, emprestados de Kuno (1976), ilustram diversos graus de identificação do locutor com esse ou aquele ator do enunciado, conforme "a câmera" adote o ponto de vista de um ou outro personagem, ou se coloque à igual distância destes últimos, como em (18) e (19).

(18) Alors John frappa Marie. = Empatia 0
[Então John bateu em Marie.]

(19) John hit Mary. = Empatia 0
[John bateu em Mary.]

(20) Alors John frappa sa femme. = Empatia parcial com John
[Então John bateu em sua mulher.]

(21) John hit his wife. = Empatia parcial com John
[John bateu em sua mulher.]

(22) Alors Marie fut frappée par son mari. = Empatia parcial com Marie
[Então Marie foi batida por seu marido.]

(23) Mary's husband hit her. = Empatia parcial com Marie
[O marido de Mary bateu nela.]

(24) Alors j'ai frappé Marie. = Empatia total com John
[Então eu bati em Marie.]

(25) Alors John m'a frappée. = Empatia total com Marie
[Então John me bateu.]

Essa noção, muito vasta em si mesma,[23] encontra-se às vezes consideravelmente ampla, ao ponto que Zribi-Hertz (1992a) fala, em especial, de "foco de empatia", para dar conta da escolha de uma forma passiva ou ativa do enunciado.

(26) Os locatários compraram esta mesa.
(26b) Esta mesa foi comprada pelos locatários.

Assim, em (26), haveria mais propriamente empatia com o referente do sujeito, os "locatários", enquanto que, em (26b), haveria empatização sobre "mesa". Mas esse tipo de análise, que recobre a de tema ou de tópico de enunciado, não traz mais elementos novos, mais particularmente em

---

23. O caráter por demais potente da noção, qualquer elemento do discurso podendo ser um marcador de empatia, foi notavelmente valorizado por Wiederpiel (1994).

nossa ótica[24]. De modo que Charolles e Schnedecker (1993b) têm razão, ao considerarem que a noção de empatia

> parece bastante com o que se poderia qualificar de pivô referencial, em torno do qual gravitam e ao qual se ligam — literalmente — as outras entidades referenciais instanciadas na frase [...] Inúmeros critérios que especificam o conceito de empatia valeriam também para o de tema ou o de tópico.
>
> (Charolles; Schnedecker, 1993b, p. 208)

Se adotamos uma definição um tanto restrita da empatia, limitando-a aos casos em que as informações são apresentadas a partir de um dos atores do enunciado, precisando que esse ator deve ter uma forma humana ou, pelo menos, traços humanoides (como nos exemplos (18) a (27), à exceção de (26)), então compreendemos que a empatia tenha sido, em várias retomadas, posta em paralelo com a focalização narrativa. Assim, Martin (1992) observa, apropriadamente, que este texto de Simenon[25],

> (27) Foi preciso tempo para Maigret por a mão no assassino do ministro. Ele acreditou, primeiramente [...] Em seguida, ele procurou na vizinhança de [...] Após muitas peripécias, ele encontrou enfim o rastro desse criminoso abominável.

pode ser seguido de

> (27b) Finalmente, ele o prendeu em Lyon,

e, mais dificilmente, de

> (27c) Finalmente, ele foi preso em Lyon,

---

24. Zribi-Hertz (1992a, p. 578) reconhece que, com exemplos tais como (26) e (26b), "um foco de empatia não é, necessariamente, um foco de ponto de vista".

25. George Simenon, autor de inúmeras novelas em que se destaca o seu famoso personagem "Comissário Maigret". [N. T.]

na medida em que todo o início do texto é narrado de acordo com o PDV de Maigret (Martin, 1992, p. 227). Se nos detemos a uma abordagem tradicional das anáforas pronominais, limitando as análises ao limite da frase, (27b) e (27c) são igualmente possíveis. Se, por outro lado, situamo-nos em uma ótica textual, então (27c) é menos pertinente que (27b). Não que a escolha de (27c) seja proibida, mas ela obriga a escrever diferentemente a continuidade do texto. Em resumo, se devíamos romper a coesão textual, assegurada, sobretudo, pela empatização sobre Maigret, então seria preciso reinstanciar o criminoso como "este último", em vez de "ele", o demonstrativo indicando uma ruptura na apreensão do referente, um deslocamento discursivo por apreensão mais restrita do referente[26]. Assim, os mecanismos de categorização ou de recategorização do referente, a importância da escolha dos pronomes, dos adjetivos possessivos, dos modos de atribuição dos referentes, exercem um papel importante na construção da perspectiva, a partir da qual os fatos são apresentados.

Nos exemplos precedentes desta terceira seção, vê-se bem que a empatia não corresponde, necessariamente, à focalização discursiva, na medida em que as marcas de empatização não estão, obrigatoriamente, na focalização e podem, ao contrário, ser tematizadas. *Tudo parece se passar como se a focalização incidisse mais sobre o objeto percebido e a empatia incidisse sobre o sujeito que percebe.* Evidentemente, há aí uma intuição e uma representação que não é mais que uma simplificação utilitária (ela não ambiciona a nada mais, nesse ponto). Evidentemente, ainda, seria absurdo endurecer essa oposição, pois um objeto percebido supõe sempre uma instância perceptiva e pensante; não se pode negar que essa instância pode se manifestar conforme modalidades bem diversas.

Essa perspectiva, que é emprestada, conjuntamente, da focalização e da empatia, é preciso chamá-la de ponto de vista? Evidentemente, essa empatização constrói uma perspectiva, enquanto que — para comentar apenas esse exemplo — não há percepção representada em (27), e pode-se até mesmo chegar a dizer que não há percepção alguma, seguindo o senti-

---

26. Ver Schnedecker (1995) e Beguelin (1995), principalmente as p. 15 a 17 e 56 e 57, respectivamente.

do que for dado à expressão "encontrar o rastro". Diante dessa situação, tem-se a escolha de recusar um exame mais amplo, permanecendo na definição do ponto de vista como percepção representada, ou rejeitar essa mesma definição já que ela não explica todas as perspectivas narrativas. As duas atitudes são igualmente prejudiciais, pois, se é perigoso tomar seus desejos de teoria pela realidade (ainda que tão tentador...), é também perigoso (e também tentador...) rejeitar espaços de teorização pelo motivo de que eles não explicam tudo.

De fato, existe um certo número de diferenças (que vamos examinar em detalhe) entre ponto de vista representado e empatia. Primeiramente, a empatia não se limita ao tipo de texto narrativo, depois, o PDV do personagem pode estar marcado sem que se observe a presença de marcas tradicionais de empatia. Além disso, um ponto de vista do personagem pode comportar porções de enunciados empatizados a partir de um outro personagem. Por fim, e sobretudo, a expressão da empatia não implica que nos encontremos diante de um PDV, concebido como expressão das percepções e / ou dos pensamentos representados. Enquanto isso, além das diferenças, esse exame, ao final, terá o mérito de concretizar o fato de, ao lado do PDV representado, ser útil analisar outros fenômenos de perspectiva (narrativa) determinantes da função da voz narrativa, enquanto que o ponto de vista representado diz respeito ao modo narrativo (Genette). Sobretudo, esse exame confirmará que os conceitos de focalização e de empatia ajudam, de maneira complementar, a construir este segundo PDV:

1) São encontrados mecanismos de empatização nos tipos de texto diferentes do texto narrativo como, por exemplo, no texto argumentativo. As análises de (26) e (26b) permitem compreender que a noção seja, eventualmente, requerida para dar conta de textos argumentativos ou explicativos, em relação com a noção de tópico, que pode se encontrar, ela própria, mais ou menos ampliada (tópico de enunciado ou de texto). Como mostram os exemplos analisados por Forest (1999), a empatia está longe de ser concernente aos textos narrativos, em francês, mesmo se nossa língua não possui marcadores linguísticos de empatização tão nítidos como os do turkana (uma língua nilo-saariana) ou do *wolof*,[27] por exemplo, para o *-itif* e o *-ventif*, para o *applicatif-bénéfactif* [aplicativo-benefactivo] etc. Nessas condições, a noção bastante vasta de empatia tem a ver apenas, de bem longe, com nossa percepção restrita do PDV como expressão de percepções e / ou de pensamentos representados. Nesse plano, poderíamos fazer os mesmos comentários a respeito da focalização, como mostra (17), sem que a objeção seja profundamente pertinente. No fundo, se a objeção fosse válida, ela não invalidaria o conceito de PDV em si mesmo, mas, no máximo, a especificidade de um conceito *ad hoc* para os textos narrativos.

2) O PDV narrativo de um personagem particular pode, certamente, fazer-se com marcas de empatia a partir do personagem, mas não é, necessariamente, o caso. Nessas condições, a ausência de marcas linguísticas de empatia é compensada por outras marcas linguísticas, em relação com os parâmetros do ponto de vista representado. Assim, é verdade que o PDV de Charles, em (28), é reforçado pela marca de empatização sobre Charles, graças ao determinante possessivo:

> (28) Charles entrou rapidamente na peça: à sua esquerda, havia um relógio que indicava onze horas.

De fato, o possessivo indica que a percepção é a de Charles, mas sua supressão não impediria em nada a atribuição do PDV a Charles:

> (28b) Charles entrou rapidamente na peça: à esquerda, havia um relógio que indicava onze horas.

Com efeito, o PDV é indicado pela presença do nome próprio, sujeito de um verbo de movimento que subentende um processo de percepção, e a proposição seguinte, no pretérito imperfeito, confirma que se trata de uma percepção representada do personagem e não de uma descrição do narrador.

---

27. Língua da África Ocidental. [N.T.]

Em consequência, a marca de empatização apenas confirma o que é indicado por outros termos.[28] Ocorre o mesmo em (29).

(29) Etienne, deixando o caminho de Vandame, entrava na estrada pavimentada. *À direita, ele percebia Montsou, que descia e se perdia de vista. Em frente, havia os escombros de Voreux, o buraco maldito que três bombas esgotavam sem descanso. Em seguida, eram as outras minas no horizonte — a Victoire, a Saint-Thomas, a Feutry-Cantel; enquanto que, para o norte, as torres elevadas das altas fornalhas e as baterias de fornos de coque fumaçavam no ar transparente do início da manhã. Se ele não queria perder o trem das oito horas, devia se apressar, pois havia ainda seis quilômetros a percorrer.*

E, sob seus pés, as pancadas profundas, as pancadas obstinadas das picaretas continuavam. Os camaradas estavam todos lá, ele os escutava segui-lo a cada passo. Não era Maheude, naquela plantação de beterrabas, a espinha quebrada, cuja respiração subia tão rouca, acompanhada pelo ronco do ventilador? À esquerda, à direita, mais longe, ele achava que reconhecia outros, nos trigais, nas cercas vivas, nas árvores novas.

(Zola, *Germinal*, Le livre de poche, p. 502)

Certamente, os possessivos "à sua esquerda", "à sua direita" confirmariam que as percepções e os pensamentos pertencem a Etienne. Mas essa precisão é secundária, em razão das numerosas outras marcas do PDV de Etienne:

— presença do nome próprio sujeito dos processos de percepção;

— atribuição do processo mental (representado pelo discurso indireto livre no final do primeiro parágrafo e no segundo parágrafo) a Etienne; intrincamento do processo mental e dos processos de percepção no segundo parágrafo, na medida em que se trata de uma percepção representativa;[29]

---

28. Pode-se, em consequência, considerar que o possessivo exerce um papel secundário na marcação do PDV (cf. Rabatel, 1998, p. 83-94).

29. Como em "Eu o vejo ainda passeando, tranquilamente, com seu pequeno cão, no parque da vizinhança." ou em "Eu não consigo ver Paulo passar nesse concurso.". (Benzakour, 1990, p. 264). "A percepção representacional ou imaginativa, como a percepção inferencial, não se funda em um ato de

— referenciação de Montsou, claramente percebido por Etienne: a personificação da vila dos mineiros que *"descia e se perdia de vista"* exprime, com efeito, a rapidez da caminhada daquele que não quer "perder o trem das oito horas" etc.

Em consequência, (29) testemunha que o PDV do personagem pode ser expresso sem marcas de empatia. Isso está particularmente claro no primeiro parágrafo. Observa-se, por outro lado, a presença do possessivo no início do segundo parágrafo ("sob **seus** pés"), que se explica pela necessidade de indicar a continuidade do processo de percepção atribuída a Etienne, na ausência, no início do parágrafo, do nome próprio.

3) O PDV narrativo de um personagem particular pode se fazer com fragmentos empatizados a partir de outro personagem.

> (30) Eu estaria sempre lá, de pé, na janela do quarto, e veria Biaggi descer do carro para ir abrir os dois lados do portão de ferro. Eu não me moveria e o veria subir de volta no carro e, quando o velho Mercedes cinza entrasse no parque, Biaggi descobriria então, de repente, diante de si, na noite, minha silhueta num casaco escuro e de gravata, de pé, na janela de seu quarto.
>
> (J. P. Toussaint, *La réticence*, in Schnedecker, 1992, p. 295)

Segundo Schnedecker (1992), a repetição do nome de Biaggi institui uma mudança de PDV (mesmo hipotética, como indica o futuro do pretérito)[30] que perdura no fim do fragmento, o que confirmaria, aliás, a anáfora possessiva "seu quarto" *versus* "o quarto", da primeira menção. Essa interpretação não leva em conta dois fenômenos que invalidam a análise: de uma parte, o fato de que o futuro do pretérito marca todo o enunciado, e não o hipotético PDV de Biaggi, ao qual se oporia o do locutor: com efeito, é de entrada que o caráter putativo da visão é afirmado; por outro lado, a presen-

---

percepção física. Ela não implica, além disso, nenhum processo cognitivo consciente de dedução lógica, de inferência, mas se apresenta mais propriamente como uma operação de criação de imagens" (Benzakour, 1990, p. 269).

30. No francês, o *"conditionnel"*. [N.T.]

ça, ao lado de "seu quarto", de um anafórico possessivo da primeira pessoa, "minha silhueta". Ora, sabe-se que a empatia, a partir do pronome de primeira pessoa, vence sobre o pronome de terceira pessoa: no caso, esse possessivo lembra que, apesar da empatização parcial da narrativa a partir de Biaggi, o PDV permanece o do "eu". Essa interpretação é congruente com a manifestação constante do futuro do pretérito na totalidade do enunciado. Esses dois fatos nos convidam a concluir que (30) corresponde a um PDV do personagem, o do "eu", que imagina uma cena na qual ele se encontraria com Biaggi. E é, efetivamente, no interior desse PDV que o focalizador, em um dado momento, empatiza, momentaneamente, sua narrativa a partir de Biaggi, sem que possa se tratar de um PDV deste último, uma vez que, ao longo da narrativa, os pensamentos representados são os do "eu" e do "eu" apenas. Poderíamos mencionar, utilmente, aqui, a noção de "domínio de ponto de vista" (DPV). Segundo A. Zribi-Hertz (1989),

> um DPV pode ser formalmente definido como uma porção de discurso que põe em jogo, do início ao fim, um e apenas um ponto de vista narrativo. Em outras palavras, um DPV não pode conter mudança de ponto de vista narrativo.
>
> (Zribi-Hertz, 1989, *apud* Guéron; Pollock, 1991, p. 223 e seg.)

Decorre dessa definição que, se enunciados comportam dois (ou mais) sujeitos, em contrapartida, um DPV admite apenas um só sujeito de consciência. É o que se passa em (30): Biaggi é um sujeito, sem ser o sujeito de consciência do conjunto desses enunciados que correferem ao locutor enquanto sujeito de consciência, ao qual se relaciona o caráter hipotético do conjunto. Em outras palavras, o PDV representado do personagem pode englobar porções textuais que empatizam, momentaneamente, a partir de um personagem focalizado pelo personagem focalizador.

Pode-se estabelecer aqui uma relação entre o domínio de ponto de vista e o escopo, conforme em Charolles (1988). Lembremos que se trata de uma "porção de texto cuja interpretação está indexada como devendo se efetuar em um certo quadro (ou espaço) de veridicção" (*op. cit.*, p. 9). No entanto, o estabelecimento da relação não é sem dificuldade, na medida em que, como ele reconhece, não é fácil "saber quais são, exatamente, as expressões suscetíveis de abrir um escopo e por quê" (*ibid.*, p. 9). Acrescentaremos que a dificuldade é particularmente árdua nas frases sem fala, o que impede que se possa apoiar-se nesses cômodos marcadores de escopo que são os verbos (ou qualquer outra fórmula) que atribuem falas a alguém, do tipo "segundo", "de acordo com", "imaginar que"... No entanto, os marcadores de criação de universo de discurso citados por Charolles ("no Gabão", "em 1900", "seja um triângulo retângulo") são mais interessantes para nossa discussão, na medida em que remetem a uma representação (de uma percepção, ou de um outro processo mental), de modo que o domínio de ponto de vista tem parentesco com a noção de espaços mentais, como pensados por Fauconnier (1984), ou de universo de crença ou de discurso, conforme Martin...[31]

Assim, mesmo se quisermos considerar, de qualquer maneira, que a empatização *sobre* Biaggi corresponde a um "ponto de vista" *de* Biaggi (portanto, corresponde a uma espécie de focalização delegada, segundo a fórmula de Vitoux (1982, 1988)[32]), não é menos verdadeiro (e aí está o essencial) que esse "ponto de vista" delegado de Biaggi está sob o escopo do ponto de vista do narrador-focalizador, ou de seu universo de crença. É por isso que nos parece útil falar em um caso de *PDV de* e em outro de *empatização sobre*, a fim de distinguir os escopos dos enunciados / enunciações--enunciadas que exercem um papel tão grande no plano interpretativo.[33]

4) Por fim, um texto pode marcar a empatia sem que haja expressão de um PDV representado. (31) mostra que uma narrativa pode apresentar fragmentos empatizados a partir de um personagem, sem que haja, no entanto, PDV do personagem, na ausência da representação dos pensamentos e das percepções do personagem:

---

31. Cf. Martin, 1992, p. 38 e 39. Aqui consideramos que a distinção entre universo de crença e universo de discurso é inútil, relativamente à nossa proposta. Cf., ainda, Ducrot e Schaeffer (1995. p. 455). [Mas aqui saímos da análise do PDV a partir do prisma perceptivo para considerar o PDV como expressão singular de uma predicação que traz os traços das escolhas do enunciador sobre os recortes do referente e sobre seu modo de atribuição: a escolha dos enquadrativos pesa sobre o escopo da predicação, sobre as condições de verdade do conteúdo proposicional e, com tal, depende do PDV do enunciador. Estamos aqui confrontados com a problemática geral do PDV (Ducrot, 1984), que não se limita às percepções, como vimos anteriormente, com a focalização. Nota de 2008.

32. Ver Vitoux, 1982.

33. Fazendo uma retrospectiva, podemos dizer que a distinção das instâncias apoia-se na hierarquização do "eu" enquanto locutor / enunciador primeiro, principal, em relação ao enunciador segundo Biaggi, que é sujeito modal. Nota de 2008.

(31) A Sr.ª Roland, uma mulher de quarenta e oito anos e que não aparentava isso, parecia desfrutar, mais do que todo mundo, desse passeio e desse final de dia. Seus cabelos castanhos mal começavam a ficar brancos. Ela tinha um ar calmo e cordato, um aspecto feliz e bom que agradava ser visto. Segundo o que dizia seu filho Pierre, ela sabia o risco de certas coisas, o que não a impedia de experimentar o charme do sonho.

Ela gostava das leituras, dos romances e das poesias, não por seu valor de arte, mas pela divagação melancólica e doce que despertavam nela. Um verso, muitas vezes banal, muitas vezes ruim, fazia vibrar a pequena corda, como ela dizia, dava-lhe a sensação de um desejo misterioso quase realizado. E ela se comprazia com essas emoções leves que perturbavam um pouco sua alma bem arrumada como um livro de contas.

Ela ganhava, desde sua chegada ao Havre, um peso bastante visível que sobrecarregava seu talhe outrora bastante leve e magro.

Essa saída para a praia a havia encantado. Seu marido, sem ser malvado, tratava-a mal como tratam mal, sem raiva e sem ódio, os déspotas em uma loja, para quem comandar equivale a dar sermão. Diante de qualquer estranho, ele se continha, mas em família, ele se entregava e assumia ares terríveis, se bem que tivesse medo de todo mundo. Ela, por horror ao barulho, às cenas, às explicações inúteis, cedia sempre e nunca pedia nada. Ela também não ousava, já há muito tempo, implorar a Roland para levá-la para passear pela praia. Ela havia então aproveitado com alegria essa ocasião e saboreava esse prazer raro e novo.

(Maupassant, *Pierre et Jean*, Le Livre de Poche, 1984, p. 41-42)

O exemplo (31) apresenta uma descrição da Sr.ª Roland, assumida pelo narrador, que testemunha seu profundo conhecimento desse personagem (relatando falas de Pierre, pensamentos íntimos dela, detalhes de sua esbelteza de outrora etc.). Estamos, no entanto, diante das percepções ou dos pensamentos da personagem, porque tudo o que sabemos sobre a Sr.ª Roland chega-nos, diretamente, do narrador.

No máximo, poderíamos considerar "*essa*[34] saída para a praia a havia encantado" como um exemplo de pensamento representado. Mas, pelo fato

---

34. Compartilhamos a análise de De Mulder (1998): *essa* não indica, necessariamente, uma mudança de PDV (tese defendida por Schnedecker). Em razão de sua "*token*-reflexividade", o demonstrativo assinala que "o referente deve ser identificado pela interpretação de elementos presentes no contexto de sua

de a Srᵃ Roland não ser, do início ao fim, uma instância focalizadora, parece mais adequado considerar esse enunciado como um enunciado descritivo do narrador e não como um discurso indireto livre. A Srᵃ Roland é, pois, vista do exterior, pelo narrador, mesmo levando-se em conta que ele nos dê muitas informações (e também muitos indícios, como a continuação da narrativa e uma leitura retroativa confirmarão).

Com efeito, além do discurso hipotético indireto livre, duas marcas assinalam essa empatização: o demonstrativo "essa" implica um deslocamento discursivo, uma tomada mais restrita do referente, "essa saída aqui [esta saída]", que suscita a alegria da Srᵃ Roland. Do mesmo modo, o possessivo em "seu marido" confirma essa empatização a partir da Srᵃ Roland. Mas, a despeito dessas marcas de empatização parcial, as relações entre a Srᵃ Roland e seu marido são, igualmente, descritas "do exterior" por um narrador que está na fonte de um saber relativamente importante, sem passar pela mediação de um personagem-focalizador.

Em outras palavras, é possível que, momentaneamente, uma narrativa empatize um personagem sem, no entanto, fazer deste último um focalizador, na ausência de percepções e / ou pensamentos representados. Vamos dar um novo exemplo disso, a partir de manipulações[35] operadas por Achard-Bayle (1996, 1999, 2001), a respeito de um exemplo citado por Charolles e Schnedecker (1993b):[36]

(32) On m'a assuré encore, dit le Chat, mais je ne saurais le croire, que vous aviez le pouvoir de prendre la forme des plus petits Animaux, par exemple de vous changer en un Rat, en une Souris; je vous avoue que je tiens cela tout à fait impossible.

---

ocorrência [...] Os demonstrativos sempre trazem o novo: introduzem um novo referente ou um novo estado do referente, mudam o estatuto temático do referente ou o inserem em um novo universo" (De Mulder, 1998, p. 25-31). Convém lembrar que, em (31), "essa saída para a praia" é precedida, na abertura de (31), de "esse passeio". Em todos os casos de ocorrência, "essa" remete à construção de um universo que é o da Srᵃ Roland, que analisamos em termos de empatia *sobre* Srᵃ Roland e não em termos de PDV *de* Srᵃ Roland. Admitimos, no entanto, que essa distinção não é tão nítida em (31) quanto em (30).

35. Neste caso, apresentamos as duas versões, em função de especificidades do francês exploradas nos exemplos. Chamamos a atenção, em particular, para os elementos em negrito (em especial a marca de feminino em "aperçu**e**", não traduzível para o português).

36. Ver Achard-Bayle, 1996, p. 227-228, principalmente, assim como Charolles e Schnedecker, 1993b, p. 211 e seg.

— Impossible? reprit l'Ogre, vous allez voir, et, en même temps il se changea en une Souris, qui se mit à courir sur le plancher. Le Chat ne l'eût pas plus tôt aperçue qu'il se jeta dessus et **la** mangea.

(Perrault, *Le chat botté*, em Charolles; Schnedecker, 1993b, p. 211)

[— Asseguraram-me ainda, disse o Gato, mas eu não creio nisso, que você teria o poder de tomar a forma dos menores Animais, por exemplo, de se transformar em um Rato, em uma Ratazana[37]. Eu lhe confesso que acho isso completamente impossível.
— Impossível?, replicou o Ogro, você vai ver, e, ao mesmo tempo, ele se transformou em uma Ratazana que se pôs a correr no assoalho. O Gato, mal **a** havia percebido, que pulou em cima e **a** comeu.]

(32b) On m'a assuré encore, dit le Chat, mais je ne saurais le croire, que vous aviez le pouvoir de prendre la forme des plus petits Animaux, par exemple de vous changer en un Rat, en une Souris; je vous avoue que je tiens cela tout à fait impossible.
— Impossible? reprit l'Ogre, vous allez voir, et, en même temps il se changea en une Souris, qui se mit à courir sur le plancher. Le Chat ne l'eût pas plus tôt aperçu qu'il se jeta dessus et **le** mangea.

[— Asseguraram-me ainda, disse o Gato, mas eu não creio nisso, que você teria o poder de tomar a forma dos menores Animais, por exemplo, de se transformar em um Rato, em uma Ratazana. Eu lhe confesso que acho isso completamente impossível.
— Impossível?, replicou o Ogro, você vai ver, e, ao mesmo tempo, ele se transformou em uma Ratazana, que se pôs a correr no assoalho. O Gato, mal **o** havia percebido, que pulou em cima e **o** comeu.]

(32c) On m'a assuré encore, dit le Chat, mais je ne saurais le croire, que vous aviez le pouvoir de prendre la forme des plus petits Animaux, par exemple de vous changer en un Rat, en une Souris; je vous avoue que je tiens cela tout à fait impossible.

---

37. Escolha tradutória para manter uma forma feminina, como no original francês "**une** Souris", em contraste com a forma masculina "**un** Rat", essencial à análise do autor. Caso contrário, seria mais adequada a forma "camundongo".

— Impossible? reprit l'Ogre, vous allez voir, et, en même temps il se changea en une Souris, qui se mit à courir sur le plancher. **Un Chat** entra alors dans la pièce. Il n'eût pas plus tôt aperçu **l'Ogre métamorphosé** qu'il se jeta dessus et **le** mangea.

[— Asseguraram-me ainda, disse o Gato, mas eu não creio nisso, que você teria o poder de tomar a forma dos menores Animais, por exemplo, de se transformar em um Rato, em uma Ratazana. Eu lhe confesso que acho isso completamente impossível.
— Impossível?, replicou o Ogro, você vai ver, e, ao mesmo tempo, transformou-se em uma Ratazana, que se pôs a correr no assoalho. **Um Gato** entrou então na peça. **Ele** mal havia percebido **o Ogro metamorfoseado**, que pulou em cima e **o** comeu.]

(32d) On m'a assuré encore, dit le Chat, mais je ne saurais le croire, que vous aviez le pouvoir de prendre la forme des plus petits Animaux, par exemple de vous changer en un Rat, en une Souris; je vous avoue que je tiens cela tout à fait impossible.
— Impossible? reprit l'Ogre, vous allez voir, et, en même temps il se changea en une Souris, qui se mit à courir sur le plancher. **Un Chat** entra alors dans la pièce. Il ne l'eût pas plus tôt aperçue qu'il se jeta dessus et **la** mangea.

[— Asseguraram-me ainda, disse o Gato, mas eu não creio nisso, que você teria o poder de tomar a forma dos menores Animais, por exemplo, de se transformar em um Rato, em uma Ratazana. Eu lhe confesso que acho isso completamente impossível.
— Impossível?, replicou o Ogro, você vai ver, e, ao mesmo tempo, transformou-se em uma Ratazana, que se pôs a correr no assoalho. **Um Gato** entrou então na peça. **Ele** mal a havia percebido, que pulou em cima e **a** comeu.]

A partir desses "embreadores de empatia" ilustrados pelos fragmentos em negrito, é possível, efetivamente, mostrar que, conforme os modos de atribuição dos referentes que evocam os objetos percebidos, os enunciados remetem a um sujeito perceptivo variável, mais ou menos "sabedor": (32) adota o "ponto de vista" do Gato, aquele a partir do qual se dá conta do fato de o Ogro ser apresentado com os traços da ratazana: o Gato, que assistiu à metamorfose do Ogro, refere-se a este pela evocação do último estado do processo transformador do qual foi testemunha. É, igualmente, o caso em (32b): pode-se mesmo afirmar que o texto testemunha, nesse último caso, um "ponto de vista" do Gato mais "sabedor" que em (32), visto que a referência ao estado anterior do Ogro, antes de sua transformação em ratazana, indica que o Gato tem consciência de que a Ratazana que está sob os olhos corresponde a uma metamorfose do Ogro. Em (32c), estamos diante de dois gatos, o que entra na peça ("um Gato"), que é diferente daquele que fez a pergunta ao Ogro: pelo fato de o texto mencionar "o Ogro metamorfoseado", vemos que esse último adota o ponto de vista de um narrador que, se não é "onisciente" (pois essa noção não tem sentido, do ponto de vista do leitor), é, em todo caso, um que tem um saber menos delimitado do que o do gato de (32d).

Essas variações a respeito do *Le chat botté* [*O gato de botas*] testemunham a existência de focos de empatia, recuperáveis a partir do saber testemunhado pelos modos de atribuição do referente. Trata-se, com efeito, de percepções (e de pensamentos) do personagem: mas não se trata de percepções e / ou de pensamentos representados. Estamos aqui diante dos textos *narrados* e não *mostrados*, diferentemente de (32e).

> (32e) Asseguraram-me ainda, disse o Gato, mas eu não creio nisso, que você teria o poder de tomar a forma dos menores Animais, por exemplo, de se transformar em um Rato, em uma Ratazana. Eu lhe confesso que acho isso completamente impossível.
> — Impossível?, replicou o Ogro, você vai ver, e, ao mesmo tempo, transformou-se em uma Ratazana, que se pôs a correr no assoalho.
> *Que sorte! Mal ele havia se transformado, que o gato havia pulado em cima e o havia comido.*

Nesse último exemplo, ao contrário dos antecedentes, as percepções e os pensamentos do Gato não são apenas narrados, mas também mostrados, representados, por um certo número de marcas que constroem o deslocamento enunciativo próprio à expressão do PDV representado, a saber, a presença concomitante do discurso indireto livre, dos pretéritos imperfeitos, nos segundos planos etc.

Definitivamente, a diferença fundamental entre PDV representado e empatia reside no fato de que a empatia é um mecanismo geral que excede em muito os enunciados limitados à expressão de percepções representadas: isso significa que o ponto de vista construído pela empatia corresponde a uma maneira de narrar, isto é, de apresentar, de considerar os eventos a partir de um certo personagem, sem que esses eventos sejam aspectualizados em enunciados que comportam percepções e / ou pensamentos representados.[38]

Dito de outro modo, no caso dos textos narrativos, a empatia é pertinente para dar conta do *ponto de vista* **narrado**. É um conceito útil para a análise de textos escritos a partir da perspectiva de um personagem, *sem que esse personagem seja um autêntico*[39] *focalizador*, isto é, sem que o texto recorra a uma debreagem enunciativa. No entanto, o *ponto de vista* **mostrado** ou **representado**[40] torna possíveis narrativas escritas a partir da perspectiva de *um personagem que é também um focalizador que vê*, com a referenciação do focalizado que remete, diretamente, às percepções, aos pensamentos, ao saber, aos julgamentos de valor do focalizador.

Esse ponto de vista narrado não está muito longe da abordagem globalizante proposta por Bal (1977, p. 37), que nota que essa noção se estende para "além do domínio puramente visual" e devia ser compreendida, "na falta de melhor, como *centro de interesse*", isto é, como "o resultado da *seleção*, entre todos os materiais possíveis, do conteúdo da narrativa. Em seguida, ele comporta a 'vista', a *visão*, também no sentido abstrato de 'considerar alguma coisa sob um certo ângulo' e, finalmente, a *apresentação*".

De fato, essa abordagem tem o defeito de não ser sustentada pelas marcas linguísticas, mas pode-se considerar que abre uma pista interessante,

---

38. É, entre outras, a posição defendida por Uspensky (1972, p. 125 e seg.), em sua célebre análise dos apelativos que servem para fazer referência a Napoleão (o "usurpador", "Buonaparte", "Bonaparte" ou "Napoléon", ou, ainda, "o Imperador", em *Guerra e paz*).

39. Hoje não retomaríamos por nossa conta o adjetivo *autêntico*, que emana uma normatividade axiológica, como se o PDV representado fosse a norma. A fórmula é tanto mais infeliz quanto mais contradiz os esforços para, em termos de PDV, pensar formas linguísticas que não correspondem às marcas do PDV representado. Nota de 2008.

40. A denominação de *ponto de vista mostrado* remete à antiga oposição do *telling* e do *showing*, no domínio crítico anglo-saxônico (cf. Rabatel, 1997a); a de *ponto de vista representado* tem a vantagem de se incorporar à nossa análise das percepções e / ou dos pensamentos representados.

se está correlacionada, por um lado, com nossas proposições relativas à expressão linguística das percepções e dos pensamentos representados e, por outro, com as análises da empatia e, principalmente, com a análise das cadeias anafóricas ou das modalidades. Além disso, essa abordagem encontra instrumentos linguísticos preciosos nos trabalhos que se interessam pelas fontes do saber e suas marcas linguísticas, ou seja, pela evidencialidade:

> Um marcador de evidência é uma expressão linguageira que aparece no enunciado e indica se a informação transmitida nesse enunciado foi emprestada de alguém, pelo locutor, ou se ela foi criada pelo próprio locutor, por meio de uma inferência ou uma percepção.
>
> (Dendale; Tasmovski, 1994, p. 5)

Se admitirmos a definição de Dendale e Tasmovski (1994), o PDV narrado tem a ver com as marcas linguísticas que indicam a origem das três fontes evidenciais mais frequentemente citadas: o empréstimo, a percepção e a inferência. Por outro lado, o PDV representado limita-se mais à percepção e às inferências, contanto que essas últimas sejam articuladas com as percepções.

O fato de que o PDV narrado seja alargado às outras fontes de evidência — ao empréstimo obtido de alguém, portanto —, tem consequências consideráveis. Segue-se que o empréstimo obtido de alguém diz respeito, fortemente, ao recurso ao discurso relatado e, portanto, remete a um terceiro tipo de PDV, o *ponto de vista* **assertado** (cf. *infra*, II, 1). Em resumo, com o PDV representado, o focalizador percebe, pensa "sem falar", enquanto que, com o PDV narrado, o focalizador percebe, pensa, *narrando*. Esse ponto de vista narrado não diz respeito, portanto, às falas relatadas dos personagens ou às falas do narrador, pois, a partir do momento em que o centro de perspectiva sai da atividade de narração *strito sensu* e ele se põe a falar, quer se trate de comentários explícitos do narrador ou de enunciados em discurso direto dos personagens, o PDV muda de natureza e tem-se necessidade de um outro conceito para analisá-lo, o de PDV assertado. Em consequência, o PDV narrado faz-se com estratégias variadas, adotando, em porções de texto de natureza variada, o PDV de um personagem, como em

(27b) ou (27c), (32c) ou (32d), ou privilegiando, em porções de texto mais amplo, o PDV narrado de um narrador-personagem, como em (33) e (34):

> (33) Eu não estava descontente com minha roupa, nesse dia. Eu inaugurava um novo chapéu, bastante petulante, e um novo casaco pelo qual eu tinha muita estima. Encontrei X em frente à estação Saint-Lazare, que tenta estragar meu prazer, tentando me demonstrar que esse casaco é excessivamente aberto e que eu deveria acrescentar-lhe um botão suplementar. Apesar disso, ele não ousou atacar meu chapéu.
> Um pouco antes, mandei para seu lugar de bela maneira uma espécie de homem grosseiro, que fazia questão de me agredir cada vez que passava gente, na descida ou na subida. Isso se passava em um desses imundos ônibus que se enchem de gentalha justamente nas horas em que eu devo aceitar utilizá-los.
>
> (Queneau, *Exercices de style*, "Le côté subjectif")

> (34) Havia ao meu lado hoje, no ônibus, na plataforma, um desses catarrentos como não se fazem mais, felizmente, do contrário eu acabaria por matar um deles. Aquele lá, um tipo de rua nos vinte e seis, trinta anos, me irritava bem especialmente, não tanto por causa de seu grande pescoço de peru depenado, mas pela natureza da fita de seu chapéu, fita reduzida a uma espécie de cordão de tom berinjela. Ah, canalha! Como ele me repugnava! Como havia muita gente em nosso ônibus naquela hora, eu aproveitava os solavancos que ocorrem na subida e na descida para enfiar meu cotovelo nas suas costas. Ele acabou por fugir covardemente, antes que eu decidisse pisar um pouco nos seus pés para lhe dar uma boa lição. Eu teria lhe dito ainda, para deixá-lo vexado, que faltava um botão em seu casaco excessivamente aberto.
>
> (Queneau, *Exercices de style*, " Autre subjectivité")

No entanto, antes de precisar o conteúdo desse último PDV, é bom por os pontos nos is para distinguir bem a especificidade do PDV narrado, em relação ao PDV representado. Vamos, pois, (um pouco) mais longe: em razão do papel determinante do segundo plano na construção do deslocamento enunciativo do ponto de vista representado, que relação estabelecer entre o ponto de vista narrado e a oposição funcional dos planos? Lembremos, inicialmente, as conclusões às quais havíamos chegado em *La construction textuelle du point de vue* (Rabatel, 1998a). Por um lado, se o deslocamento enunciativo do ponto de vista representado e a aspectualização das percepções representadas (e dos pensamentos associados) necessitam do segundo plano, apenas os fragmentos de segundo plano contendo percepções (e pensamentos associados) estariam relacionados com a problemática do ponto de vista representado, o que excluiria, de imediato, os segundos planos cronológicos e comentativos.[41] Por outro lado, é possível que o ponto de vista representado seja acionado no primeiro plano (cf. nossos exemplos (22) a (26) do primeiro capítulo, em Rabatel, 1998).

Considerando-se a relação privilegiada entre ponto de vista representado e os segundos planos descritivos que compreendem as percepções representadas, pode-se chegar até a estabelecer uma relação privilegiada entre ponto de vista narrado e um ou outro plano? Parece difícil extrair uma linha clara dos exemplos precedentes: se (32) parece indicar que esse ponto de vista narrado pode aparecer e se desenvolver no primeiro plano, sem ter necessidade de ser expandido no segundo plano, por outro lado, os outros exemplos mostram que as marcas de empatização são indiferentes a essa oposição funcional. Na realidade, essa situação não deixa de ser significativa: ela remete à especificidade do ponto de vista representado, que é construir um espaço enunciativo no qual a subjetividade das percepções do enunciador pode se dar em livre curso.[42] É o que explica que o ponto de vista representado seja um instrumento privilegiado a serviço da densidade psicológica dos personagens e participe, centralmente, da construção textual dos realis-

---

41. Cf. Rabatel, 1998, p. 40 e seg. Constata-se, na releitura dessas análises e na discussão de nossos trabalhos em Rabatel (1996, p. 352 e seg.), que a exclusão dos segundos planos cronológicos e comentativos correspondia a uma vontade, cientificamente estimável, de subjugar a noção para poder problematizá-la. O reverso da abordagem é que isso levaria, concretamente, a deixar ao lado do caminho os exemplos que, apesar de tudo e de alguma maneira, dizem respeito à problemática geral do ponto de vista, sem trabalhar essa relação. Ora, é fato que, se um certo ponto de vista do narrador tem a ver com os enunciados gnômicos, então é preciso retomar a questão do papel dos segundos planos cronológicos e comentativos. É o que iniciamos em seguida, a respeito da noção de *ponto de vista assertado*.

42. Lembremos que essa subjetividade remete à origem enunciativa do ponto de vista. Ela está, evidentemente, relacionada com a expressão linguística da subjetividade, sem que se trace um sinal de equivalência entre as duas, pois existem pontos de vista do personagem mais ou menos subjetivadores ou mais ou menos objetivadores (relativamente à expressão linguística); a mesma coisa para os pontos de vista do narrador (cf. Rabatel, 1998).

mos. No entanto, o ponto de vista narrado considera a narrativa do ponto de vista de um personagem a partir do qual as ações são selecionadas e combinadas, sem que seja absolutamente necessário instalar-se, mais à frente, na subjetividade do personagem centro de perspectiva (nesse sentido, o ponto de vista narrado depende da voz narrativa, enquanto que o ponto de vista representado depende do modo narrativo). É por isso que o ponto de vista narrado aparece desde o primeiro plano e pode nele se ajustar muito bem, conforme os gêneros da narrativa. É normal que esses dois pontos de vista não sejam opostos; eles são, aliás, frequentemente complementares, o ponto de vista narrado sendo seguido por fragmentos de ponto de vista representado. Mas é possível encontrar-se diante de narrativas que privilegiam o ponto de vista narrado, em detrimento do ponto de vista representado: é, grosso modo, o caso de várias narrativas que não expandem "a esfera do personagem" (Bakhtin, 1984).[43]

Assim, se delineamos um rápido balanço intermediário, constatamos que, se a focalização linguística ou a empatia são conceitos potentes demais para construir, necessariamente, uma perspectiva, por outro lado, uma vez que os objetos do discurso focalizados remetem ao universo de crença de um ator do enunciado, a partir do qual os objetos do discurso são apresentados, então há, simultaneamente, construção de um ponto de vista narrado, que não tem necessidade dos mecanismos de representação das percepções e dos pensamentos para existir de maneira autônoma. Estamos, portanto, em presença de dois PDV narrativos distintos: o PDV representado estando restrito às percepções e aos pensamentos que lhes estão associados, e o PDV narrado, ampliado às outras fontes evidenciais, portanto ao empréstimo feito a alguém, e se exprimindo pelo viés da empatia e da focalização. Dois PDV narrativos, pois, sem contar o PDV das condutas linguageiras argumentativas.[44]

---

43. Evidentemente, não esquecemos que se pode expandir a esfera do personagem, fazendo-o falar, pensar, agir.

44. Fazendo uma retrospectiva, constatamos que o adjetivo "argumentativas" é ambíguo ou inadequado: com efeito, misturamos dois objetivos que não se combinam. Por um lado, queríamos estabelecer o vínculo entre as formas indiretas de argumentação relativas a maneiras de ver que não se expressam em argumentos explícitos e em discurso, por outro, queríamos analisar os PDV em enunciados relacionados com a problemática do discurso narrado ou em asserções (fora da problemática do discurso nar-

2. Agentes duplos da argumentatividade no centro da narrativa: os pontos de vista representado, narrado e assertado confrontados com os conceitos de esquematização e clarificação (Grize)

Os pontos de vista representado e narrado não esgotam a totalidade dos empregos analisados em termos de ponto de vista. É preciso, ainda, juntar a eles o ponto de vista assertado, que funciona tanto nos textos narrativos quanto em inúmeras atividades linguageiras informativas, explicativas, argumentativas, monologais ou dialogais. Após ter apresentado esse último ponto de vista, dedicando-nos ao seu funcionamento nos textos narrativos, interessamo-nos sobre as relações que esse PDV assertado assume com os PDV representado e narrado e, além disso, com as relações que esses PDV estabelecem com seu ambiente textual e com o leitor.

O exame desses pontos de vista, sob o ângulo de seu valor enunciativo e de seu papel semântico-pragmático, levar-nos-á a destacar o caráter ambivalente de cada um deles: ao mesmo tempo em que participam plenamente da construção do mundo narrativo, eles funcionam como agentes dormentes da argumentação, que esperam apenas ser ativados pelos mecanismos interpretativos. Em outras palavras, com os pontos de vista, estamos em presença de agentes duplos que mascaram sua função argumentativa na narrativa que constroem, para melhor contribuir com a construção dirigida das interpretações, e moderam o caráter por demais constritivo das argumentações por intermédio de estratégias narrativas, em aparência, mais liberais. Esse funcionamento oblíquo da argumentatividade da narrativa não ocorre, finalmente, sem consequência sobre a própria argumentação, muito frequentemente reduzida a procedimentos retóricos da sustentação, em detrimento dos mecanismos que estruturam as representações, as esquematizações e os procedimentos de clarificação (cf. Grize, 1990).

---

rado), a fim de alargar, em dois lados, a reflexão sobre as diversas modalidades do PDV enquanto problemática transversal. Além de discurso narrado e asserção serem duas coisas diferentes (voltaremos a isso), convém distinguir discurso narrado e argumentação direta, pois estes últimos estão longe de ser todos argumentativos. Poderíamos dizer o mesmo quanto às asserções. Nota de 2008.

2.1 O ponto de vista assertado

Ao lado desses dois pontos de vista narrativos diferentes, existe, com efeito, uma terceira forma de ponto de vista, assimilável à noção de opinião manifesta, ou, para simplificar (abusivamente), de tese.

Nonnon (1999) propõe distinguir entre a noção de tese, que remete a uma concepção retórica restrita, formalista e normativa da argumentação (supervalorizada em todos os níveis de escolarização), e a de ponto de vista, que expõe mais a questão dos valores, da legitimidade e da aceitabilidade dos argumentos, da pertinência e da aceitabilidade das situações de referência utilizadas nos exemplos, todas as coisas que remetem, fortemente, aos códigos culturais, aos hábitos sociais e aos valores, e que deveriam, igualmente, constituir objeto de uma abordagem didática (concernente à sua história, suas filiações, seus pressupostos e suas implicações), salvo querer, explicitamente, satisfazer-se com um sistema escolar cada vez mais desigual, que funciona cada vez mais por conveniência (Nonnon, 1999, p. 100 e seg.). A respeito do ponto de vista, Nonnon (1999, p. 102) nota que

> o termo está, muitas vezes, no singular: para cada um, seu ponto de vista. A argumentação apresentada como defesa do ponto de vista parece incompatível com o fato de que um indivíduo possa ter vários pontos de vista. [...] Remete a uma imagem do sujeito homogêneo, quer seja no apelo à opinião pessoal (*qual é o seu ponto de vista sobre...*) ou nos exercícios que visam a descentralização a partir de papéis imaginados, situando-se numa tipicalidade: têm-se imagens sociais de locutores que são pouco questionadas (qual seria o ponto de vista da dona de casa, do caçador e do ecologista). Por esse senso de opinião, a noção toca de perto o problema da constituição das representações sociais, da atribuição e, portanto, o problema da ideologia.

Sabe-se a força de convicção com a qual Nonnon (1999) defende uma abordagem não formalista da argumentação, que não se limite aos esquemas persuasivos / agônicos de uma argumentação reduzida ao esquema tese proposta / tese refutada e integra o conflito cognitivo, a cooperação dos interactantes em uma busca em comum para elaborar julgamentos, quadros de referências, saberes e valores partilhados (cf., sobretudo, Nonnon, 1996).

Será visto, na conclusão de nosso trabalho, que trazemos contribuições às análises de Nonnon, com quem estamos em largo acordo.

Essa terceira acepção da expressão "ponto de vista" não deixa, aliás, de trazer confusões entre realizações linguísticas que dependem das "frases sem fala" (Banfield, 1995) e outras que dependem de atos de fala reivindicados como tais: é assim que uma das coleções de manuais escolares mais inovadoras e estimulantes destes últimos anos, *Maîtrise de l'écrit* (Bentolila *et al.*, 1996), consagra o primeiro capítulo do livro do quarto ano aos "efeitos de ponto de vista" no texto narrativo (*ibid.*, p. 8-30) e, no livro do terceiro ano, intitula um dos numerosos (e interessantes) capítulos consagrados à argumentação, "justificar seu ponto de vista" (*ibid.*, p. 94-120).[45] Numa primeira aproximação, parece não haver nada em comum entre duas acepções que dizem respeito, uma, a um horizonte narrativo, outra, a um horizonte argumentativo. No entanto, a noção de perspectiva (vista, maneira de ver, de considerar, de apresentar os referentes) é transversal e permite compreender que os diferentes pontos de vista dependem de uma problemática ampla da subjetividade e da modalidade.

Esse último ponto de vista aparece, portanto, não apenas nas condutas linguageiras argumentativas monologais ou dialogais,[46] mas também nos textos narrativos, pela interpretação das falas de personagem ou dos julgamentos do narrador. Propomos chamar esta última manifestação do ponto de vista de *ponto de vista **assertado**.*[47] É natural que, em nosso trabalho, não

---

45. Bentolila, A. *et al.* (1996). Recomendamos a leitura desses manuais, assim como a dos livros do professor, de igual qualidade.

46. É o que explica que E. Nonnon (1999) fale de "ponto de vista no discurso". Um tal PDV não é, no entanto, o apanágio exclusivo do discurso: nas narrativas, ele funciona também nas falas de personagem que têm apenas a aparência de discurso. As denominações emprestadas da linguagem natural são sempre insatisfatórias...

47. Verifica-se que as denominações conceituais emprestadas da língua natural são, muitas vezes, infelizes. As nossas não escapam à regra: *ponto de vista narrado* leva a pensar que esse fenômeno é próprio da narrativa, o que não é o caso. É por isso que hoje preferimos mais a expressão *ponto de vista embrionário*. Por outro lado, numa revisão, consideramos que a expressão de *PDV assertado* é absolutamente inoportuna. Na verdade, em retrospectiva, havíamos escolhido esse termo para insistir no fato de que esse PDV não se limitava aos PDV expressos nos discursos narrados. Mas, o que é muito lamentável é que PDV embrionários são também asserções (cf., *supra*, capítulo 1, exemplo (14), sobretudo). É preciso, a partir de então, mudar a terminologia? Se dispuséssemos de uma denominação mais

pretendamos tratar desse ponto de vista em geral, no discurso, mas focalizar esses empregos nos textos narrativos, com o risco de retornar, em nossa conclusão, a algumas orientações teóricas e implicações didáticas concernentes, de um lado, à argumentatividade da narrativa e, de outro, à argumentação em geral.

Damos, logo adiante, quatro exemplos desse ponto de vista assertado, emprestados, no primeiro caso, da filosofia política e, nos três outros, das asserções fingidas da ficção — (36) tendo um personagem como fonte enunciativa, e (37) e (38), o narrador.[48]

> (35) Ser bom entendedor. Saber discutir era, antigamente, a ciência das ciências. Hoje, isso não é suficiente, é preciso adivinhar, sobretudo em matéria de desfazer enganos. Quem não é bom entendedor não pode ser bem entendido. Há espiões do coração e das intenções. As verdades que nos importam mais não são jamais ditas senão pela metade. Que o homem de espírito segure todo o sentido delas, apertando a rédea para a credulidade naquilo que parece vantajoso e a afrouxando à crença do que é odioso.
>
> (B. Gracian, *L'homme de cour*, Mille et une nuits, p. 20)

O exemplo (35) apresenta o ponto de vista de B. Gracian, argumentando, a partir de proposições sucessivas que se apresentam como tantas verdades supostamente aceitas por todos, assertadas de modo a não poder ser postas em causa, enquanto que são eminentemente discutíveis. Essa forma sentenciosa é, ao mesmo tempo, um traço estilístico desse gênero de discurso e uma das forças de sua eficácia: por seu modo de retenção argumentativa, o fragmento dá o exemplo de que ele se dirige, seguramente, a "poucos iniciados" que (se) compreendem com meias palavras. Quanto a (36), ele ilustra um ponto de vista assertado por um personagem, em uma narrativa. O PDV aparece, essencialmente, no discurso narrado, no caso, precedido

---

satisfatória, não hesitaríamos. Como não é o caso, nós a mantemos, sem entusiasmo, e o leitor terá compreendido. Nota de 2008.

48. A questão de saber se nos encontramos diante de verdadeiras asserções ou de asserções fingidas (cf. Searle, 1982, e Genette, 1991, cap. 2) é um outro problema. O que quer que seja, não há, linguisticamente, diferenças entre essas asserções, os autores fictícios das asserções fingidas estando, aliás, engajados, por seus atos de linguagem, no universo da ficção.

por verbos de processo mental, em seguida, anunciado por um verbo de comunicação.

> (36) Eis que faz longo tempo que a jovem Lily (cinco anos) atormenta sua pobre mãe para obter autorização para assistir à missa com sua babá. [...] O consumo de alimento do sacrifício a escandaliza um pouco: esse padre que bebe vinho branco, ficando de costas para as pessoas, produz-lhe a impressão de faltar com a educação.
> Mas, sobretudo, é a comunhão dos fiéis que a agrada mais.
> E, no jantar, como a perguntam a esse respeito, Lily explica:
> — Tá bom, [eis] vejam como é: tem senhoras que se aproximou [sic] e depois que se pôs [sic] de joelhos. Então, o cura veio com um grande pote de ouro, e depois ele pôs um comprimido para febre na boca das senhoras.
> (A. Allais, *Et verbum...*, *Oeuvres Anthumes*, Bouquins Laffont, 1989, p. 217)

Esse ponto de vista é acionado por intermédio do enunciado "esse padre que bebe vinho branco, ficando de costas para as pessoas, produz-lhe a impressão de faltar com a educação", graças aos dois verbos de processo mental ("a escandaliza um pouco" e "produz-lhe a impressão de") e em razão das impropriedades lexicais que denotam a descoberta, pela jovem Lily, de um universo religioso estranho e do qual ela não tem qualquer noção, devido à sua falta de chaves para interpretar a situação. Mas, sobretudo, é, explicitamente, o enunciado de Lily, com a menção do verbo de comunicação "explica". A voz infantil faz-se, ali, mais claramente ouvida, com suas incorreções sintáticas, suas impropriedades, suas perífrases descritivas ("um grande pote de ouro", "um comprimido para febre") etc.

Com relação ao *ponto de vista assertado* pelo narrador, citaremos, primeiramente, um exemplo de Eugène Sue, que dá continuidade à detenção preventiva de um dos heróis de *Le juif errant*, Agricol, em seguida, uma meditação de Luis Aragon, em *La semaine sainte*.

> (37) E a respeito da detenção preventiva, que atinge, muitas vezes, os operários honestos, trabalhadores, quase sempre levados ao desagradável extremismo das coalizões pela *desorganização do trabalho* e pela *insuficiência dos salários*, é, para nós, penoso ver a lei, que deve ser igual para todos, recusar a estes o

que ela concede a aqueles... porque aqueles podem dispor de uma certa soma de dinheiro.

Em várias circunstâncias, o homem rico, mediante *caução*, pode escapar aos aborrecimentos, aos inconvenientes de um encarceramento preventivo [...] Para o homem rico, a prisão é a falta de facilidades e de bem-estar [...]

Ao contrário... para o artesão... a prisão é a desgraça, é o desnudamento, é, às vezes, a morte dos seus... [...]

Para esse deplorável estado de coisas, há um remédio? Cremos nisso. O *minimum* da caução exigida pela lei é QUINHENTOS FRANCOS. Ora, quinhentos francos representam, em média, SEIS MESES de trabalho de um operário trabalhador. Se ele tiver uma mulher e dois filhos (e é também a média de seus encargos), é evidente que lhe é materialmente impossível ter alguma vez economizado semelhante importância [...] Não seria equitável, humano e de um nobre e salutar exemplo, em todos os casos em que a caução seja admitida (e quando a probidade do acusado fosse honradamente constatada), aceitar as *garantias morais* daqueles cuja pobreza não permita oferecer *garantias materiais* e que não têm outro capital a não ser seu trabalho e sua probidade, *aceitar sua fé de gente honesta* para se apresentar no dia do julgamento?

(Sue, *Le juif errant*, Laffont Bouquins, p. 315 e seg.)

(38) E então aí está: tudo está sempre para ser recomeçado. Os castelos de areia, a maré vem e os varre. Vinte anos... O que é que eu tenho na cabeça quando escrevo da casa de Bernard: *o filho do fuzilado de Arras?*... Ó recomeço de todas as coisas, tiros, corpos nas trincheiras! O desespero de todo esse tempo... será mesmo apenas minha vida? Ah, não tenho mais que tudo isso para viver, mas morrer sem ter visto a coisa sobre os trilhos, a partida, o embalo da máquina! Eu lhe digo que Géricault, para ele, só há os cabelos que lhe interessa, e o claro-escuro, as oposições. Vocês veem bem que sou eu quem sonha, em pleno século XX, de desilusões em desilusões, esse sangue derramado, não é ele... Era preciso que Napoleão mandasse matar os republicanos? Esse sangue derramando, meus camaradas, meus camaradas. E tantas coisas evidentes sempre postas em questão. Nós nos enganamos, nós nos enganaremos sempre. Nós nos rasgaremos, nós bateremos no próximo, nossa própria carne. Onde é o local do coração? Onde apunhalar?

Porque há o ódio, mas também a vergonha. Ah, eu misturo tudo, mas sou eu, de fato, quem sonha, em pleno século XX, com esse povo dividido, e não o pequeno Montcorps ou...

(Aragon, *La semaine sainte*, Le Livre de Poche, T. 2, p. 66)

Encontramo-nos aqui diante de autênticos pontos de vista do narrador (e este fato se opõe à tradição de Genette, que considera a focalização zero como uma ausência de focalização ou como uma focalização variável[49]). Dito isso, este ponto de vista aqui tem pouco a ver com o ponto de vista representado, na ausência de percepções e / ou de pensamentos representados. O exemplo emprestado de *Le juif errant* desenvolve, longamente, uma tese bem marcada em favor da justiça social e apela em favor de uma modificação de nosso sistema judicial, como destacam as fortes antíteses entre ricos e pobres.[50] Eugène Sue procede por generalização, o que não deixa de ser significativo, sem contar os argumentos destacados pelo itálico e pelas letras maiúsculas.

Como o exemplo (38) mostra, o ponto de vista assertado não se deixa, necessariamente, reduzir a uma manifestação de "onisciência narrativa" (segundo uma fórmula falsa ouvida *ad nauseam*), como indica bastante o retorno sobre si mesmo, bem pouco triunfante, operado pelo narrador de *La semaine sainte*, por trás do qual é fácil ouvir a voz do próprio Aragon...

2.2 Três pontos de vista, uma mesma visada argumentativa indireta: o efeito ponto de vista

A proximidade dos pontos de vista, dos universos de crença e dos discursos narrados explica que, juntos, eles participam, intensamente, na construção de uma subjetividade, mesmo disfarçada, e de julgamentos de valor, mesmo que também ocultos. É dessa forma que os pontos de vista exercem um papel pragmático de primeira grandeza. Tudo se passa, com efeito, como

---

49. Ver *Une histoire du point de vue*, capítulo 3 (Rabatel, 1997a).
50. Por razões de comodidade, essas antíteses são reduzidas aqui à sua mais simples expressão...

se, com os PDV, a origem e o processo que denotam a maneira de ver, de considerar os objetos do discurso, desaparecessem por trás do resultado do processo, fossem um objeto do discurso que o destinatário da mensagem seria convidado a considerar como a própria realidade. Em outras palavras, os PDV têm, frequentemente, isso em comum — eles mascaram a origem enunciativa e a natureza profunda do ato de linguagem emitido para exercer mais seguramente uma influência sobre o leitor, adormecendo seu senso crítico, uma vez que os PDV funcionam nas narrativas, que constroem uma atitude de locução distensa (Weinrich, 1973; Bronckart, 1996).

Essa estratégia disfarçada remete, por um lado, ao paradoxo da subjetividade do ELE-ENTÃO-ANTIGAMENTE analisado por Banfield (1995, p. 156-169) e, por outro, aos modos oblíquos de informação que se apoiam no fato de "dizer sem dizer" (Ducrot, 1984), quer se trate do *dizer* por oposição ao conteúdo proposicional do *dito*, ou se trate de inúmeros procedimentos de implicação da língua ou do discurso.

Em resumo, por trás das percepções ou narrações aparentemente objetivas, por trás das asserções que têm a aparência de verdades supostamente aceitas por todos, o leitor avisado busca a origem enunciativa dessas frases ou desses discursos "sem fala", dessas asserções "sem enunciador", e busca construir uma representação mental da instância enunciativa, a partir do conteúdo proposicional referido, narrado, e do modo de atribuição dos referentes: "por trás do que isto [isto = a narrativa] conta / faz perceber", eu [eu = o leitor] busco "o que tu [tu = o personagem ou o narrador] pensas e como", e, a partir disso, "eu vou te dizer quem tu és", ou, ainda, "por trás do que isto [isto = as falas de personagens, os assuntos do narrador] diz", eu [eu = o leitor] busco "o que tu [tu = o personagem ou o narrador] pensas, realmente, e como", e, a partir disso, "eu vou te dizer quem tu és".

Em consequência, o ponto de vista não precisa, necessariamente, de um "eu que pensa que" explícito, para fazer compreender que essa ou aquela predicação contém julgamentos de valor relativos ao locutor-enunciador ou a tal enunciador intratextual. É, pois, o fato de as representações mentais do locutor / focalizador se exprimirem pelo viés do modo de atribuição dos referentes e, sobretudo, pelo fato de essas maneiras de ver quererem escapar a toda contestação, que são comuns a esses três pontos de vista. Partiremos, com efeito, do postulado que aquilo que é contestável é, mais que qualquer coisa, o que se mostra como dependente de uma subjetividade.

Nessa ótica, o contestável, o discutível não está em relação com a problemática do verdadeiro *versus* falso, mas com a do pessoal *versus* impessoal. Mais exatamente, a opinião pessoal é, convencionalmente, julgada discutível *a priori,* por oposição aos dados coletivos ou impessoais, julgados objetivos *a priori,* antes de tudo admissíveis. É por isso que uma verdade geral é aceitável, mesmo levando-se em conta que seja contradita por uma outra verdade geral. É também por isso que é melhor dar aos nossos pensamentos um percurso "objetivo": uma constatação é bem mais crível que um julgamento! É ainda mais quando os fatos falam em nosso lugar! Em resumo, é preferível, quando se argumenta, fazê-lo a partir de uma verdade supostamente aceita por todos, e ocultar todos os atos de fala que levariam à origem enunciativa do argumentador.

Sob esse ângulo, é preciso constatar que o ponto de vista faz tudo para escapar aos questionamentos:

1) O ponto de vista representado, dando às percepções pessoais (*e aos pensamentos associados*) o modo objetivante das descrições aparentemente objetivas, uma vez que o leitor encontra-se diante das "frases sem fala"[51]: "literalmente, eu não disse nada, portanto, não há nada a objetar contra a minha maneira de ver!".

2) O ponto de vista narrado, ocultando igualmente, as falas pessoais, mascarando estas últimas por trás de uma narração tão objetiva quanto possível[52]: "isto se passou assim, não sou a favor de nada disso".

3) À primeira vista, o primeiro ponto assertado escapa a essa problemática, visto que se apoia, explicitamente, em atos de fala, em

---

51. Esse mascaramento é tanto mais eficaz quanto, muito frequentemente, mais os pensamentos associados estão para ser construídos pelo leitor, por inferência, a partir das percepções, dos atos, até das falas dos personagens (assim como seus encadeamentos).

52. Nossa demonstração visa, essencialmente, o ponto de vista nos textos heterodiegéticos. É aí, com efeito, que funciona, plenamente, o paradoxo da subjetividade analisado por Banfield (1995). Por outro lado, com os textos homodiegéticos, a origem enunciativa manifesta do locutor-narrador-focalizador neutraliza inúmeras disjunções concernentes ao focalizador do ponto de vista representado ou narrado.

julgamentos mais ou menos construídos que remetem, explicitamente, a uma origem enunciativa identificável. Assim sendo, aí também, o ponto de vista assertado tenta pôr em ação mecanismos para definir os limites da interpretação ou para dar aos julgamentos pessoais um traço "objetivo", "científico" etc.

Ilustraremos esse exemplo a partir de dois discursos pronunciados pelos lordes, juízes da Câmara dos Lordes, relativos à eventual perda de imunidade do ditador Pinochet. Aqui não nos interessaremos pelas estratégias de sustentação, mas aos enquadres da argumentação, que são dados quase naturalmente, antes mesmo de qualquer argumentação explícita, enquanto que se trata de verdadeiros golpes de força denominativos e argumentativos. lorde Nicholls of Birkenhead começa por se interrogar sobre "o alcance da imunidade de um antigo chefe de Estado". De entrada, a referenciação dá a entender uma opinião (em favor da perda da imunidade) que o discurso confirma, posteriormente. Com efeito, não é anódino interrogar-se sobre "o alcance da imunidade", pois essa formulação põe um fato, a imunidade, pressupondo, sobretudo, que essa extensão tem contornos que precisam ser definidos, caso contrário, não haveria matéria sobre o que legislar. Além do que, designar Pinochet como "*um* antigo chefe de Estado" é, claramente, dar a entender que ele não é mais e que, por essa razão, o "senador Pinochet" (é a outra maneira com que lorde Nicholls of Birkenhead nomeia Pinochet[53]) não poderia se beneficiar de uma imunidade que não lhe diz mais respeito.[54]

Quanto ao segundo discurso, ele situa-se, unicamente, no plano do direito relativo a*os* chefes de Estado: lorde Slynn of Hadley encerra sua apelação, evocando "a imunidade do antigo chefe de Estado", o que representa um verdadeiro golpe de força de pressuposição, pois não é a mesma coisa interrogar-se sobre o alcance da imunidade de um antigo chefe de Estado e assertar sobre a existência de uma imunidade que visa todos os

---

53. "Não poderia ser mais claramente estabelecido que os atos de tortura e de sequestro dos quais o senador Pinochet é acusado sejam crimes, de acordo com o direito britânico." (*Le Monde*, 27 de novembro de 1998).

54. "Não há dúvida alguma que, se o senador Pinochet fosse ainda *o* chefe do Estado chileno, ele teria direito à imunidade" (*ibid.*; ênfase nossa).

antigos chefes de Estado e, além disso, considerar que não há qualquer diferença, aos olhos da imunidade, entre os que exercem ou que exerceram as funções de Estado.

Isso dito, essa página inteira do jornal *Le Monde* apresenta um outro ponto de vista interessante, em matéria de referenciação e em matéria de polifonia: *Le Monde* intitula, respectivamente, cada um dos dois textos "Contra a imunidade de *Pinochet*"[55] e "A favor da imunidade do *antigo chefe de Estado*",[56] jogando, de maneira mais ou menos distanciada, sobre o dizer e o dito, e manifestando, dessa forma (e pela escolha de um tamanho de letra maior em favor da suspensão da imunidade), suas escolhas políticas, enquanto que, literalmente falando, *Le Monde* não tenha, pelo menos nessa página, nada dito. Assim, os *lordes juízes* falam sobre o direito sem intervir com suas opiniões privadas,[57] mas o modo de atribuição dos referentes é, no entanto, muito esclarecedor e orienta, indiretamente, à interpretação, e assim é, igualmente, a maneira com que o *Le Monde* resume os debates.

Esses mecanismos de implicitação fazem com que, assim como os outros pontos de vista, o ponto de vista assertado funcione também de maneira disfarçada, argumentando de maneira decisiva na construção de premissas, tentando impor como incontestável o que depende de escolhas pessoais — de escolhas discutíveis, portanto: "eu não argumento ainda, eu nomeio as coisas tais como elas são...", isto é, de uma outra maneira, "tal como cada um as vê, ou as conta", pelo que se mesura que perceber, contar, nomear exercem aqui um papel pragmático astucioso, jogando com a confiança do outro.

É interessante, pois, destacar os critérios de ordem enunciativa e semântico-pragmática comuns a esses três pontos de vista. Assim, cada um desses pontos de vista executa sua partitura na construção dirigida de suas interpretações. Nesse plano, os pontos de vista compreendem uma dimensão pragmática essencial e é por isso que, em outra parte, propusemos

---

55. Ênfase nossa.
56. Ênfase nossa.
57. Pelo menos eles devem proceder assim: lembramos que esse primeiro julgamento foi cassado, porque a defesa de Pinochet havia alegado que um dos juízes lordes era membro da Anistia Internacional, esse pertencimento sendo considerado de natureza que iria alterar a imparcialidade da justiça...

falar de *efeito ponto de vista*. Todo ponto de vista não se limita a relatar, pura e simplesmente, uma visão, um evento, uma análise. Na realidade, perceber é sempre já fazer perceber e, portanto, dirigir as interpretações conforme a origem perceptiva. E o mesmo acontece com as outras formas de expressão do PDV. No entanto, essa construção dirigida das interpretações desenvolve-se, mais frequentemente, disfarçada nas narrativas heterodiegéticas. Isso é claro, particularmente, no caso das "frases sem fala" do ponto de vista representado e no do ponto de vista narrado, em que "ninguém fala, as coisas parecem se contar por si mesmas", enquanto que a seleção, a combinação dos eventos, o modo de atribuição dos referentes não são "inocentes". Essa construção é também disfarçada nas narrativas homodiegéticas, já que elas visam o ponto de vista de personagens distintos do narrador-personagem.

A construção dirigida das interpretações funciona, igualmente, no caso do ponto de vista assertado, mas aqui o disfarce não concerne à expressão de uma subjetividade escondida por trás da voz do narrador: ele remete ao jogo do que o locutor escolhe pôr ou pressupor. É, pois, com toda a dimensão implícita que se constrói um quadro interpretativo: pelo viés dos pressupostos, dos subentendidos, das representações mentais (não verbalizadas pelos discursos apoiados por argumentos) que resultam do modo de atribuição dos referentes, no início de qualquer outra operação linguística de qualificação, de modalização ou de relacionamento. Em consequência, esses três pontos de vista têm uma enorme carga pragmática em razão dessa dimensão implícita. Por outro lado, apenas o ponto de vista assertado combina-se com uma parte de explicitação (em torno dos procedimentos de apoio) que vem se juntar à dimensão implícita para dirigir as interpretações.

Essa construção dirigida das interpretações a respeito do mecanismo geral do ponto de vista tem relação com o sistema de simpatia analisado por Jouve (1992), em *L'effet-personnage dans le roman*. Esse sistema repousa na articulação do código narrativo (o fazer dos personagens), do código afetivo (o ser dos personagens) e do código cultural. Ele constrói, textualmente, mecanismos de *identificação* que funcionam no nível do código narrativo (identificação narrativa primária e identificação secundária do(s) personagem(s)), assim como mecanismos de *simpatia* (códigos afetivo e cultural).[58] Ora, frequentemente, o sistema de simpatia está em congruência com a nossa abordagem do efeito ponto de vista. O mesmo ocorre com as relações entre código afetivo e ponto de vista representado, entre código narrativo e ponto de vista narrado (a identificação narrativa primária remetendo ao ponto de vista do narrador, a identificação secundária, aos personagens focalizadores) e, enfim, entre o ponto de vista assertado e o código cultural. Isso significa que a identificação está longe de repousar apenas na identificação do leitor com "aquele que age", em primeiro lugar como personagem principal. Em outras palavras, para parafrasear Barthes (1977, p. 153; "eu sou aquele que tem o mesmo lugar que eu"):

— ponto de vista representado: "Eu sou aquele que percebe / pensa no mesmo lugar que eu";

— ponto de vista narrado: "Eu sou aquele que narra no mesmo lugar que eu";[59]

— ponto de vista assertado: "Eu sou aquele que fala / pensa no mesmo lugar que eu".

Esses três níveis de identificação sistematizam-se, muitas vezes, com a identificação do personagem e podem funcionar em sincretismo (mas está longe de ser sempre o caso). Assim, cada um desses três pontos de vista apresenta um valor acrescentado, relativo à ordem da argumentação indireta, implícita, concernente à origem enunciativa das percepções representadas ou dos eventos narrados ou, ainda, das falas, dos julgamentos proferidos: "se tal personagem vê / narra / relata isso da maneira que é formulado, então é que ele quer nos fazer entender que...". Esse parece ser o mecanismo interpretativo que é alimentado pelos três pontos de vista. Como Grize (1990) notou a respeito das esquematizações e dos fenômenos de clarificação, esses mecanismos inferencial-interpretativos apresentam inegáveis vantagens, primeiramente, deixando ao outro o cuidado de uma interpretação mal-intencionada, em seguida, e, sobretudo, deixando-lhe o cuidado de se apropriar

---

58. Ver Jouve (1992, p. 124 a 132) e Rabatel (1997a, p. 228 a 233).

59. Cf. Jouve: "Eu sou aquele que sei a respeito tanto quanto eu, que descubro a história pelas mesmas vozes que eu" (Jouve, 1992, p. 129).

da mensagem, em razão de "um fenômeno de natureza psicológica": "Aquele que, por si mesmo, é levado a uma conclusão tem a tendência de se apegar a ela, imensamente, ao ponto que é capaz de mantê-la contra toda evidência" (Grize, 1990, p. 48). Avalia-se, por aí, o quanto os fenômenos de identificação exercem, nesse princípio, um inegável poder de convicção / persuasão sobre o leitor.

Para concluir, dispomos, com esses três pontos de vista, de elementos de prova suplementares em favor de uma teoria da argumentatividade geral da língua e dos discursos. Charaudeau (1998) lembra, claramente, os termos do problema, quando ele apresenta as duas teses antagônicas sobre a questão de saber se é a argumentação ou a narrativa que é o fundamento da linguagem:

> Desde a Antiguidade, existe uma dupla resposta. Uma defende a ideia de que "tudo é argumentação", arguindo pelo fato de que, em presença de todo enunciado, seja o do poeta ("a terra é azul como uma laranja"), poder-se-ia perguntar: "por que ele diz isso?" ou "por que ele diz isso desse modo?", o que conferiria a todo enunciado ou ato de linguagem uma orientação argumentativa. A outra resposta defende a ideia que "tudo é narrativa", porque esta seria o que permite ao homem narrar o mundo e, portanto, narrar-se, fazendo com que a linguagem sirva, essencialmente, para descrever uma busca, a do destino humano.
>
> [...] Narrativa e argumentação revelariam duas atitudes diferentes, mas complementares, do sujeito que fala. A atitude que consiste em produzir narrativa, isto é, qualidades dos seres e do mundo e suas ações, não se impõe ao outro (aquele que recebe a narrativa); ela lhe propõe, pelo contrário, uma cenarização narrativa do mundo na qual ele pode ser alguém que toma parte. Pode-se dizer que essa atitude é "projetiva": ela permite identificar-se aos personagens da narração.
>
> Por outro lado, a que consiste em produzir argumentação, isto é, explicar o porquê e o como dos fatos, obriga o outro a se incluir em um certo esquema de verdade. Pode-se dizer que essa atitude é "impositiva": ela impõe ao outro seu modo de raciocínio e seus argumentos. Essas duas atitudes misturam-se, interpenetram-se em muitos atos de comunicação, mas pode-se considerar que, conforme as situações e os fatores de comunicação, cada uma será, por seu turno, dominante.
>
> (Charaudeau, 1998, p. 7)

Gostaríamos de dizer aqui que o fenômeno geral do ponto de vista é uma espécie de interface entre essas duas atividades linguageiras, ou uma espécie de agente duplo, que instala a visada argumentativa no interior da narrativa, enquanto a dimensão argumentativa resulta das escolhas (explícitas e / ou implícitas) do emissor e das estratégias interpretativas do receptor (conscientes e / ou inconscientes, mais ou menos previsíveis). Agentes duplos, os pontos de vista o são, seguramente, na medida em que, por um lado, contribuem para a construção do personagem e do mundo da narrativa, contribuindo, fortemente, com os diversos mecanismos de identificação do leitor e participando, assim, de uma atitude linguageira de distensão, "propositiva". Por outro, os pontos de vista "impõem" interpretações sem parecer que o fazem, e isso tanto mais eficazmente quanto mais essa imposição produz-se sob o disfarce da maior liberalidade, *como se* percepções fossem objetivas (enquanto que elas remetem a uma origem particular), *como se* os eventos houvessem se passado assim, enquanto que eles remetem à perspectiva de um dos atores que fazem parte da ação, *como se* as coisas fossem assim, enquanto que seu recorte, sua denominação, são tributários de uma axiologia, de uma orientação argumentativa que tem a intenção de escapar de qualquer discussão. É por isso que o ponto de vista movimenta a asseguradora fronteira entre a narrativa e a argumentação. Não é, sem dúvida, bastante dizer, como o faz Charaudeau (1998), que a narrativa e a argumentação são dominantes conforme as situações e os fatores de comunicação. Na realidade, parece-nos que a dimensão narrativa é, em princípio, atravessada, trabalhada pela dimensão argumentativa, de um modo oblíquo.

A força dessa argumentatividade oblíqua é que ela toma emprestado vias linguísticas que engajam um atitude bem-intencionada do receptor: esse universo de discurso que me é *como* dado, *como se fosse independente de uma subjetividade sempre perigosa*, por que recusá-lo, por que contestá-lo? Por que demonstrar desconfiança e afirmar seu território diante da sempre possível ameaça de outro, quando esse outro faz tudo para se fazer esquecer... Tanto é verdade, que não se argumenta nunca tão bem que quando não se argumenta, em aparência, pelo menos, isto é... quando se narra.

Terminaremos essa (longa) viagem em torno dos pontos de vista por uma consideração que ultrapassa a argumentatividade da narrativa, rumo à própria argumentação. O PDV apela em favor de uma concepção da argumentação que repousa apenas sobre as formas lógicas de argumentação. A racionalidade humana é mais rica que isso, como mostraremos no capítulo 4, partindo do fato que os conectores lógicos têm, nas frases sem fala da narrativa, um valor argumentativo enfraquecido que se acompanha de um valor enunciativo deliberativo fundamental. Esse valor explica que esses marcadores remetem aos cálculos, às visadas dos personagens focalizadores, e funcionam, nesse caso, como embreadores de ponto de vista. O mesmo ocorre com certos marcadores temporais, que sofrem um movimento inverso de assunção argumentativa, devido ao fato de seu valor deliberativo, relacionado com a instância do ponto de vista. Parece-nos que, desse modo, instala-se uma espécie de concepção "homeopática" da argumentação, isto é, de uma argumentação que tira sua eficácia da modéstia das marcas aparentes e evidentes da argumentação (conectores "lógicos", estruturação exibida da tese etc.) e, paralelamente, da escolha de mecanismos de argumentação que dependem, se não sempre do implícito, pelo menos da escolha de estruturas narrativas que argumentam sem dizê-lo: visões do mundo "quase objetivas" do ponto de vista narrado, frases sem fala do ponto de vista representado, quadro implícito do ponto de vista assertado.

À primeira vista, pode-se considerar que se trata aí de um novo avatar de uma concepção da argumentação relativamente antiga, derivada de uma espécie de teoria generalizada da manipulação. Tal não é nossa opinião. Além de termos apenas uma paixão bastante moderada pela virtude explicativa das montagens teóricas baseadas no complô e na manipulação, não nos parece que nossa abordagem depende dessa espécie de simplismo esquizofrênico. Certamente, o texto, o discurso propõem, mas o leitor, o ouvinte, em última instância, dispõem. Essa argumentatividade oblíqua tira sua força de não ser impositiva... e, no mesmo movimento, de fazer o leitor efetuar um trabalho interpretativo subterrâneo, para que ele adira ao que lhe é proposto. É, precisamente, essa *tensão* que é interessante para a análise da argumentação, oscilando constantemente entre a liberalidade de um raciocínio e de valores que se buscam fazer partilhar pelo viés de todo um arsenal relativo ao apoio, enquanto que se busca, por outro lado, persuadir / fazer crer / fazer aderir, pelo recurso às esquematizações e aos fenômenos de clarificação (Grize, 1990). Com efeito, tudo o que dissemos a respeito do PDV assertado como a respeito da construção de universos dos PDV representados e narrados depende da esquematização, que Grize (1990) parafraseia "como a apresentação de um microuniverso", que se apoia no "preconstruído cultural", mais bem acolhido pelo destinatário em virtude de o conjunto ser coerente, e remete a numerosas representações e esquematizações que funcionam como uma espécie de "patrimônio comum" dos interactantes. Esses mecanismos são tanto mais eficazes quanto mais repousam, não apenas nesse "mínimo de acordo prévio" (a respeito das representações), mas também na "atitude espontânea" que faz com que as esquematizações correspondam a "um reflexo exato da realidade" (Grize, 1990, p. 36). A partir de então, os mecanismos de clarificação exercem, plenamente, seu papel, que é "conduzir o ouvinte-leitor a inferir um julgamento de valor" (*ibid.*, p. 48) correspondente às expectativas do locutor: "Se uma esquematização leva a ver, é a aquele que procura dar-lhe um sentido" (*ibid.*, p. 95).

De certa maneira, os PDV mostram a que ponto a argumentação funciona forte e eficazmente no "implícito", entre interactantes que partilham amplos pontos de acordo (que representam "um mínimo de acordo prévio", quantitativa e qualitativamente mais importante que as famosas premissas da tese), ou entre interactantes que, em uma situação de bloqueio cognitivo, procuram juntos encontrar a resposta adequada. Isso explica também que os procedimentos argumentativos clássicos de apoio (tese, circuito argumentativo, refutação, concessão etc.) perdem, frequentemente, seu alvo, não apenas nas situações de conflito, mas também nas situações em que as representações iniciais dos interactantes são muito diferentes, sem que, por isso, eles julguem necessário (por temor, ausência de interesse ou vontade de não se revelar etc.) explicar-se a respeito.

Evidentemente, nossa proposta não é substituir uma abordagem redutora por outra. Não apelamos por uma didática da argumentação que repouse sobre o "tudo clarificação", após o "tudo apoio". A bem dizer, as duas dimensões funcionam juntas, mesmo levando-se em conta que nos pareça que a clarificação, as esquematizações e as representações constituem, verdadeiramente, a base da argumentação. Na realidade, parece-nos que essa tensão entre apoio e clarificação poderia ser trabalhada, de modo feliz, na perspectiva de um ensino da argumentação que privilegie a pesquisa em comum de valores e de saberes, como propõe Nonnon (1999). Nessa perspectiva, um interesse suplementar da noção de PDV é que, precisamente, o estudo dos PDV na narrativa permite uma objetivação positiva da complexidade psicológica e sociológica dos enunciadores de PDV atravessados pelo dialogismo, uma objetivação dos valores, de sua história, todas as coisas que ajudam na descentralização e na compreensão (de si, do outro) e que são úteis na perspectiva de viver juntos...

Resumindo, tudo isso mostra que há lugar para uma outra concepção da argumentação, diferente da que privilegia estruturas "lógicas" e todo um arsenal de apoio. O que não deixaria de ter um efeito sobre a didática da argumentação e também sobre a didática dos textos literários, restrita, muito frequentemente, a um tecnicismo vazio de sentidos, em detrimento de uma reflexão com boa compreensão do sentido, da filiação dos valores, da construção das ideologias e dos saberes.

Capítulo 3
VALORES ENUNCIATIVO E REPRESENTATIVO DOS APRESENTATIVOS *É, HÁ, EIS (AQUI / AÍ / ALI)*

A tradição gramatical consagra pouco espaço aos apresentativos *c'est* [*é* (impessoal)[1]], *il y a* [*há*], *voici-voilà*[2] [*eis (aqui / aí / ali)*[3]]. Noção há muito tempo ausente em *Le bon usage*[4] [*O bom uso*], exceto em nota atribuída aos introdutores, reservada a *voici / voilà*, em Brunot (1936), e a *c'est*, em Wagner e Pinchon (1962), a *c'est* e *voici / voilà* (mas não a *il y a*), em

---

1. As escolhas tradutórias levam em conta os usos do português brasileiro contemporâneo e tentam guardar os elementos descritivos das gramáticas de ambas as línguas, em suas aproximações e especificidades. Inicialmente, apresentaremos uma das versões dos elementos gramaticais entre colchetes, considerando que as citações do autor são referentes à língua francesa (as formas originais serão cotejadas, sempre que necessário, ao longo das análises). No entanto, para evitar repetições exaustivas, apresentaremos apenas as formas traduzidas, sempre que possível. [N. T.]

2. *É* [*c'est*] foi objeto de uma publicação na revista *Langue française*, n. 128, p. 52-73 (Rabatel, 2000c), e o artigo sobre *il y a* [*há*], *voici / voilà* [*eis aqui / aí / ali*], na *Revue de sémantique et pragmatique*, n. 9-10 (Rabatel, 2001f).

3. *aqui está / estão, ali / lá está / estão*, mais usuais no português brasileiro.

4. Livro prescritivo sobre a gramática francesa, publicado em 1936 por Maurice Grevisse. Desde então, é revisado e atualizado, periodicamente, em novas edições. Embora a teorização apresentada pelo autor refira-se às expressões francesas, manteremos as entradas com a tradução, tendo em vista os interesses aplicáveis ao leitor de língua portuguesa. [N. T.]

Bonnard (1981), ela corresponde, finalmente, muito bem à constatação de Moignet (1981, p. 123) a respeito desses "elementos linguísticos com que, frequentemente, a gramática não sabe o que fazer: os apresentativos".[5]

É verdade que, no plano sintático, os apresentativos formam um conjunto heterogêneo: frequentemente próximos das expressões impessoais, eles diferem destas, no entanto, no plano sintático, na medida em que, sozinhos, associados a "*qualquer* grupo nominal determinado subsequente, eles constituem uma frase" (Chevalier, 1969, p. 82).[6] Por outro lado, os apresentativos canônicos, pelos quais nos interessamos (*é* [*c'est*], *há* [*il y a*], *eis (eis aqui / aí / ali*) [*voici / voilà*]) agrupam duas grandes categorias de emprego: de um lado, os apresentativos seguidos de um grupo nominal, de outro, os que permitem a introdução de uma predicação sobre o referente, em princípio por intermédio de um relativo, como Combettes (1998a) observa em seu comentário da nova *Terminologie grammaticale*. Ele distingue "Voici Paul" [Eis / aqui está Paul], "c'est lui" [é ele], de "Voilà Paul qui arrive" [Eis / lá está Paul que está chegando] (Combettes, 1998a, p. 209).

No plano semântico, as coisas não são mais simples. Muito poucos gramáticos tratam frontalmente a noção de apresentação. É verdade que outros termos, tais como *seja(m)* [*soi(en)t*]*, digamos* [*posons*]*, tal(is)* [*tel(les)*], podem exercer um papel de apresentação (Grevisse; Goosse, 1995, p. 341), sem contar as expressões impessoais e os procedimentos de realce. É também verdade que essas formas podem assumir significações diferentes conforme o contexto ou conforme sua construção: especificação de identidade ("isto é / eis uma bola" [*voici un ballon*], "este é / eis Pablito" [*voici Pablito*] *versus* especificação de presença ("aqui está / eis aqui uma bola" [*voici un ballon*], "aqui está / eis aqui Pablito que está chegando" [*voici Pablito qui arrive*]); ou, ainda, especificação de existência ("há / existem livros numa biblioteca" [*il y a des livres dans une bibliothèque*]) *versus* especificação de

---

5. Adotamos esse termo (*présentatifs*, no original francês) como escolha tradutória para nos referir aos "designativos" em português, como é o caso de *eis* e expressões correlatas (*eis que, aqui / aí / ali; aqui / aí / ali está / estão*), por sua natureza apresentativa. [N. T.]

6. De acordo com Damourette e Pichon (1940, tomo IV, p. 511-528), Chevalier (1969) é o primeiro a propor uma análise rica dessas formas. Para uma apresentação rápida da história dos apresentativos, cf. Bichard (1997, p. 22-34).

presença ("há livros sobre a mesa" [*il y a des livres sur la table*]) (Charaudeau, 1992, p. 302, 305). Os gramáticos extraem valores semânticos muito gerais. Assim, *La Grammaire Larousse du Français Contemporain* (Chevalier *et al.*, 1964, p. 84) precisa que os apresentativos servem para a apresentação de nomes ou de seus equivalentes e classifica *c'est* [*é*], *il y a* [*há*], *voilà* [*eis aí / lá*] e *voici* [*eis aqui*] conforme seu valor demonstrativo, do mais fraco ao mais forte. Moignet (1981, p. 279) os define como "verbos de existência [...] acompanhados de um elemento de referência situacional". *La grammaire d'aujourd'hui* (Arrivé; Galmiche, 1986, p. 565) os define como palavras ou expressões que permitem "designar alguém ou alguma coisa em relação com uma situação". Riegel, Pellat e Rioul (1994, p. 453) notam que "essa estrutura é frequentemente empregada na oralidade, pois serve para designar um referente na situação de enunciação". Exceção notável, Charaudeau (1992) dedica um capítulo de sua gramática à apresentação, que ele distingue da atualização e da identificação.[7] Na sua *Grammaire du sens et de l'expression*, Charaudeau (1992, p. 302) considera que a "apresentação é a operação linguística que corresponde à intenção de determinar o modo de existência de um ser (ou de um processo). Essa existência está sempre ligada de maneira mais ou menos estreita a uma localização no espaço e no tempo". E ele distingue vários modos de apresentação, quer incidam sobre a existência, a identidade ou a presença de um ser (ou, ainda, sobre a impessoalização de um processo ou a focalização de um dos modos precedentes) (*ibid.*, p. 303).[8]

Nestes últimos anos, poucos trabalhos foram consagrados diretamente ao conjunto das formas tradicionalmente agrupadas sob a denominação de apresentativos, à exceção de Léard (1992), em seu estudo sintático e semân-

---

7. Próxima e, no entanto, distinta da atualização, porque os apresentativos não atualizam os seres no discurso, mas se contentam em apresentar seus modos de existência; próxima e, no entanto, distinta da identificação, porque os apresentativos limitam-se à apresentação externa de um ser, sem se relacionarem com a natureza e com o grau de identidade de um ser. Veremos em seguida que, em discurso, essas distinções não são sempre nítidas, na ausência de uma reflexão sobre o escopo do apresentativo, levando-se em conta o contexto frasal da maioria dos exemplos.

8. Ao lado desses valores semânticos em língua, Charaudeau (1992) lista um certo número de valores em discurso, correspondentes aos efeitos de dramatização, de genericidade, de anúncio e de cientificidade, à qual se juntam "diversos outros efeitos" (*ibid.*, p. 318-322).

tico dos galicismos. As análises recentes têm complexificado o campo a partir de reflexões sobre o par tema / rema, em discurso, tanto na escrita como na oralidade (cf. Wilmet, 1998, p. 506, e as análises do tópico em Berthoud, 1996). Dos três apresentativos canônicos, *c'est* [é] é a forma mais analisada, por razões bem compreensíveis ligadas ao seu caráter bifuncional (pronome demonstrativo *ce* [isto] + auxiliar *est* [é]) e a sua capacidade para a predicação. Florea (1988) insiste no papel de *é* [*c'est*] como atualizador nas situações exofóricas, no seu papel predicativo, enquanto é anafórico, ou, ainda, no seu papel de apresentativo propriamente dito, enquanto que *isto* [*ce*] está em relação descontínua com um pronome relativo e serve para realçar um constituinte da frase, nas pseudoclivadas (cf. Roubaud, 2000, sobre as construções pseudoclivadas). Cadiot (1988a e 1988b) analisa os diferentes valores de *ça* [isso] na oralidade. Morel e Danon-Boileau (1998) retomam a questão em sua *Grammaire de l'intonation*, atribuindo a esses apresentativos um certo número de valores enunciativos de egocentragem, de focalização sobre o rema que implicam um consenso sobre o objeto do discurso etc., sobre os quais nos perguntamos se podem ser transpostos para o estudo dos discursos escritos, na ocorrência de textos narrativos.

Em resumo, se os apresentativos são globalmente pouco analisados pelos gramáticos e pelos linguistas (exceto no estudo do francês falado), eles são, no entanto, de emprego frequente na escrita e não apenas nos discursos relatados com valor mimético. Tudo se passa como se, a despeito de alguns raros avanços,[9] as advertências de *La logique* de Port-Royal (Arnauld; Nicole, 1970, p. 200), contra *c'est* [é] e *il y a* [há] (sempre condenáveis, que ele gostaria mais de substituir pelas formas canônicas da predicação) tinham sempre força de lei... para os gramáticos, pelo menos... tanto é verdade que os escritores não se privam de usar essas formas!

Gostaríamos de analisar os apresentativos *é*, *há* e *eis aqui / aí / lá* em narrativas na terceira pessoa. O funcionamento desses três apresentativos nos levará a expor um valor geral fundamental de representação, aplicável aos três apresentativos, mesmo se *é* apresenta, em razão de sua capacidade para a predicação, empregos os mais variados.

---

9. Cf. o estudo dos valores discursivos de reformulação ou de encadeamento e de empacotamento de *é* [*c'est*], em Adam e Fayol, 1989.

Com efeito, o apresentativo é, geralmente, apreendido unicamente em sua relação com o objeto (do discurso) apresentado, eventualmente ligado ao contexto espaço-temporal: nossa contribuição tentará integrar *a relação do objeto apresentado com o enunciador*, por intermédio do modo de atribuição do referente e dos relacionamentos efetuados pelo apresentativo. Tal dimensão parece incontornável, quando se analisa *corpora* narrativos. Nesse gênero de textos (mas veremos, de maneira mais detalhada, que nossas observações têm um alcance mais geral), a apresentação de objetos tem a ver, frequentemente, de alguma maneira, com a construção de um mundo de referência, a construção de um pacto de crença entre o narrador e seu leitor, até com processos complexos de identificação com os personagens (ou com o narrador[10]) no contexto da (construção textual da) ilusão realista. Assim, nossa hipótese é que a apresentação de um objeto vale por um enunciador específico na origem na apresentação, de modo que a apresentação vale pragmaticamente como uma *apresentação do objeto para o (e pelo) enunciador, assim como para o (e pelo) coenunciador, que é o leitor.*

O valor representativo e enunciativo do objeto sob o escopo de *é* está, assim, em forte simbiose com nossa própria análise do ponto de vista (doravante PDV), uma vez que apreendemos os traços do sujeito de consciência (ou enunciador centro de perspectiva) a partir da referenciação dos objetos sob o escopo de um processo de percepção sempre intrincado com os processos mentais. É essa conjunção dos mecanismos enunciativos e da referenciação que permite uma reconcepção da teoria genettiana das focalizações narrativas. Esse PDV é marcado pela presença de um conjunto de parâmetros linguísticos, como é exemplificado por (1):

(1) P1 Pierre acordou-se com um sobressalto. P2 Era a veneziana que batia contra a parede.

A frase P2 tem um valor interpretativo e não apenas descritivo: mesmo se P2 não comporta verbos de processo mental do tipo "dizer" [em pensamento], "pensar", nem aspas, ela mistura, inextrincavelmente, uma percep-

---

10. Cf. as análises dos códigos narrativo e afetivo em Jouve (1992).

ção e um pensamento atribuíveis não ao narrador mas a Pierre, considerado como um sujeito de consciência, em uma "frase sem fala" (Banfield, 1995). Em razão da debreagem enunciada construída pela oposição funcional dos planos, P2 é um enunciado que remete à subjetividade de Pierre, este último estabelecendo uma relação entre o ruído que motivou seu brusco acordar em P1 e a origem de seu acordar (e de seu medo). O apresentativo remete à situação que motivou P1; ele indica que há uma relação entre esses dois enunciados e, sobretudo, indica que essa relação entre P1 e P2 é apreendida por Pierre: P2 apresenta-se como uma tentativa de explicação de Pierre, que procura acalmar seu temor. A presença das formas de visada secante e o valor subjetivo do imperfeito unem esses enunciados perceptivos que expandem, aspectualizam (Apothéloz, 1998, p. 20-24) uma percepção predicada no primeiro plano em formas do discurso indireto livre, com o qual o PDV encontra-se em forte conexão, sob o ângulo do dialogismo. Em outras palavras, se o locutor / enunciador primário (L1 / E1) relata P1 e P2, ele considera P2 a partir do PDV do enunciador segundo (e2).

Por que a partir de e2, apenas, e não a partir do locutor / enunciador segundo (l2 / e2)? No caso, em (1), o PDV é uma forma linguística altamente paradoxal, na medida em que o enunciador do PDV não "diz" nada e as percepções que correferem a ele não são linguisticamente marcadas, diferentemente do que se produz com o discurso direto.[11] É dizer que nossa abordagem só tem pertinência em uma *teoria do apagamento enunciativo*, tal como foi esboçada por Ducrot (1984). Com efeito, ao separar o enunciador do locutor, Ducrot torna analisável a heterogeneidade constitutiva do discurso, dando conta dos traços discretos de uma enunciação diferente no próprio discurso do locutor. Nesse sentido, o locutor-narrador-enunciador é suscetível de acolher, em seu discurso, enunciados que concernem diretamente (caso de discurso direto, discurso direto livre) ou indiretamente (dis-

---

11. Que o PDV não seja marcado como o DD não implica uma ausência de marcas: o que indica o PDV é um conjunto de marcas linguísticas que assinalam a presença de e2 por intermédio da referenciação de um objeto de discurso qualquer. Em outras palavras, o modo de atribuição do referente é efetuado a partir de e2, na voz de E1, que confirma ou anula a validade e o escopo da percepção de e2. Essa origem enunciativa é a do sujeito de percepção explícita, ou do personagem saliente, quando o processo de percepção é subentendido. Na ausência de personagem candidato focalizador saliente, a percepção é a do narrador. Sobre essas questões de saliência, cf. Rabatel (1998, p. 52-59).

curso indireto, discurso indireto livre, PDV, enunciados em "diz-se"[12]) a locutores-enunciadores[13] encaixados: distinguiremos, assim, um enunciador primeiro (E1) assimilável ao locutor-narrador primeiro da narrativa, que assume esta última, e locutores-enunciadores segundos (l2 / e2), que assumem apenas uma porção limitada dela.

O mérito do caso encontra-se nas relações entre E1 e e2. Em regra geral, as percepções representadas de e2 só são consideradas como dignas de fé pelo leitor se o narrador não assinala nenhum distanciamento a respeito delas: como padrão, o leitor considera que, não manifestando distância, E1 assegura a veracidade das percepções de e2. É por isso que se lê P2 tanto como uma percepção representada de e2, como uma narrativa de L1 / N1 / E1, se não "objetiva", pelo menos "digna de fé". É toda a diferença de (1) em relação às reescritas seguintes, que exprimem linguisticamente que a percepção de Pierre está errada: em (1a), o "primeiro pensamento" dá a entender que uma reflexão posterior virá confirmar ou refutar esse pensamento quase instintivo; em (1b), o semantismo do verbo de pensamento dá a entender que, provavelmente, Pierre engana-se; em (1c) e em (1d), a expressão da distância é crescente, com a reiteração das marcas de distância epistêmica que explica a não aceitabilidade das sequências entre colchetes:

(1a) P1 Pierre acordou-se com um sobressalto. P2 Seu primeiro pensamento foi que era a veneziana que batia contra a parede. [Após verificação, revelou-se que era isso mesmo. / Após verificação, revelou-se que era o vizinho que...]

(1b) P1 Pierre acordou-se com um sobressalto. P2 Ele imaginou que era a veneziana que batia contra a parede. [Após verificação, revelou-se que era isso mesmo. / Após verificação, revelou-se que era o vizinho que...]

(1c) P1 Pierre acordou-se com um sobressalto. P2 Ele acreditou, por engano, que era a veneziana que batia contra a parede. [Após verificação, revelou-se que era isso mesmo.]

---

12. Rosier (1999), capítulo 5.

13. Ou, ainda, enunciadores encaixados, sem que estes últimos sejam locutores propriamente ditos, como é o caso nos pseudoenunciados-ecos irônicos, em que, por fingimento, L1 atribui a e2 um julgamento ridículo, do qual se distancia.

(1d) P1 Pierre acordou-se com um sobressalto. P2 Ele imaginou, uma vez mais, que era supostamente a veneziana que batia contra a parede. [Após verificação, revelou-se que era isso mesmo.]

Assim, todo PDV (mas é uma questão do PDV como de qualquer outro fenômeno dialógico, principalmente no discurso representado) é lido como uma partitura com dupla pauta — ao mesmo tempo como PDV de e2 e como elemento de discurso que serve para o narrador construir o universo de discurso da ficção: é essa ambivalência constitutiva que Genette evocava quando caracterizava as focalizações narrativas como um fenômeno de modo (narrativo) que exprime percepções dos personagens por intermédio da voz no narrador, sempre presente, mas se fazendo discreto (o que não quer dizer sem efeito) se ela não marca distância ou aprovação explícitas, em relação aos seus personagens.[14]

A mesma análise poderia ser feita com *há* e *eis aqui / aí, aqui / lá está / estão*. As modificações sintáticas que engendram essas formas não põem em causa a análise enunciativa precedente:

(1e) P1 Pierre se réveilla en sursaut. P2 Il y avait un volet qui frappait contre le mur.
[P1 Pierre acordou-se com um sobressalto. P2 Havia uma veneziana que batia contra a parede.]

(1f) P1 Pierre se réveilla en sursaut. P2 Voilà que le volet frappait contre le mur!
[P1 Pierre acordou-se com um sobressalto. P2 Eis que a veneziana batia contra a parede!]

Em (1e), é sempre Pierre que interpreta o ruído inesperado, como emanando de uma das venezianas da casa (a do quarto[15] ou, mais provavelmente,

---

14. Abordamos essa questão, decisiva no plano da interpretação hermenêutica, principalmente em Rabatel (1998, p. 172-188) e em Rabatel (2000c). Voltaremos a ela, a respeito da discussão de (9).

15. Interpretação classificadora: é um ruído de veneziana (e não um ruído emanando de uma substância diferente de uma veneziana).

a de outro cômodo, diferente daquele em que se encontra o adormecido[16]); em (1f), o ruído da veneziana é referenciado como um ruído esperado, até mesmo temido, que diz respeito seja à veneziana do quarto do adormecido, seja a uma veneziana em mal estado, próprio a esse gênero de inconveniência...

Certamente, o PDV funcionaria em (1), assim como em (1e) e (1f), sem apresentativo, mesmo se o apresentativo trouxesse consigo alguma coisa de específico, que apreenderíamos. Para isso, analisaremos *é* (seção 1), cujos resultados nos servirão de ponto de apoio para o estudo de *há* (subseção 2.1) e *eis aqui / aí / ali* (subseção 2.2). Enfim, apreciaremos o aporte específico dos apresentativos para a construção das interpretações, em nossas hipóteses sobre os mecanismos de argumentatividade indireta e implícita em ação nas narrativas (seção 3).

1. *É*

Nosso objetivo será determinar a contribuição de *é* para a expressão do PDV, graças a mecanismos representativos (I.1) e enunciativos (I.2) — dissociados para a legibilidade da análise, embora sejam, em discurso, necessariamente intrincados —, e, em seguida, extrair a força variável de *é* na expressão do PDV, em função dos principais parâmetros do PDV, principalmente dos tempos verbais (1.3). Com base nessa análise, examinaremos, em seguida, *há* e *eis aqui / aí / ali* (*aqui / lá está / estão*).

1.1 *O valor representativo de* é *e a ativação dos mecanismos interpretativos do leitor*

O valor representativo, tradicionalmente decorrente dos empregos de *é* representante, diz respeito também aos empregos de *é* não representante,

---

16. Interpretação qualificante: o ruído da veneziana, "evidente", isto é, já percebido, interpretado como tal, é qualificado como sendo o de uma veneziana de um cômodo diferente daquele do adormecido.

marcados por um referente situacional difuso (I.1.1). Nas narrativas, esse valor representativo é aumentado em virtude do acúmulo frequente dos referentes anafóricos, catafóricos e até mesmo dêiticos (I.1.2), particularmente nos empregos em que *é* é um operador de transição tópica.

1.1.1 O valor representativo mínimo de **é** por referenciação situacional difusa

Inclusive nos empregos em que *isto* e *isso* [*ce* e *ça*] são não representantes, isto é, nos empregos em que, em virtude de seu valor dêitico ostensivo, *é* é considerado como verdadeiramente apresentativo, eles estabelecem um valor representativo mínimo. Com efeito, mesmo se se supõe que *isto* e *isso* não representam nenhum elemento do contexto, o valor pronominal de *isto* não é nunca totalmente vazio, pois a referência implícita é sempre mais ou menos explicitável. Quando se diz "[isto] é tudo?" [*c'est tout?*], há, necessariamente, uma referência vaga à situação (Le Goffic, 1993, p. 142), de modo que o apresentativo não se limita ao seu valor dêitico ostensivo. Devido ao valor indexador do demonstrativo, um valor referencial situacional difuso acompanha as ocorrências de apresentativo exofórico, que é sempre extraível.

É por isso que *isto* e *isso* têm um efeito mais "concreto" que *ele* [*il*] impessoal: "[isso] está gelando / gelado, esta manhã!" [*ça gèle, ce matin!*] é mais familiar e expressivo que "está gelando / gelado" [*il gèle*], pois remete a uma referência imediatamente sensível (*ibid.*). Se os enunciados com *este* (*esse, aquele*) [*ce*] e *isto* (*isso, aquilo*) [*ça*] são mais concretos, mais particularizantes, isso deve-se, certamente, ao fato de o modo de apresentação dos processos por impessoalização remeter sempre ao evento com o qual o locutor não tem responsabilidade, enquanto que o enunciador de *é* remeter, precisamente, ao seu enunciador (e ao coenunciador). Mas isso se deve, sobretudo, ao fato de o referente ser explicitável, graças à situação de enunciação. Há, incontestavelmente, um fenômeno anafórico de tipo situacional, explicitado por uma abordagem interpretativa inferencial anaforizante que põe em cena enunciador e coenunciador.

1.1.2 O valor representativo acumulado de é nas aberturas de texto

Esse valor representativo mínimo de *é* não representante é duplicado pelas formas de acúmulo que se aplicam a *é*, como mostra, estrategicamente, o acúmulo de modos de atribuição da referência nas aberturas de texto, em que se sobrepõem referenciações situacionais e textuais:

> (2) [abertura] *Era* essa má hora crespuscular em que, antes da noite cega, vê-se mal, vê-se errado. O caminhão parado numa estradinha, no fundo de um silêncio frio, aveludado e úmido, inclinava-se ao lado de um fantasma de cabana. O crepúsculo sujava o céu, o caminho vazio e suas poças de água, as ondulações de uma paliçada e uma cerca viva finamente entrelaçada como cabelos grisalhos enrolados nos dentes de um pente.
>
> (E. Triolet, *Roses à crédit*, Folio, Gallimard, p. 11)

Para fazer sentido, a primeira frase de *Roses à crédit* pressupõe que se explicitem, textualmente, os julgamentos de valor sobre "essa má hora" — função assumida pelo relativo que segue *é*, e, mais adiante, pela continuidade do texto. Em (2), "*Era*" é, pois, catafórico relativamente ao tudo o que está à direita do apresentativo, mas também pseudoanafórico (Philippe, 1998, p. 54 e seg.), relativamente ao momento e ao lugar, pseudodêitico relativamente ao enunciador e ao leitor coenunciador. O apresentativo com valor exofórico assume um valor anafórico, ao exercer uma função mimética relativamente a um universo preexistente (certamente fictício ou, pelo menos, existente nos limites da ilusão referencial) e relativamente a uma fonte evidencial preexistente (no caso, o narrador digno de confiança): as interpretações dêitica[17] (dêixis interna) e anafórica exercem um papel congruente na construção dos efeitos de real, na qual interferem lógicas, em princípio, opostas (valor concreto da referência situacional e valor abstrato

---

[17]. O narrador busca compartilhar com o leitor percepções e movimentos de pensamento diversos (cf. o indefinido "vê-se mal, vê-se errado" [*on voit mal, on voit faux*]), como indicam a anáfora demonstrativa "essa má hora" e os SN definidos "noite cega" e "o caminhão" [*le camion*]: demonstrativo e definidos constroem uma nova referência como se ela fosse já conhecida por ser saliente para o leitor.

da referência contextual[18]) e, na realidade, fortemente complementares. Em outras palavras, o apresentativo abre para um universo de discurso e sobre interpretações que convidam a ler a abertura como um conjunto de sinais importantes para a construção da significação da obra (funções semiótica e, em uma menor medida, matésica da abertura (Adam; Petitjean, 1989, p. 26)), de modo que, nesse plano, o apresentativo apenas topicaliza dados importantes, enquanto já engaja um contexto de predicação importante para a continuidade do texto e convida o leitor a fazer uma leitura projetiva.

Assim, os apresentativos ativam um tal trabalho inferencial (não simplesmente nas aberturas de texto), porque a referenciação é opaca. Mais essa pluralidade de mecanismos disseminados é como reunida pela mediação do PDV do personagem, mais ela constrói o sujeito de consciência-focalizador--enunciador e torna os objetos solidariamente acreditáveis, tornando legítimo, ao mesmo tempo, um certo tipo de leitura de natureza mimética. Esse fenômeno fundamental está em congruência com a importância do apresentativo como operador de transição tópica.

1.1.3 É: um operador de transição tópica privilegiado da narrativa

Cadiot (1988a) e Bertoud (1996) analisam esse fenômeno de operador de transição tópica em relação a *ça* [isso] e *il y a* [há]. Esses apresentativos introduzem um elemento novo, em posição remática, e abrem a possibilidade de uma atualização do novo elemento em relação à qual a sequência que segue *ça* [isso] e *il y a* [há] exerce um papel temático de suporte da predicação[19]. Mantendo-se os mesmos fatores, esse fenômeno produz-se igualmente com *é* [c'est]:

---

18. Cf. *infra*, os fenômenos de anáfora associativa, de referência lexical, de correferência parcial.

19. Cf. este exemplo de Berthoud: "Há uma moça (a) que mora de frente a mim (b). Essa moça é bela e inteligente (c)"; (a) identifica e localiza o referente; (b) propõe um primeiro comentário sobre o referente tornado tópico não marcado; (c) atribui a essa moça um estatuto de tópico marcado. A estru-

(3) Após o cinema, eles foram dançar em um clube com piscina que se encontrava fora da cidade. Barner ia lá sem hesitar e estava claro que ele devia seguir esse horário em cada uma de suas permanências na colônia com, a cada vez, uma nova empregada no Hotel Central.
Era [havia] um bangalô pintado de verde, no meio do bosque. Por causa das lanternas venezianas que se balançavam no alto das árvores, via-se ali como em pleno dia. Ao longo do bangalô, encontrava-se a famosa piscina que, por si só, fazia a celebridade do clube. *Era* uma grande tina de rochas alimentada por um riacho cujo curso havia-se capturado, fechando a abertura da tina.

(Duras, *Un barrage contre le pacifique*, Folio, p. 207)

Em (3), o primeiro apresentativo, na abertura do parágrafo, atribui um valor icônico específico ao apresentativo na condição de pivô. O "bangalô" é, ao mesmo tempo, o novo elemento focalizado e aquele a respeito do qual vai ser predicado um certo número de informações: nesse plano, *é* funciona como *há* e poderia permutar com ele. No entanto, no plano semântico, *é* traz informações suplementares, relativamente a *há*, pois anaforiza, de um lado, o clube considerado como uma entidade e, de outro, anuncia a focalização dos componentes do lugar — o bangalô, de um lado, a piscina, de outro. Em outras palavras, *é* indica que o "bangalô" e a "tina" estão em uma relação

---

tura clivada instala um referente no discurso, disponível para uma futura atualização (Berthoud, 1996, p. 66 e seg.). Segundo Berthoud,

> o apresentativo e o indefinido têm um papel específico no processo de predicação de existência. O indefinido não instala em si mesmo o referente, ele participa dessa instalação; ele afirma que o referente introduzido pelo operador existencial é o primeiro elo de uma cadeia de referência (no sentido de Charolles, 1987), um novo referente cuja presença não é pressuposta pelo texto ou pelo contexto (situacional ou cognitivo) (*ibid.*, p. 67).

Constatar-se-á, a respeito de (3), que a conclusão de Berthoud está sujeita à garantia: com efeito, não é certo que o referente anunciado por *há + um* ou *é + um* introduza um referente cuja presença não seja pressuposta pelo contexto situacional ou cognitivo, *por pouco que o referente, introduzido por* há, *no imperfeito, esteja em uma relação anafórica meronímica com o que precede*. Em resumo, a anáfora associativa vem para sinalizar ao leitor que ele deve considerar o referente apresentado como novo, discursivamente, como estando em relação contextual com o que precede (fica ao cargo do leitor determinar com precisão a natureza dessa relação). Retornaremos a essa importante questão a respeito de *há*.

anafórica meronímica[20] com o tema-título "clube com piscina": "bangalô", lexicalmente novo, é uma anáfora correferencial, mas a correferência com o "clube com piscina" não é total, o "bangalô" sendo apenas um elemento da totalidade. Quanto ao segundo apresentativo, ele reforça essa leitura, exercendo o mesmo papel de operador de transição tópica, dessa vez em relação à segunda parte do todo — a piscina —, que é objeto de uma longa descrição, como se adivinha, a partir do valor reformulativo de "era uma grande tina"...

Não é de se admirar que os romancistas tenham frequentemente usado o apresentativo em posição de operador de transição tópica. *É* exerce um papel pivô nas predicações e, além disso, um papel enunciativo maior, indicando que tal predicação remete, não ao locutor-narrador, mas a um enunciador-personagem distinto dele.[21] Esse papel pivô é aumentado quando *é* está no ponto de encontro entre dois segmentos textuais de natureza muito diferente: assim, em (4), o apresentativo exerce um papel de operador de transição tópica exemplar na organização do texto:

(4) Jean Jerphanion olha diminuírem as montanhas. Esse país não o encanta. Ele não teria, de outra maneira, orgulho de haver nascido ali. No entanto, *é* uma região ainda próxima da sua. Na forma dos vilarejos, na arrumação das culturas, nos movimentos do solo, certas afinidades deveriam tocá-lo. Talvez ele esteja incomodado por encontrar reflexos do que lhe é caro em aspectos que ele julga medíocres.

Ele olha sua mala, que está no porta-bagagem, diante de si, e que transborda de cheia. *É* uma mala de pobre: de tecido bege sobre uma carcaça de papelão; couro de má qualidade para reforçar os cantos; puxadores desajeitados, estupidamente abertos.

É que, ele se diz quase alegremente, eu sou um homem pobre. E de uma pobreza de origem rústica. Por que minha mala mentiria?

(J. Romains, *Les hommes de bonne volonté*: Le 6 octobre.
Paris: Laffont, v. 1, p. 35)

---

20. Relação de tipo parte / todo, na anáfora associativa, e diz respeito à correferência parcial: cf. Berthonneau e Kleiber, 1993, p. 68. NB: a anáfora associativa não se reduz às relações mereológicas (e reciprocamente).

21. O que faz com que o valor apresentativo tal como o definimos seja mais amplo que o atribuído por Chevalier (1969, p. 88), sem estar em contradição com ele, muito pelo contrário.

O apresentativo final é aqui a fronteira entre duas porções de textos diferentes — descrição, de um lado, e pensamento, de outro. Esses dois fragmentos estão, no entanto, reunidos sob a visada de Jerphanion, como se a narrativa sobrepusesse à voz e ao julgamento do narrador (sobre a mala e seu proprietário) a do enunciador-personagem que não é tolo a respeito de sua aparência. Por seu valor anafórico (relativamente à descrição) e seu caráter catafórico, relativamente ao discurso direto, o apresentativo convida o leitor a ler o conjunto do fragmento como uma espécie de monólogo interior, o que é confirmado, aliás, pelos movimentos perceptivos associados aos movimentos de pensamento ativados pelos apresentativos anteriores.

Assim, o valor apresentativo de *é* nas narrativas é maior do que aquele que se verifica na análise de exemplos descontextualizados. Nesses exemplos, *é* é ora catafórico, ora anafórico, ora exofórico, e o acúmulo é excepcional. Em nossos exemplos, o acúmulo é frequente: isso remete à articulação dos mecanismos da referenciação e da enunciação (mais claramente sensível nos textos que nos enunciados-frases), pela qual é hora de se interessar.

1.2 *Os valores enunciativos de* **é** *apresentativo "existencial" nas narrativas e a construção de uma dupla mimese, do objeto e do sujeito*

A subavaliação dos valores enunciativos de *é* em contextos narrativos leva a uma minoração de suas incidências pragmáticas. Essas implicações resultam de duas fontes diferentes que conduzem, em termos gerais, a efeitos semelhantes. Por um lado, como não representante tendo um valor concreto em contexto, o apresentativo põe a presença do objeto de discurso e pressupõe a existência da fonte enunciativa na origem dessa predicação de presença. Além disso, esse valor concreto exerce um papel não negligenciável na construção da mimese. Nesse sentido, *é* constitui um apresentativo existencial porque participa da construção dos efeitos de real concernentes aos objetos, o que se poderia chamar uma *mimese do objeto*. Por outro lado, como representante, *é* manifesta uma tendência à abstração que constrói o personagem como uma máquina intelectual / sensitiva / sensível, exercendo um notável papel na motivação da narrativa, como se esta última fosse escrita sob a visada do personagem. Nesse sentido, o valor abstrato do apresentativo participa igualmente da construção da mimese, mas, dessa vez, de uma *mimese do sujeito*, o personagem nunca sendo tão real como quando reproduz os movimentos de pensamento perceptuais, intelectuais etc. Notar-se-á que a significação que damos a essa noção de apresentativo existencial vai além da que Morel e Danon-Moileau (1998) reservam a *tenho, tens, tem-se (a gente tem), temos, tendes*, equivalentes a *há*. Para nós, *é* é duplamente existencial porque o conteúdo proposicional dos enunciados sob o escopo do apresentativo põe a existência dos objetos de discurso *e* pressupõe a do sujeito na origem dessa referenciação (1.2.1) *e também* porque o dizer ativa mecanismos inferenciais que põem a existência do sujeito de consciência (1.2.2).

1.2.1 O valor concreto do apresentativo e a construção do sujeito de consciência

O valor enunciativo de *isto* [*ce*] e *isso* [*ça*] foi igualmente notado, em outro campo teórico, por Morel e Danon-Boileau (1998). Em sua abordagem enunciativa da oralidade, eles notam que a estrutura *é X* [*c'est X*], que, frequentemente, anuncia um rema, supõe um consenso com o coenunciador a respeito do objeto do discurso. Esse consenso é mais forte com [isto] *é* [*c'est*] que com [ele] *é* [*il est*], na medida em que a impessoalização traduz um afastamento do locutor (e, portanto, do coenunciador) em relação à interação. Ele é, igualmente, mais forte com *é* que com *há*, ou com os apresentativos existenciais *tenho, tens, tem-se (a gente tem), temos, tendes*, na medida em que esses últimos exprimem uma atitude enunciativa consensual enfraquecida, a egocentragem estando explícita e, portanto, susceptível de reações fortes do coenunciador.[22] Não ocorre a mesma coisa com *é*, pois o objeto do consenso em posição remática dá-se em um rema sempre mais curto que o

---

22. "Depreende-se dos argumentos fornecidos a partir de diferentes línguas que é dos marcadores da dêixis consensual forte que são derivados os marcadores anafóricos. [...] o apresentativo *é* [*c'est*],

preâmbulo e que faz tudo para escapar da contestação: daí que, por sinuosa que possa ser, nessa posição, a consensualidade se dá, efetivamente, tanto mais fortemente quanto mais a egocentragem é implícita (Morel; Danon--Boileau, 1998, p. 46).

Esse valor enunciativo do rema introduzido por *é* pode ser encontrado nas porções de narrativa em que não seria esperado *a priori*, isto é, em segmentos narrativos que dizem respeito a "frases sem fala". No caso, como com *é*, na oralidade, a construção da consensualidade é tanto mais forte quanto mais é mascarada, assumindo as formas de uma aparente objetividade, convidando o leitor / coenunciador a aderir às representações construídas pelo texto: adesão tanto mais eficaz, como percebemos aqui, quanto mais *é* alimenta numerosos mecanismos interpretativos por parte do leitor e como já explicamos longamente no capítulo precedente, quanto mais esses mecanismos inferenciais permitem-lhe apropriar-se do texto. Esses últimos apresentam, como Grize (1990, p. 36, 48, 95) assinalou a respeito das esquematizações[23] e dos fenômenos de clarificação, inegáveis vantagens, ao deixar ao coenunciador o cuidado de se apropriar da mensagem.

Os apresentativos com valor catafórico nas aberturas de texto servem para criar um efeito de real que garante a realidade do referente, ao assegurar a realidade da fonte enunciativa na origem da predicação sobre o referente, como se o texto "matasse dois coelhos com uma só cajadada":

(5) *Era* um lugar charmoso. Aconchegante, bem vedado. *Havia* uma grande lareira cuja verga trazia uma inscrição gravada no granito. Podia-se decifrar: *1690...* duas letras permaneciam ilegíveis, as iniciais do carpinteiro ou do primeiro proprietário da casa, talvez.

(Th. Jonquet, *Comédia,* Romans Payot, 1988, p. 9)

Essa abertura de texto *in medias res* põe a realidade das percepções de tal forma que pressupõe a existência de um personagem que está na origem

---

que tem os dois papéis (dêitico e anafórico), constitui um argumento suplementar a essa hipótese" (Morel, 1992, p. 514).

23. A esquematização concerne ao valor concreto do apresentativo, assim como o valor abstrato deste último, a respeito das inferências ativadas pelo valor presumível dos relacionamentos de *é*.

dessas mesmas percepções, no caso, o herói, Comédia. Esse tipo de marcação ética funciona da melhor maneira nas aberturas com um personagem focal, em que ele exerce uma função essencial na constituição do pacto de leitura. Essa maneira de fazer, que mergulha o leitor no cerne da narrativa, permite identificar-se imediatamente com o personagem-focalizador, cuja presença é pressuposta pela familiaridade com a qual ele é referido no mundo. A vantagem desses inícios é, portanto, não apenas apresentar um objeto visto pela primeira vez como sendo conhecido, mas é também pressupor a existência prévia de um sujeito de consciência, sujeito de percepções e / ou de pensamentos.

A exemplo do que se passa em (5), numerosas aberturas de texto iniciam-se segundo um PDV do personagem ou, na ausência de personagem saliente, um PDV do narrador ((2)). Em um caso como no outro, o universo de discurso dá-se aí como verossímil — a confiança do leitor estando apoiada, em um caso, sobre a realidade (fingida) da percepção do focalizador-personagem, e, em outro, sobre o caráter digno de confiança do narrador. É incontestável que o apresentativo entre na construção desses mecanismos fiduciários: *a contrario*, (6) e (7) jogam com as convenções do realismo, confirmando pelo absurdo o papel dos apresentativos na constituição de universos confiáveis e de sujeitos de consciência (personagem-focalizador ou narrador) dignos de confiança:

(6) [abertura de texto] *Era* um cara, ele se chamava Karamanlis, ou qualquer coisa assim: Karamo? Karawasch? Karacouvé? Enfim, resumindo, Karatruc. Em todo caso, um nome pouco banal, um nome que dizia alguma coisa, um nome que não se esquecia facilmente.

(Perec, *Quel petit vélo à guidon chromé au fond de la cour?*, Folio, p. 11)

(7) [abertura de texto] O olhar, inicialmente, passaria sobre o carpete cinza de um longo corredor, alto e estreito. As paredes seriam pranchas de madeira clara, cujas ferragens de cobre reluziriam. Três gravuras, representando, uma, Thunderbird, vencedor em Epsom, a outra, um navio com rodas de pás — o Ville-de-Montereau, a terceira, uma locomotiva de Stephenson, conduziriam a uma cortina de couro, suspensa por grandes anéis de madeira rajada, que um simples gesto seria suficiente para mover. O carpete, então, deixaria lugar a

um assoalho quase amarelo, que três tapetes com cores apagadas recobririam parcialmente.

Seria uma sala de estar, sete metros de profundidade, mais ou menos, com três de largura.

(Perec, *Les choses*, J'ai lu, p. 7)

Nesses dois últimos exemplos, o apresentativo exibe os mecanismos da ilusão referencial (não é, evidentemente, o único nesse papel), ao mesmo tempo em que essa ilusão é submetida a um trabalho de desestabilização. Em (6), o distanciamento das convenções textuais do realismo opera, pelo jogo com o nome próprio e a reiteração dos comentários do narrador, sobre seu caráter memorável / memorizável, fazendo ressaltar, por contraste, o caráter voluntariamente pouco digno de confiança do narrador. Em (7), a desconstrução mimética opera pelo jogo do condicional, pelo grande acúmulo de detalhes descritivos, pela alusão a um outro texto famoso da estética realista e a uma abertura de texto também famosa e, enfim, pelo apresentativo no início do segundo parágrafo: em resumo, trata-se de uma outra "aparição", a da máquina textual / romanesca...

Assim, os exemplos atestados nas aberturas de texto mostram que o valor do apresentativo vai além, principalmente, da simples apresentação de existência do objeto. O apresentativo, pelo fato de seu valor catafórico disseminado e da referenciação situacional que remete a uma dêixis interna, *põe*, imediatamente, um universo de discurso acreditável e *pressupõe* um sujeito de consciência na origem da referenciação do objeto.

1.2.2 A dimensão abstrata dos mecanismos referenciais cotextuais ativados pelo apresentativo e a construção do sujeito de consciência

Mas os empregos anafóricos de *é* vão mais longe que a simples pressuposição de existência do enunciador, igualmente *posto* por intermédio do modo de atribuição anafórica dos referentes. Essa construção opera, inicialmente, a partir dos traços enunciativos múltiplos que afloram quando da referenciação dos objetos. Ela atua, em seguida, sobre os mecanismos intelectuais ativados pelos relacionamentos indicados por *é*, à sua esquerda e à sua direita. O conjunto dessas marcas linguísticas e desses mecanismos inferenciais constrói, poderosamente, o sujeito de consciência perceptivo *e pensante*.

Esse valor enunciativo está em relação com o *dizer* que afeta as predicações, uma vez que este é, pelo menos, tão importante quanto o conteúdo proposicional assertado para exprimir a especificidade do ato enunciativo:

(8) Jean avistou *Pierre*. *Ele* andava tão mal, seu aspecto estava tão cadavérico que devia estar doente.

(8a) Jean avistou *Pierre*. *Era* com certeza ele, com seu caminhar hesitante, seu aspecto tão cadavérico que ele devia estar mal.

Nos dois casos, o pronome em itálico exerce o papel de operador de transição tópica, suporte das qualificações e modalizações seguintes. Em (8), Pedro é, de entrada, reconhecido pelo que ele é, e diz-se, em acréscimo, que ele está, conjunturalmente, doente. *Ele* propõe uma interpretação qualificante, com valor atributivo. Como operador de transição tópica, em (8a), *é* indica uma retomada classificadora: Pierre não é referido como é reconhecível a partir de traços específicos conjunturais, ele é referido como pertencente à classe dos doentes, que se reconhece pelo fato de, modo estereotipado, terem o caminhar hesitante e o aspecto pálido. Vê-se que o apresentativo, que apela para um modo mais abstrato de referenciação classificadora, constrói o enunciador de (8a) como sendo a fonte de um ato perceptivo / cognitivo mais intelectualizado que em (8), o que reforça, adensa a expressão do PDV de Pierre — presente nas duas ocorrências.

O valor de identificação conceitual de *é* manifesta, pois, uma dimensão metalinguística forte[24] para o locutor, daí seu papel pivô nas construções segmentadas. É por isso que, frequentemente, *é* é empregado em enunciados

---

24. A distribuição *é* [*c'est*] *versus ele* [*il*] é de interesse para aproximar a especificidade do valor enunciativo de *é* [*c'est*]. A *Gramática da Língua Francesa Contemporânea* opõe *ele* (impessoal) [*il*] *versus é* [*c'est*], de acordo "com o contraste generalização *versus* particularização:

no presente (de enunciação), a forma tendendo à invariabilidade, mais particularmente na oralidade (Le Goffic, 1993, p. 211). A predicação da qual *é* é pivô exprime o "olhar do locutor" e, como tal, remete a um valor enunciativo por vezes pouco sensível nos enunciados descontextualizados. É o que se produziria se a análise de (1) fizesse abstração do contexto, restringindo-se ao valor causal (real, mas desencarnado) de *é*, desligado de sua visada enunciativa e de suas implicações pragmáticas. Ora, se levamos em conta a natureza narrativa do enunciado, não poderíamos nos satisfazer apenas com esse valor semântico causal ou, mais exatamente, este deve ser articulado com valores enunciativos: *no contexto da narrativa*, esse valor causal não significa apenas que Pierre teve um sobressalto porque ele foi surpreendido pelo ruído da veneziana. Se Pierre tem medo, é (provavelmente) porque ele teme a vinda ou a reiteração de um evento aborrecedor etc. Essa ativação de mecanismos interpretativos enunciativos é indispensável em discurso: não proceder a isso implicaria em principal contrassenso sobre o gênero de discurso e de leitura que ele constrói e implica.

O valor conceitual de *é* representante é particularmente útil nas narrativas. O mecanismo interpretativo é, com efeito, tão prolífero que a retomada por *é*, mais que por *ele*, abre imensamente as portas de relacionamento multidirecional, enquanto que a retomada por *ele* é, semanticamente, mais restrita. É por essa razão que *é* é uma marca que sinaliza de maneira privilegiada o PDV, conjuntando, motivando enunciados à sua esquerda como à

"'Esse pobre menino! **Ele** ficou completamente perplexo' [*Ce pauvre garçon! Il en est resté tout stupéfait*]: emprega-se ele(s) ou ela(s), quando se considera o substantivo em sua forma particular, individual. VS 'Os alunos? [ø] **É** difícil conter. [*Les élèves? C'est difficile à tenir*]: desde que intervenha uma nuance de generalização, recorre-se a *isto* ou *isso* [*c(e), cela* ou *ça*]" (*Grammaire Larousse du Français Contemporain*, 1964, p. 100).

Essa distribuição, analisada em muitos artigos (Kupferman, 1979; Tamba-Mecz, 1983; Boone, 1987), repousa, em grande parte, na classificação: *ele* [*il*] está na base de uma predicação de natureza descritiva, tendo, pois, um papel particularizante, enquanto que *isso / isto* [*ce*] presta-se a enunciados com valor generalizante. Tamba-Mecz observa, justamente, que o estatuto nominal ou adjetival do atributo engaja ora um anafórico fiel, *ele* [*il*], em relação com a atribuição especificante-qualificante: "Teu sobrinho, *ele* é um orgulhoso." [*Ton neveu, il est orgueilleux.*]; ora um anafórico flutuante, *isto / isso* [*ce*], em relação com uma atribuição de identidade classificadora: "Teu sobrinho, *é orgulhoso*." [*Ton neveu, c'est orgueilleux.*]" (Tamba-Mecz, 1983, p. 8-10).

sua direita, construindo um sujeito de consciência fundado no intrincamento dos processos perceptivos, intelectuais, axiológicos etc.:

> (9) Uma batida de porta de carro. *Era* sempre o primeiro ruído da manhã. O motor que continuava a funcionar, do lado de fora. Será que Charlotte apertaria a mão do motorista? Depois o táxi se afastava. Passos. A chave na fechadura e o clique de um interruptor elétrico.
> Um fósforo estalava na cozinha e o fogão a gás, acendendo, deixava sair um "pfff".
> Charlotte subia lentamente, como qualquer um que passou a noite de pé, a escada bastante nova. Ela entrava sem ruído no quarto. Novo interruptor. Uma lâmpada acendia-se, com o lenço cor-de-rosa a título de abajur e bolotas de madeiras nos quatro cantos do lenço.
> Prosper Donge não abria os olhos.
>
> (Simenon, *Les caves du Majestic*, Presses de la Cité, p. 139)

Assim como o advérbio "sempre", o apresentativo indica que a cena é empatizada por Donge: percepções vagas que fazem nascer, rapidamente, um pensamento fugidio, emergindo progressivamente e com dificuldade, à medida que os ruídos de Charlotte obrigam Donge a enfrentar o real. Esse "pensamento" manifesta-se pelo distanciamento interpretativo marcado pelo advérbio e pelo apresentativo, que indicam que o enunciado funciona como um comentário explicativo da frase precedente: "o primeiro ruído" põe a percepção do ruído referente a "uma batida de porta de carro" e pressupõe que, antes de perceber "esse" ruído, o herói dormia. Enfim, "a" jornada, é "sua" jornada: a anáfora definida explica-se pelo caráter imediato da coreferência situacional.

Poder-se-ia imaginar uma entrada de maneira diferente:

> (9a) A porta do carro bateu. *Ela* anuncia sempre o primeiro ruído da manhã.

Percebe-se, de imediato, a diferença: o texto com *é* funciona iconicamente, dando a ver um processo progressivo de despertar, que não incide apenas no antes — a montante (um ruído que é percebido / reconhecido como um ruído de porta de carro), mas, indissociavelmente, a um depois — a jusante (Charlotte está em breve na cama, a sucessão é iminente). No entanto, (9a) traz uma percepção que deixa pouco espaço enunciativo a um PDV...

O valor representativo-enunciativo dos enunciados introduzidos por *é* verifica-se por um certo número de testes, de maneira especial o teste de adjunção de um advérbio de frase, que afeta a enunciação do enunciado ou, ainda, o teste das negações restritivas. Em (10), a negação não corresponde à negação de uma percepção atual, mas à negação de uma percepção esperada, em osmose com as percepções precedentes. A negação restritiva (com valor polêmico; cf. Ducrot, 1984, p. 217 e seg.) em torno do apresentativo indica o quanto esse último embreia uma percepção representacional que intrinca, fortemente, percepção e pensamento e confirma o valor enunciativo-representativo de *é*. Essa negação poderia muito bem ser formulada sob uma forma interrogativa: nos dois casos, o processo mental correfere à enunciadora Martha. Esse valor enunciativo apareceria mais claramente com a inclusão de advérbios de enunciação em torno dos apresentativos, entre colchetes, ou a substituição de "no presente" por um "agora *nynégocentrique*":

(10) Ele escolheu uma zona virgem de qualquer picada de injeção, no antebraço direito, introduziu a agulha, em seguida pressionou o êmbolo. Martha sentiu uma nova onda de bem-estar profundo invadi-la. Uma voz longínqua, bem longínqua, dirigia-se a ela, sem que ela pudesse discernir a quem ela pertencia. Ela acreditou ter-se tornado criança, bebê; alguém a acalentava, acalentava-a e falava-lhe muito docemente. Ela respondeu com uma voz pastosa a todas as perguntas que a voz lhe fazia. Depois ela pôs-se a rir. [*Realmente.*] *Não era mais* uma cócega, *no presente* [*agora*], mais um queimo, uma sensação de calor muito agradável, como a que ocorre com você, diante de um fogo bem vivo, após um longo dia no frio. Em seguida, *houve* [*realmente*] vermelho, ao redor dela, diante de seus olhos, uma linha vermelha que se ondulava, curvando-se sobre ela mesma e desenhando um sol que cegava, um grande sol que ela queria contemplar, contemplar ainda. Ela não pôde. Sua cabeça pendeu para o lado e ela adormeceu.

(Th. Jonquet, *Les orpailleurs,* Série Noire, Gallimard, 1993, p. 171)

Que o PDV, que repousa sobre o intrincamento de percepções e de pensamentos associados, esteja frequentemente associado ao *é* não tem nada de que se admirar. Esse intrincamento das percepções e dos processos mentais, reforçado pelo valor conceitual do imperfeito meronímico (ou o valor interpretativo dos presentes; cf. Smith, 1993), encontra um prolongamento no fato que *é* funciona como uma anáfora resumptiva, convidando o coenunciador (ou o leitor) a estabelecer, para o enunciador, as razões do estabelecimento da relação efetuada pelo enunciador entre o antecedente e a predicação com valor catafórico, enquanto que *é* é operador de transição tópica, particularmente nas construções segmentadas. Nesse sentido, falar de valor representativo e de valor enunciativo de *é* leva a falar de um mesmo fenômeno, que encontra sua quintessência, parece, na expressão do PDV.

O valor enunciativo de *é* fornece, assim, um contexto interpretativo pertinente para a análise dos valores de empacotamento e de encadeamento, ou os de reformulação[25] (próximo da paragrafação). Adam e Fayol (1989), particularmente, insistem nessa ideia segundo a qual a reformulação acompanha-se de uma mudança de perspectiva do enunciador, se não, de uma mudança de enunciador (De Mulder, 1998). A enumeração não escapa a essa problemática:

(11) (§1) Ele avança mais, observando.

(§2) O lamento continuava. Desarticulada e confusa como estava, ela tornara-se clara e quase vibrante. O menino estava bem próxima da voz. Mas onde estava ela?

(§3) Era quase um lamento. A agitação de um lamento no espaço passava ao seu lado. Um gemido humano flutuava no invisível, *eis* o que ele acabava de encontrar. Essa era, pelo menos, sua impressão, turva como a profunda bruma onde ele estava perdido.

(§4) Como ele hesitava entre um instinto que o levava a fugir e um instinto que lhe dizia para ficar, ele percebeu na neve, aos seus pés, a alguns passos de si, uma espécie de ondulação do tamanho de um corpo humano, uma pequena elevação baixa, longa e estreita, semelhante ao amontoado de terra de um buraco, uma semelhança com sepultura de cemitério que seria branco.

(§5) No mesmo instante, a voz gritou.

---

25. O encadeamento e o empacotamento das proposições dependem da enumeração, que difere da reformulação cujo padrão sintático é *N1 é um N2* (Adam; Fayol, 1989, p. 87-91).

(§6) *Era* de lá debaixo que ela saía.

(§7) O menino abaixou-se, ajoelhou-se diante da ondulação, e com as duas mãos começou a descavar.

(§8) Ele viu modelar-se, sob a neve que ele afastava, uma forma, e pouco a pouco, sob suas mãos, no buraco que havia feito, apareceu uma face pálida.

(§9) *Não era* essa face pálida que gritava. Ela tinha os olhos fechados e a boca aberta, mas cheia de neve.

(§10) Ela estava imóvel. Ela não se movia sob a mão do menino. O menino, que tinha os dedos queimados pelo gelo, tremia ao tocar o frio desse rosto. *Era* a cabeça de uma mulher. Os cabelos esparsos estavam misturados com a neve. Essa mulher estava morta.

(§11) O menino pôs-se a afastar a neve. O pescoço da morta apareceu, depois, o alto do torso, do qual se via a pele sob os trapos.

(§12) De repente, ele sentiu, sob seu tateamento, um movimento fraco. *Era* alguma coisa pequena que estava enterrada e que se movia. O menino retirou rapidamente a neve e descobriu um miserável corpo de feto, doentio, pálido e frio, ainda vivo, nu, sobre o seio nu da morta.

(§13) *Era* uma menininha.

(Hugo, *L'homme qui rit*, L'Intégrale, Le Seuil, 1963, v. 3, p. 240)

O PDV do personagem ("o menino" funciona como um designado rígido) é escandido pelos cinco apresentativos, precedidos por verbos de visada global que remete a processos perceptivos ou a movimentos; os processos no imperfeito meronímico, correspondente às percepções que se seguem. O apresentativo, a cada momento decisivo dessas percepções, contribui para a dramatização, bastante vitor-huguiana, da narrativa, conjuntando etapas perceptivas e progressão da compreensão dos fatos: § 6: recuperação da origem do ruído; § 9: retificação; § 10: identificação da falsa fonte do ruído: era uma mulher morta; § 12: recuperação de uma nova fonte de ruído; § 13: identificação da nova (e verdadeira) fonte dos lamentos: trata-se de uma menininha. Assim, *é* exerce, por um lado, o papel de empacotamento das proposições e, portanto, um papel enumerativo, sobre o plano da contiguidade sintagmática; por outro lado, exerce um papel de reformulação, no plano cognitivo, que nem sempre é fácil opor ao precedente, contrariamente ao que se passa nos exemplos alegados por Adam e Fayol (1989).

O escopo dos apresentativos, em (11), verifica o quanto eles participam da coerência e da coesão do texto: o empacotamento e o encadeamento concernem a lexias, assim como a proposições e unidades textuais de forte amplitude. É testemunha disso a frequência de *é* na abertura de parágrafo[26], de parte, de capítulo, ou mesmo nas aberturas de obras. Sem dúvida, é preciso ver aí um efeito de iconicidade: *é* contribui com a delimitação inicial e final do PDV ou com a marcação das etapas sucessivas do dito PDV — contexto de pensamento no interior do qual são apreciados os valores de reformulação, enumeração e suas visadas descritiva e / ou informativa e / ou explicativa.

Se, portanto, *é* constitui, em muitos aspectos, um marcador existencial multipolar, pondo a existência, a presença do objeto, pressupondo e pondo a existência, até mesmo a presença, do sujeito, conforme os modos de atribuição dos referentes e os mecanismos inferenciais ativados, se *é* embreia, tão naturalmente, um PDV, pode-se também dizer que o PDV não tem necessidade do apresentativo para existir: qual é, pois, nesse caso, a especificidade de *é*?

1.3 O valor sobreposto de *é* na marcação do ponto de vista

Uma vez que os parâmetros tradicionais do PDV estão reunidos, *é* acrescenta uma marca a mais aos embreadores do PDV, que funcionam em feixe. No entanto, *é* executa sua "pequena música" agregando, à sua esquerda e à sua direita, informações sob o escopo do enunciador-centro de perspectiva, mais frequentemente movimentos perceptivos e / ou deliberativos que dão a consistência ao PDV, criando um universo mediatizado pelo focalizador, frequentemente a partir de referências difusas e disseminadas,

---

26. Ver Arabyan, 1994, p. 81-86, 95-97, a respeito do papel das paráfrases na construção das co-médias curtas (*ibid.*, p. 103-104), que trazem o traço de fenômenos dialógicos variados, em direção dos personagens centros de perspectiva e em direção do leitor coenunciador. Ver, igualmente, Arabyan (2000, 2003a, 2003b).

convidando a movimentos interpretativos múltiplos, em direção ao antes — a montante — como ao depois — a jusante. *É* constitui, portanto, um instrumento privilegiado de coesão (sintática) e de coerência (semântica) textuais, ainda mais que ele, frequentemente, junta sequências textuais diferentes, narrativas, descritivas, ou que integram discursos representados. Além disso, enquanto *é* constitui apresentativo descontínuo, as diferentes construções segmentadas aumentam a expressividade do PDV.

1.3.1 É embreador do ponto de vista

Poderíamos considerar que o papel de *é* na expressão do PDV deve-se mais ao efeito de halo resultante da oposição funcional dos planos que ao próprio apresentativo. Essa hipótese é contradita pela permanência de seu papel, uma vez que essa oposição é obscurecida, mesmo que o PDV restrinja-se a ser apenas um embrião de PDV, isto é, um PDV narrado (embrionário):

(12) P1 Pierre ouve um ruído. P2 Jean chega.

(12a) P1 Pierre ouvia um ruído. P2 Jean chegava.

(12b) P1 Pierre ouviu um ruído. P2 Jean chegou.[27]

Nesses exemplos, não há PDV, pois não há debreagem enunciativa: (12) é uma narração simultânea, (12b), uma narração posterior e (12a) apresenta dois enunciados descritivos, e se juntássemos um advérbio de enunciação a P2, ele confirmaria que P2 está sob o escopo do narrador. No entanto, (12′) e (12a′) dependem do PDV, mas não (12b′):[28]

---

27. Por comodidade, não nos limitaremos a exemplos testados. Trabalharemos também em exemplos "construídos" (cf. Milner, 1989, p. 117), que podem ser desconectados de cotexto, na medida em que incorporam, de maneira reproduzível, um tipo de cotexto que a descrição e a interpretação da ocorrência restituem.

28. (12b′) é agramatical porque institui uma relação de concomitância ou de causalidade entre os dois processos, lá onde a sucessão dos passados simples implica uma interpretação dos processos em termo de sucessão; se a restabelecemos, o enunciado é gramatical: "Pedro ouviu um ruído. *Foi então que*

(12') P1 Pierre ouve um ruído. P2 *É* Jean (que chega).

(12a') P1 Pierre ouvia um ruído. P2 *Era* Jean (que chegava).[29]

(12b') P1 Pierre ouviu um ruído. P2 *Foi* Jean (que chegou).

Esse dado valoriza o papel de *é* na ativação de mecanismos interpretativos empatizados a partir de um enunciador diferente do locutor-narrador. O tempo verbal do auxiliar do apresentativo (associado, eventualmente, ao tempo da relativa), na ausência de oposição dos planos, permite a este exprimir julgamentos que dependem da problemática do PDV. Pode-se explicar esse PDV, apoiando-se nos valores do *toncal*, estudados por Damourette e Pichon (1940, tomo V, p. 168). O PDV expresso em P2 corresponde a uma interpretação de Pierre, fazendo concessão a uma espécie de processo empático sobre Jean, como se Pierre houvesse dito a si mesmo: "Taí, Jean acabou por se dizer que era preciso voltar". O PDV representado, em congruência com o *toncal*, apreende os fatos em "sua duração vivida", como uma espécie de "relato de imaginação no passado ou futuro", o que Damourette e Pichon chamam o atual (*ibid.*, p. 162) ou, ainda, "fatos que, em imagem, habitam o pensamento" (*ibid.*, p. 234), marcados pela "afetividade" (*ibid.*, p. 265).

---

ele compreendeu que Jean chegava". Essa formulação não é uma paráfrase correta de (12b), considerando-se o acréscimo do marcador temporal, do verbo de processo mental: em todo caso, se queremos refletir sobre essa sequência na ótica do PDV, podemos, então, considerar que *é... que* indica aqui um PDV *contado*, isto é, que a narrativa casa, empaticamente, as motivações de Pierre (= é depois de haver ouvido um ruído e porque ele havia ouvido um ruído, que Pierre pensou que Jean estava na origem desse ruído), de modo que a narrativa, desde o primeiro plano, faz concessão às motivações dos personagens, como que apressadamente, isto é, sem proceder à debreagem enunciativa, que caracteriza o PDV *representado* — considerando-se que o imperfeito final depende, puramente, da concordância dos tempos.

29. Cf. esse exemplo de Gracq:

Quando ele estava de retorno, antes do cair da noite, ele raramente deixava de descer até o fortim para uma curta inspeção: *era* o que ele chamava "dar uma olhada nos *block-haus*" (Gracq, *Un balcon en forêt*, Corti, 1958, p. 33).

Enquanto que a narrativa é escrita segundo uma frequência iterativa, o imperfeito que segue o apresentativo indica um outro segundo plano no interior do segundo plano (Combettes, 1992, p. 140-147), reservado à debreagem enunciativa, expressa aqui em um misto de falas relatadas com valor iterativo / descritivo, que não se deixam analisar bem em discurso direto *stricto sensu*.

Assim, na ausência de oposição funcional dos planos, *é* é, ao mesmo tempo, capaz de significar a existência de uma debreagem enunciativa embrionária em torno dos movimentos interpretativos que ele suscita: o relacionamento entre P1 e P2 parece operado por Pierre, em (12'), (12a') e (12b'). Nota-se que essa debreagem é independente das estruturas variadas pelas quais *é* focaliza o rema:

(12c) Pierre ouviu um ruído. Era Jean.

(12d) Pierre ouviu um ruído. Esse ruído, era Jean.

(12e) Pierre ouviu um ruído. Era Jean, esse ruído.

(12f) Pierre ouviu um ruído. Era Jean que chegava.

O exemplo (12c) corresponde a *é X*; (12d) a *X é Y* ; (12e) a *É X Y*; e (12f) a *É X quem (que) Y*. Em relação a (8), (12), (12a) e (12b), os enunciados com apresentativo estabelecem mais claramente a ligação entre o rema e o que lhe é precedente. Quanto às formas variadas que essa explicitação assume, elas indicam toda uma predicação que se aproxima de uma espécie de fala relatada (discurso direto livre ou discurso indireto livre), mais ou menos expressiva, sem que se estabeleça diferença, relativamente à nossa problemática.

No entanto, o tempo verbal não é sem consequência sobre o PDV, na medida em que as formas de visada secante se acomodam ao PDV representado, enquanto que as formas de visada global indicam um PDV narrado, isto é, uma forma embrionária de PDV que considera os fatos de acordo com a perspectiva de um ator do enunciado (cf. a noção de empatia), sem chegar a proceder a uma debreagem enunciativa.

Não obstante, contrariamente ao que (12), (12a) e (12b) podem levar a pensar, não há, necessariamente, identidade de tempo verbal entre o tempo do apresentativo e os dos processos na expansão à direita do apresentativo. Os tempos verbais relativos ao auxiliar e ao(s) processo(s) perceptivo(s) / cognitivo(s) seguinte(s) funcionam menos segundo regras de concordância aleatória que segundo visadas que especificam o grau de iteratividade do(s) movimento(s) perceptivo(s) / cognitivo(s) posto(s) em ação:

(12g) P1 Pierre ouviu um ruído. *É* Jean que chega.[30]

(12g') P1 Pierre ouviu um ruído. *É* Jean que chegava.

(12g") P1 Pierre ouviu um ruído. *Era* Jean que chegava.

(12h) P1 Pierre ouve um ruído. *É* Jean que chega.

(12h') P1 Pierre ouve um ruído. *É* Jean que chegava.

(12h") P1 Pierre ouve um ruído. *Era* Jean que chegava.

A escolha desse ou daquele tempo verbal, para os enunciados sob a reação do apresentativo, corresponde à expressão da natureza iterativa ou singulativa da percepção e do movimento de pensamento que o acompanha, assim como à natureza iterativa ou singulativa dos objetos ou processos que motivam o movimento de pensamento do focalizador. Em (12g) e em (12h), estamos diante de um discurso direto livre: a inferência de Pierre, singular, é concomitante à sua percepção, ela também singular; em (12g') e em (12h'), a inferência é concomitante à percepção, mas parece que a percepção remete a um fato que não é único; em (12g") e em (12h"), a inferência é sempre concomitante à percepção, mas ela é referenciada de tal forma que parece habitual, tão habitual quanto a percepção e a ação de Jean. Mas essas análises repousam sobre o contraste fabricado das ocorrências: um tal jogo de contraste é bastante artificial e pouco frequente nas sequências narrativas atestadas, o que modifica *de facto* a análise.

Considerada isoladamente, o contraste enunciativo fundamental de (12") e, em uma menor medida, de (12h"), significa uma percepção singulativa de Pierre. Essa restrição mostra que os valores aspectuais dos tempos verbais

---

30. Alguns desses exemplos podem parecer inaceitáveis à primeira vista, mas eles abundam na literatura romanesca contemporânea. Se eles constituem problema, é menos por sua pretensa agramaticalidade que por sua representação de um universo de referência que os torna pensáveis.

sob o escopo do apresentativo jogam, contrastivamente, *antes* com os tempos que precedem o apresentativo e, *em seguida*, apenas, entre formas manifestadas posteriores a *é*.

Em resumo, do fato de seu valor enunciativo-representativo, *é* embreia, claramente, um PDV, mesmo que ele dependa da presença de outras marcas para que o PDV narrado ou representado seja mais ou menos desenvolvido. Esse valor enunciativo-representativo é tão determinante que assinala debreagens enunciativas potenciais, inclusive nas situações em que as referências são obscurecidas pela neutralização da oposição funcional dos planos.

Assim, em razão desses valores enunciativos-representativos, *é* exerce um papel de embreador do PDV, inclusive quando faltam os parâmetros tradicionais do PDV, nas situações de obscurecimento dos planos. A capacidade de *é* para exprimir o PDV se exerce, independentemente das estruturas sintáticas e, parece, também dos tempos verbais do auxiliar e dos verbos à sua direita. Assim sendo, constatamos que, sobre esse último ponto, o passado simples não era sem consequência sobre o PDV, uma vez que fomos levados a distinguir PDV representado e PDV narrado. Essa dissociação convida-nos a aprofundar o exame do papel do auxiliar na expressão do PDV.

1.3.2 O papel do auxiliar na expressão do valor representativo

1.3.2.1 Como mostramos anteriormente, todo apresentativo cujo auxiliar está no passado simples é incapaz de exprimir um PDV representado do personagem. Mas isso não impede que, no interior do primeiro plano, o narrador possa empatizar com um personagem: nesse caso, está-se diante de um embrião de PDV sem debreagem enunciativa, isto é, um PDV narrado:

(13) [Abertura do capítulo] *Foi* o dia mais terrível de sua vida. Até aqui, ela ficava, às vezes, desesperada por não ter o que desejava; naquele dia, ela havia perdido o que havia tido: a felicidade.

(E. Triolet, *Roses à crédit*, Folio Gallimard, p. 212)

(14) [Início de parágrafo e de sequência, após um espaço em branco] *Foi*, realmente, um ano difícil, para jovens que punham todas as suas esperanças no agravamento da desordem e para quem o único porvir desejável consistia em não ter porvir.

(Nizan, *La conspiration*, Folio Gallimard, p. 68)

Em (13) e em (14), o passado simples é, entre outros índices, a marca do saber do narrador sobre os eventos e sobre os personagens: os comentários, julgamentos do narrador, combinados com a forma verbal do apresentativo no passado simples, bloqueiam a interpretação do fragmento como pensamento representado do personagem: os pensamentos são relatados em (13) e em (14) em uma espécie de psiconarrativa mais (13) ou menos (14) mimética. A conjunção do morfema de focalização e do auxiliar no passado simples concorre para a criação de uma forma recapitulativa, espécie de anáfora resumidora ou conceitual, que introduz julgamentos abstratos assumidos pelo narrador. No entanto, é suficiente transformar o passado simples em imperfeito, para tornar possível a interpretação dos enunciados à direita do apresentativo como a expressão do PDV do personagem e para que a psiconarrativa seja transformada em um PDV:

(13a) *Era* o dia mais terrível de sua vida. Até aqui, ela ficava, às vezes, desesperada por não ter o que desejava; naquele dia, ela havia perdido o que havia tido: a felicidade.

(14a) *Era*, realmente, um ano difícil, para jovens que punham todas as suas esperanças no agravamento da desordem e para quem o único porvir desejável consistia em não ter porvir.

O PDV é incontestável, em (13a): o locutor acede diretamente aos pensamentos de Martine. Em (14a), a qualificação dos "jovens" está, claramente, por conta do narrador. Mas isso não impede de imaginar que "era, realmente, um ano difícil" seja a expressão do PDV dos jovens (esse PDV sendo partilhado pelo narrador).

1.3.2.2 Uma vez que o auxiliar está no presente e que o presente pode permutar com passados simples, o apresentativo se ajusta mal com a expressão do PDV representado do personagem. As estruturas clivadas com *é* com valor catafórico, em (15) e (16), são primeiros planos com valor informativo assumidos pelo narrador: trata-se de colocações em relevo da temporalidade própria da narração, e se há PDV (16), trata-se de um PDV narrado:

(15) [Início de sequência, após um espaço em branco] *É* [=*foi*] nessa época, no verão de 39, que Lewka recebeu de sua tia, a irmã de sua mãe, uma carta dizendo-lhe que seus parentes estavam mortos e enterrados.

(E. Triolet, *Le monument*, Folio, Gallimard, p. 45)

(16) Lewka foi perambular pelas ruas, sozinho, com seu sofrimento atroz.
É apenas [=*foi apenas*] pelo início da noite, não suportando mais, não podendo mais com esse face a face com suas ideias sombrias, que ele subiu à casa de Cora, em seu ateliê, uma vez que ele passava por lá, na rua da Paz.

(E. Triolet, *Le Monument*, Folio, Gallimard, p. 46)

1.3.2.3 Uma vez que o auxiliar no presente exprime uma visada secante, ele embreia um PDV. Essa embreagem é tanto mais certa quanto mais o apresentativo é imediatamente seguido de outros imperfeitos:

(17) [Início de parágrafo, o parágrafo precedente havendo mencionado "a igreja Sainte-Barbe, uma igreja desativada", treze linhas antes] É no interior da igreja que havia esculturas com as quais Lewka e Leila haviam-se tornado familiares. [Segue-se uma descrição das esculturas e dos quadros em uma página.] *É* [=*era*] aqui que Lewka e Leila se beijavam na sombra pintada de todas as cores dos vitrais, o vermelho, o azul, o verde, o amarelo, com a intensidade para sempre perdida no mais íntimo da vida.
Era por causa desse povo de estátuas, umas brancas, magras, aprumadas, as roupas coladas no corpo, outras pintadas, o corpo desarticulado, as roupas flutuantes... era por causa de todas essas estátuas entre as quais ele havia crescido, que Lewka havia desejado se tornar escultor?

(E. Triolet, *Le monument*, Folio, Gallimard, p. 32 e seg.)

À diferença dos exemplos precedentes, (17) mostra que *é* pode ser substituído por um imperfeito, em concordância com o segundo imperfeito do enunciado. Não é indiferente que o parágrafo seguinte comece pelo mesmo apresentativo, no imperfeito, e sob a forma interrogativa, como se, de uma forma do apresentativo à outra, houvesse uma progressão no PDV de Lewka, passando, sucessivamente, de percepções reexperienciadas difusas a pensamentos mais distintos, sobre os motivos de sua trajetória artística (o trajeto é, igualmente, marcado pela passagem do valor informativo do primeiro apresentativo ao valor explicativo do segundo). *Mutatis mutandis*, o exemplo seguinte, emprestado de W. Pozner, retoma o mesmo comentário: em (18) como em (17), o apresentativo abre sobre uma explicação partilhada pelo narrador, uma vez que nenhuma marca explicita a distância. Devido ao seu papel de embreagem do PDV e à consonância (Rabatel, 1998, p. 173 e seg.) que manifesta, o apresentativo participa plenamente da construção do consenso e do pacto fiduciário: os comentários são como tirados dos próprios fatos, sob os olhos do leitor, que é, também, levado a partilhá-los, naturalmente.

(18) *Não é [= não era]* de repouso que Carvin tinha necessidade, mas de certeza. O círculo de luz sobre a mesa de jantar, o próprio círculo de família haviam-se deslocado sob a pressão do caos que ali se precipitava nas ondas elétricas, pela boca das crianças. Era-lhe preciso a obscuridade do leito conjugal onde os velhos esposos, toda vergonha engolida e todas as confidências feitas, consolam-se ou se assassinam por monossílabos, e restituem trinta anos de vida comum, em torno de um botão a ser recosturado em uma ceroula, não a azul claro, mas a malva, a última daquelas que foram compradas na *La Belle Jardinière*, em 1929, o ano que... etc.

(W. Pozner, *Deuil en 24 heures*, Temps Actuels, 1982, p. 201)

1.3.2.4 A embreagem de um PDV representado pelo apresentativo *é* combina com as formas verbais de visada secante (presente de visada secante, associado a outras formas verbais no imperfeito, ou apenas imperfeitos):

(19) Mas ela lançou um grito, um novo relâmpago a cegara [= Christine]; e, dessa vez, ela acabava de rever a cidade trágica em um charco de sangue. *Era* uma cavidade imensa, as duas extremidades do rio afundando a perder de vista, no meio das brasas vermelhas de um incêndio.

(Zola, *L'Oeuvre*, Folio, Gallimard, p. 31)

Esse exemplo ilustra — não se pode fazê-lo melhor — o papel de embreagem do PDV do personagem, exercido pelo apresentativo. De fato, existe, a montante do apresentativo, enunciados no imperfeito ou no mais--que-perfeito. Mas esses enunciados de segundo plano exprimem um segundo plano descritivo e comentativo cujo narrador é o responsável (assim como ele é responsável pelas qualificações "cidade trágica" e "charco de sangue"[31]). Em consequência, nesses primeiros enunciados de segundo plano, o personagem é "visto". No entanto, após o apresentativo, ele é "quem vê". Entende-se, em consequência, em uma situação em que imperfeitos pertencem a segundos planos de natureza bastante diferente, o quanto o apresentativo exerce um papel importante de embreagem do PDV do personagem.

Essa função de embreagem do PDV assumido por *é* é confirmada pela proximidade de fragmentos de PDV e de discursos diretos. Assim, em (20) e em (21), *era* abre sobre um PDV do personagem (a quem se acaba de dirigir, em (20), ou que acaba de se exprimir, diretamente, ao precedente, em (21)), como se a narração ocorresse sob a visada do personagem, fenômeno já ilustrado em (4), com a diferença que aí o PDV precede o discurso direto:

(20) — Aí estão. Ele bebe, mas era feito para o ópio: a gente se engana também de vício. Muitos homens não encontram o que os salvaria. Pena, pois ele está longe de ser sem valor. Mas seu domínio não te interessa.
Era verdade. Se Kyo, esta noite, não pensava no combate, ele podia pensar apenas nele mesmo. O calor o penetrava pouco a pouco, como no *Black Cat* agora há pouco. E, novamente, a obsessão do disco o invadia como o leve calor do relaxamento das pernas.

(Malraux, *La condition humaine*, La Pléiade, Gallimard, 1947, p. 210)

(21) — Até logo, respondeu Magnin, tocando seu revólver, cujo cabo era de madeira.
Era o frio das cinco horas, o frio que precede a aurora. Magnin queria café. Diante do castelo de cal azul na obscuridade, seu carro iluminava um dos pomares onde as sombras dos Internacionais, já prontos, saltavam entre as

---

31. Mesmo levando em conta que essas qualificações exprimem uma consonância com o PDV de Christine.

árvores, colhendo laranjas cor de geada branca, brilhantes de sereno. No final do campo, os carros esperavam na obscuridade.

(Malraux, La condition humaine, La Pléiade, Gallimard, 1947, p. 813)

Assim, os valores enunciativos de é, correlacionando com sua plasticidade sintática, explicam seu valor representativo e seu papel na marcação do PDV. Esse valor é tão forte que se exerce constantemente... com graus diferentes. Com as formas de visada global, é sinaliza um PDV narrado. Com as formas de visada secante, a debreagem é tão clara que é contribui, em parte, decisivamente, com o adensamento do PDV representado, tanto no plano do *dito* como no plano, também decisivo, do *dizer*. Em resumo, os valores representativos são mais independentes da forma do auxiliar, enquanto que o valor enunciativo do apresentativo é mais diretamente dependente dos tempos verbais. No entanto, os valores representativos são, eles próprios, carregados de subjetividade, na medida em que as predicações postas em foco por é são objeto de relacionamentos multidirecionais, em função dos modos de atribuição da referência e em função da lógica da narrativa, que quer que, permanentemente, o leitor construa sentido, operando as conexões pertinentes. Ora, como foi visto, essa atividade semiótica do leitor, alimentada pela máquina textual, é de natureza a compensar, parcialmente, o deficit enunciativo com *foi* — o que explica as interpretações em termos de PDV narrado, que fazem concessão a um movimento empático sobre um ator do enunciado, sem ir até à debreagem enunciativa.

Em resumo, devido ao caráter difuso da referenciação nas narrativas, é estabelece um relacionamento multifuncional do objeto com os co(n)textos a montante e a jusante. É participa, pois, plenamente, da construção textual dessa dinâmica de (re)presentação do objeto / representação *pelo* enunciador-focalização e *pelo* leitor coenunciador. Essa dupla mimese, do objeto e do sujeito, confere a é um estatuto de marcador existencial alargado e exerce um papel notável na construção do universo de discurso e dos efeitos de crença. Ela apoia-se no valor concreto de é, em relação com a ancoragem dêitica, no seu valor generalizante, correlacionado com os relacionamentos anafóricos e catafóricos, e nas inferências que estes suscitam. Daí o papel de é na marcação do PDV: se os parâmetros tradicionais do

PDV estão presentes, os apresentativos contribuem com o adensamento deste último, ou com a sua expressividade (acrescida com os apresentativos descontínuos). Se faltam certos parâmetros (especialmente no que diz respeito aos tempos verbais), então *é* embreia um PDV embrionário, isto é, um PDV narrado, que não avança até fazer nascer um PDV representado na ausência de debreagem enunciativa. Também, por sua posição nodal na predicação, *é* exprime um "olhar de locutor", segundo a fórmula de Nølke (1993), ou, ainda, "um olhar do enunciador", que vai bem além do âmbito narrativo de nosso *corpus*.

2. *Há, eis aqui / aí / lá*

Com base no conhecimento a respeito de *é*, é conveniente examinar se esses valores enunciativos encontram-se com *há* e, em seguida, com *eis aqui / aí / ali*, a despeito de sua menor capacidade para a predicação. Não retomaremos a totalidade da demonstração, mas nos limitaremos a constatar a existência de valores representativos-enunciativos analisados anteriormente.

2.1 O apresentativo há[32]

Há parece, *a priori*, um apresentativo rebelde à expressão de um valor enunciativo / representativo, na medida em que

> em uma perspectiva ontológica, ele atesta a existência ou a não existência de um fenômeno, o qual não tem necessidade de ser determinado e, ainda menos, referido.
>
> (Chevalier, 1969, p. 85)

---

32. Limitar-nos-emos aos empregos nos quais *há* é apresentativo e deixaremos de lado aqueles em que equivale a um elemento preposicional (Ele partiu, *há* oito dias.).

Essa afirmação é mais ou menos verdadeira, conforme nos limitemos ao apresentativo seguido de um grupo nominal[33] ou nos interessemos pelos empregos em que *há* permite uma predicação sobre o referente (*há* + sintagma nominal + relativa, *há* + sintagma nominal + adjetivo qualificativo), como indica esse exemplo emprestado de Damourette e Pichon (1940):

> Era uma vez um pobre homem e uma pobre mulher que eram bem velhos e que não nunca tinham tido filhos.
>
> (Nodier, *Trésor des fèves et fleurs des rois*, citado em Damourette e Pichon, 1940, v. 4, p. 513)

Damourette e Pichon (1940) observam que

> Não se vem afirmar a existência dessas pessoas, contenta-se em colocá-las como personagens que irão exercer um papel na realidade considerada [...] *há* exprime a introdução de uma substância na realidade considerada como devendo exercer ali, eventualmente, algum papel.
>
> (*ibid.*, p. 516 e seg.)

Essa interpretação de *há*, que o torna tão próximo do unipessoal *il est* [*há*, uso formal], significa que *há* exprime uma forma bastante abstrata e intelectual de ostensão, de natureza interpretativa, valendo para o enunciador como para o coenunciador. No caso, *há* diz respeito à existência de um homem e de uma mulher em geral, mas a um homem e uma mulher pobres, velhos e sem filhos, e, além disso, a um discurso "exemplar" (cf. as generalizações próprias aos contos, às fábulas e, em geral, aos discursos edificantes).

Foi visto anteriormente que, contrariamente ao que, sobretudo, escreveu Berthoud (1996, p. 67, 88-89), nós nos afastávamos da ideia que *há* introduziria um novo referente no discurso, sem que esse último esteja implicado por um elemento contextual qualquer (situacional, cognitivo ou discursivo). É

---

33. No mais, mesmo nesse contexto, *há* pode se ajustar (raramente, é verdade, conforme o *corpus* de Bichard (1997)) em sequências nominais com sintagmas nominais definidos ou em sintagmas nominais demonstrativos e possessivos. Frequentemente, os sintagmas nominais definidos, quando não indicam a notoriedade, a genericidade, servem para apresentar o referente em foco como novo, antes de exercer o papel de tema suporte da predicação que se segue: "Há o bombeiro que vem esta manhã.".

falso pretender que "há um homem em meu quarto" implica a não presença dos enunciadores (*ibid.*, p. 88). A prova disso é que esse enunciado é compatível com "bom, olha só...", "vem ver..." etc. Esse traço do enunciador e do coenunciador está, aliás, em congruência com a observação de Berthoud, segundo a qual *há* introdutor de um novo tópico pode equivaler a uma marcação "com a ajuda de um verbo de percepção, tal como *eu vejo / tu vês um X...* (introdução do tópico), *eu ouço um X ou eu vejo / tu vês um X que..., eu ouço um X que...* (introdução de um evento a respeito do tópico)" (*ibid.*, p. 71).

Há possui um valor representativo inegável, em razão de seu papel nas predicações das quais é suporte, e também em razão de sua função de operador de transição tópica: *há* constrói a existência do suporte da predicação no preâmbulo e, no rema, constrói a predicação existencial (Morel; Danon-Boileau, 1998, p. 139). Além disso, o tempo verbal contribui com esse valor representativo com o imperfeito meronímico. Esse processo anafórico associativo é tal que *há* não pode se limitar a colocar a existência do objeto, e o leitor é levado a se interrogar sobre a pertinência das informações dadas, relativamente ao enunciador.

Nas três narrativas em terceira pessoa, *há* encontra-se em enunciados que indicam um PDV e, por essa razão, a existência dos objetos é posta ali sob o escopo de uma origem enunciativa particular e, portanto, a esse respeito, está, potencialmente, sujeita à garantia. Ora, essa origem enunciativa é mascarada, ao máximo. A existência dos objetos apresentados se dá por objetiva, enquanto que, na realidade, o modo de atribuição dos referentes e as inferências indicam, mais frequentemente, um "olhar do locutor" ou, no caso, um olhar do enunciador sempre mais ou menos impregnado de subjetividade:

(22) Será que Maigret fez um leve sinal de concordância? Ele não se deu conta disso. Estava fascinado demais pela atmosfera dessa casa e, mais ainda, por essa mulher, por trás da doçura de quem ele adivinhava uma prodigiosa energia.

Não havia uma falsa nota nela, nem em sua vestimenta nem em sua postura, nem em sua voz. Era mais esperado encontrá-la em algum castelo ou, melhor, em uma dessas vastas casas de campo que são como museus de uma época revolta.

(Simenon, *Maigret et la grande perche*, UGE, Poche / Presses de la Cité, p. 40)

Há introduz, certamente, um novo objeto do discurso, mas, ao mesmo tempo, a informação, que será reformulada na frase seguinte, é igualmente, nela mesma, uma reformulação da fascinação expressa no início do parágrafo precedente. Desse modo, *há* funciona, ao mesmo tempo, como catafórico (em relação à ausência de "falsa nota" na vestimenta, na postura, na voz), como anafórica (em relação a essa energia "prodigiosa" porque "sem falsa nota", até mesmo como dêitico (em referência ao valor "demonstrativo" de *há*; cf. *Grammaire du français contemporain* (Chevalier *et al*., 1964, p. 85).[34] É toda a diferença entre "essa prodigiosa energia" que é apenas "adivinhada", no primeiro momento, e essa ausência de "falsa nota" *constatada*, após exame. Assim, o valor existencial de *há* funciona em um domínio que constrói efeitos do real, de modo que, como com *é*, *há* constrói, indissociavelmente, uma mimese do objeto e uma mimese do sujeito.

Por todos esses pontos, *há* é um apresentativo. Ele manifesta, igualmente, um valor enunciativo incontestável, se levamos em conta o valor da negação. Com efeito, a negação que afeta o apresentativo é uma negação polêmica (como se Maigret respondesse a um enunciador que se faria advogado do diabo), o que confirma o valor subjetivador do PDV[35]. Poderíamos, aliás, acrescentar *agora*, um advérbio de enunciação que sublinha a origem dessa predicação com valor não apenas descritivo mas também interpretativo (isso porque as ocorrências de *há* poderiam, igualmente, ser precedidas de um verbo de percepção e / ou de processo mental: "ele notou que não havia uma falsa nota nela etc.". Esse valor enunciativo-representativo explica que *há* aparece, frequentemente, nos monólogos interiores, em (23), ou dá aos enunciados descritivos de (24) uma coloração subjetiva tal que suas descrições, em aparência subjetivas, equivalem, igualmente, a uma espécie de fala interior embrionária:

(23) [Início de parágrafo, no interior de um monólogo interior] *Havia* sua mulher: nada mais lhe havia sido dado pela vida. Ela havia sido vendida por

---

34. Encontramos esse acúmulo de referenciações anafórica + catafórica + dêitica no exemplo (24), em relação à ocorrência de *há*.

35. Cf. o valor restritivo da negação no exemplo seguinte: "— É piada, tudo isso, respondeu Katow em voz quase baixa. Eles só têm que esperar. O dia está a favor deles. *Não havia senão* cinco feridos deitados na peça. Eles não gemiam: dois fumavam, olhando o dia aparecer entre a parede e os colchões" (Malraux, *La condition humaine*, La Pléiade, 1947, p. 382).

doze dólares. Abandonada pelo comprador a quem ela não agradava mais, ela havia vindo para a casa dele [=*Hemmelrich*] com terror, para comer, para dormir. Mas, no início, ela não dormia, esperando dele a maldade dos europeus da qual lhe haviam sempre falado.

(Malraux, *La condition humaine*, La Pléiade, 1947, p. 312)

Em (24), os enunciados introduzidos pelas formas sublinhadas correspondem, com efeito, ao PDV de Janvier. As paráfrases entre colchetes creditam a ideia de que o apresentativo pressupõe a existência de um sujeito de consciência perceptivo e / ou pensante: não é, aliás, por acaso, que esses apresentativos são seguidos por estruturas pessoais [pronome pessoal *on*, em francês, [*nós, alguém, a gente, -se*]], sujeitos de verbo de percepção e / ou de processo mental correferindo ao sujeito do PDV: os sujeitos sublinhados correferem a Janvier[36], o que não é o caso do indefinido que precede o apresentativo *on*, em "on avait trouvé un revolver" ["Havia-se / Alguém havia encontrado um revólver"], referindo-se a um policial qualquer.

(24) Janvier havia aberto estojos de fuzil em couro, e um dos homens da Identidade Judiciária havia examinado as armas.
— Elas pertencem ao senhor?
— Elas pertencem ao meu sogro. Eu nunca cacei.
Uma hora mais tarde, no quarto de Guillaume, haviam encontrado [*on avait trouvé*] um revólver que havia sido examinado, e que Maigret havia colocado na pilha de objetos a ser levados para verificações posteriores.
Havia [ele observava que havia, ele se dizia que havia] de tudo, naquela pilha, inclusive as fichas profissionais do dentista e, proveniente de uma escrivaninha, no quarto da velha senhora, a certidão de óbito de seu marido e a de sua primeira nora.
Viam [*on voyait*], também, um terno no qual Janvier havia notado um leve rasgo na manga, e que Guillaume Serre pretendia não haver usado há uma dezena de dias.

---

36. Claro, podem-se incluir focalizadores acionais. No entanto, esses últimos são hierarquicamente subordinados ao PDV de Janvier. No entanto, o primeiro "*on*" não inclui Janvier.

Perambulavam [*on errait*] por entre as velhas malas, as caixas, os móveis com gaveta que haviam sido levados para o sótão porque não serviam mais.

(Simenon, *Maigret et la grande perche*, UGE, Poche / Presses de la Cité, p. 122)

Pelo fato de esses enunciados corresponderem ao PDV de Janvier, eles correspondem, com efeito, a uma espécie de equivalente de um discurso direto não pronunciado, em outras palavras, a uma espécie de discurso interior: "Realmente, há de tudo naquela pilha etc.".

Nos exemplos, o auxiliar está no imperfeito, assim como os processos à direita do apresentativo. No entanto, o presente não bloquearia o PDV representado: com efeito, poderíamos transpor os imperfeitos pelos presentes, que isso não mudaria nada na debreagem enunciativa. Não seria, aliás, necessário transformar todos os tempos: apenas *havia* poderia ser comutado, sem que isso afetasse a natureza desses pensamentos representados no discurso indireto livre:

(23a) *Há* sua mulher: nada mais lhe havia sido dado pela vida. Ela havia sido vendida por doze dólares. Abandonada pelo comprador a quem ela não agradava mais, ela havia vindo para a casa dele com terror, para comer, para dormir. Mas, no início, ela não dormia, esperando dele a maldade dos europeus da qual lhe haviam sempre falado.

A comutação de *havia* com *há* tem por resultado dramatizar o monólogo interior, o que leva a pôr em relevo a correlação do valor existencial de *há* com seu valor enunciativo: essa correlação é clara, igualmente, se levamos em conta o caráter raro (0,5% do *corpus* de Bichard, 1997) da sequência *há* + predeterminante possessivo + SN: compreende-se a raridade da forma frasal, uma vez que *há* apresenta (em geral) os referentes sem os determinar. Segundo a *Grammaire du Français Contemporain* (Chevalier *et al.*, 1964, p. 85), *há* afirma a existência de um fato desconhecido do auditor ou do leitor: em (23), o possessivo com *há* remete, claramente, a um valor enunciativo contrastivo que poderia ser parafraseado assim: "Se, para o senhor, o essencial é a dimensão coletiva da luta pela liberdade, para mim, o essencial, é um indivíduo: minha mulher". Em outras palavras, (23) é uma resposta (uma justificativa) a uma espécie de notificação.

O valor enunciativo de *há* é ainda mais nítido quando ele entra nas construções segmentadas expressivas:

(25) *Eis que* faz longo tempo que a jovem Lily (cinco anos) atormenta sua pobre mãe para obter autorização para assistir à missa com sua babá. [...] O consumo de alimento do sacrifício a escandaliza um pouco: esse padre que bebe vinho branco, ficando de costas para as pessoas, produz-lhe a impressão de faltar com a educação.

Mas, sobretudo, *é* a comunhão dos fiéis *que* a agrada mais.

E, no jantar, como a perguntam a esse respeito, Lily explica:

— Bom, *eis* como é: *há* senhoras *que* se aproximou [sic] e depois *que* se pôs de joelho. Então, o cura veio com um grande pote de ouro, e depois ele pôs um comprimido para febre na boca das senhoras.

(A. Allais, *Et verbum...*, *Oeuvres Anthumes*, Bouquins Laffont, 1989, p. 217)

Em (25), nota-se uma abundância de apresentativos descontínuos, *eis que*, *é... que* e *há... que*, sem contar *eis* — que serve de suporte para a primeira e segunda predicações introduzidas por *há... que* —, e que está, ele mesmo, em posição de pivô (catafórico em relação a *há*, e anafórico, em relação à cena vista). Uma tal profusão imita a oralidade do discurso que, além de tudo, é um discurso infantil, às voltas com uma realidade desconhecida. Mas esse exemplo não nos interessa diretamente por essas marcas no discurso, que não correspondem à nossa abordagem do PDV nas "frases sem fala": se o citamos, é porque se observa uma contaminação da narrativa pela visão de Lily, como se a narração adotasse o PDV de Lily, antes que falasse: assim, apresentativos descontínuos, como "*Eis que* faz longo tempo" e "*é* a comunhão dos fiéis *que*" (ou, ainda, o realce em "*esse* padre *que* bebe vinho"). Esses apresentativos suportes de numerosas predicações testemunham capacidades de *há* (mas também de *eis*) para exprimir o PDV,[37] em virtude de seus valores representativos e enunciativos, na narrativa, de modo que é ar-

---

37. Esse PDV de Lily seria igualmente sensível, inclusive com formas dependentes do primeiro plano:

(25a) Eh bien, voilà: *il y eut* des bonnes femmes qui s'approchèrent et pis qui se mirent (*se mèterent) à genoux. Alors, le curé vint avec un grand pot en or, et pis il mit un cachet d'antipyrine dans la bouche des bonnes femmes.

riscado dizer, salvo para se contentar com exemplos descontextualizados, que *há* marca "a emergência pura de um fenômeno" (Chevalier, 1969, p. 85).

2.2 O apresentativo eis aqui / aí / ali[38]

Eis aqui / aí / ali tem um caráter demonstrativo claramente afirmado e, portanto, considerado como "apresentativo puro". Mas aí também é preciso considerar os diferentes empregos, conforme tenham a estrutura *eis* + SN, equivalente à frase completa, ou estruturas com apresentativo descontínuo, prestando-se mais facilmente à predicação, e, por isso, manifestantes de valores representativos e enunciativos mais nítidos,[39] na medida em que as operações de modalização reforçam os valores aspectuais de *eis* (*aqui / aí / ali*).[40] Isso dito, nas narrativas, mesmo as estruturas com sequência nominal manifestam esses valores. É por isso que *eis* presta-se à embreagem do PDV: a apresentação / o ato ou efeito de mostrar aparece ali, de fato, como resultado de uma intencionalidade em forte congruência com a noção de representação.

Nas narrativas, *eis aí / ali* [*voilà*] é mais frequente que *eis aqui* [*voici*], na medida em que a oposição entre proximidade e distanciamento não é mais praticada, em detrimento de *eis aqui* [*voici*]. No entanto, *eis aqui* [*voici*], às vezes, é encontrada:

(26) Martine, em um meio sono sob o grande carvalho, sentia os braços de Daniel em torno dela. Uma tinta malva escorria em torno de seus olhos. Quando ela se acordou completamente, pôs novamente a andar.

[Tá bom, *eis* como é: *teve* senhoras que se aproximaram e depois que se puseram de joelhos. Então, o cura veio com um grande pote de ouro, e depois ele pôs um comprimido para febre na boca das senhoras.]

A forma inadequada "se métèrent" ["se puseram"] (cf. os passados simples fantasistas em Santo Antônio), que mencionamos aqui para tornar sensível, em uma forma verbal apenas, a voz de Lily, indica bem que, apesar das formas de passado simples, o evento é contado de acordo com a perspectiva de Lily, como confirma a presença das perífrases e a oralização de "*puis*" ["pis", então, depois].

38. Como para *il y a* [*há*], descartamos aqui os empregos preposicionados de *voici / voilà* [*eis* (*aqui / aí / ali*)]. Cf. Léard (1992, p. 140 e seg.).

39. Cf. Léard (1992, p. 118 e seg.).

40. Os valores aspectuais sobre os quais foi visto, com *é* [*c'est*], o quanto eram importantes na marcação do PDV.

Eis aqui a cabana. A bicicleta estava sempre ali, apoiada nas velhas tábuas. Martine hesitou, mas não ousou bater à porta. Tanto faz! Ela continuou a andar, chegou à estrada nacional e se pôs a segui-la...

(E. Triolet, *Roses à crédit*, Folio, p. 69)

Esse exemplo de *Roses à crédit* é um dos raros que temos encontrado, associando *eis aqui* a um PDV do personagem, em um texto heterodiegético. Com efeito, pelo fato do valor de proximidade de *eis aqui*, parece que essa forma chama a primeira pessoa. É por isso que é encontrado *eis aqui* embreando um PDV nas narrativas homodiegéticas:

(27) — Na gráfica.
Colocamos nossos revólveres sobre o banco, ao alcance da mão. A cidade parece bem calma... Nossa corrida mal deixa distinguir, como raios, as luzes elétricas que passamos e, mais adiante, barracos de pranchas de madeira mal pregadas que deixam passar uma fraca claridade. Nada de lua, nada de silhuetas de casas. A vida está colada ao chão: lâmpadas a óleo, vendedores ambulantes, restaurantes de má qualidade, lampiões com a chama reta, na noite quente e sem vento, sombras rápidas, silhuetas imóveis, fonógrafos, fonógrafos... Mais adiante, no entanto, tiros de fuzil.
Eis aqui a gráfica. Nossa gráfica. Um longo galpão... No interior, a luz é tão intensa que de início somos obrigados a fechar os olhos.

(Malraux, *Les conquérants*, La Pléiade, 1947, p. 123)

Eis aí / ali presta-se, particularmente bem, para a expressão dos pensamentos que são apresentados como o resultado de um evento ou de percepções anteriores explícitos ou sugeridos. Assim como os outros apresentativos, EI pressupõe, pois, a existência de um sujeito de consciência e convida o leitor a seguir as ações e os pensamentos desse último, como se ele assistisse a isso diretamente, ao vivo[41]. Essa ilusão mimética é nítida no exemplo anterior (como se o leitor seguisse o olhar do personagem e

---

41. Na ausência de focalizador saliente, *eis* produz um efeito de dramatização por conta do narrador: cf. "e eis que, de repente, do deserto elevou-se uma voz" (Charaudeau, 1992, p. 318).

como se o tempo da narração imitasse o trajeto para a gráfica), assim como em (28):

(28) *Eis aí que* ele se enganava novamente de caminho, *que* ele devia voltar por onde havia andado. Enfim, entrou no hotel onde, esta manhã, os ruídos de talheres não eram acompanhados do murmúrio costumeiro das conversas. Todo mundo o olhava. Ele notava que Adèle não estava ali e ele ia sentar-se à mesa.

(Simenon, *Le coup de lune*, Presses Pocket, p. 30)

Todos os apresentativos descontínuos estão, evidentemente, presentes nos monólogos interiores, no discurso indireto, no PDV:

(29) [Início de parágrafo, após uma longa discussão sobre política geral, entrecortada de considerações concretas sobre um certo número de camaradas de combate] *Eis aí* vinte anos *que* Scali ouvia falar de "noção do homem". E quebrava a cabeça com isso. *Era* graciosa, a noção do homem, diante do homem engajado na vida e na morte! Scali não sabia, decididamente, mais onde estava em relação a isso. *Havia* a coragem, a generosidade, e *havia* a fisiologia. *Havia* os revolucionários, e *havia* as massas. *Havia* a política, e *havia* a moral.

(Malraux, *L'espoir*, La Pléiade, 1947, p. 790)

O fato de que *eis aí / ali* tende, cada vez mais, a substituir *eis aqui* está em congruência com nossa análise dos apresentativos: *eis aí / ali* corresponde não apenas a um emprego anafórico, mas pode, igualmente, substituir *eis aqui*, conferindo-lhe um valor anafórico sobreposto: em (26a), *eis que* guarda o valor exofórico de *eis*, mas é completamente possível sobrepor a ele, no plano interpretativo, um valor anafórico situacional significando "eis a cabana esperada", ou uma paráfrase similar:

(26a) Martine, em um meio sono sob o grande carvalho, sentia os braços de Daniel em torno dela. Uma tinta malva escorria em torno de seus olhos. Quando ela acordou completamente, pôs-se novamente a andar.
Eis ali a cabana.

Essa frequente substituição de *eis aí / ali* por *eis aqui* confirma, igualmente, que o apresentativo *eis* (*aqui / aí / ali*), em discurso, não faz mais que acrescentar um papel de apresentativo puro, como afirma Chevalier (1969), e que ele se ajusta nas construções predicativas à sua direita com uma mistura combinando percepções e processos mentais.

3. O papel dos apresentativos na construção das interpretações e na argumentatividade indireta da narrativa

Assim, não se pode contentar com os valores semânticos fundamentais dos apresentativos (apresentar, atestar a existência — ou a não existência — do fato) para dar conta de seu funcionamento em discurso: eles acrescentam, então, ao seu valor semântico primitivo um valor enunciativo de apresentação, informando tanto a respeito do objeto do discurso quanto do locutor ou do enunciador na origem da apresentação. A análise de *há* e de *eis* (*aqui / aí / ali*) confirma a de *é*. Pelo fato do caráter difuso e do acúmulo da referenciação, os apresentativos estabelecem um relacionamento multidirecional do objeto com seu co(n)texto, tanto a montante como a jusante. O apresentativo está no cerne de uma dinâmica de apresentação do objeto / representação do-objeto-para-o-enunciador--centro de perspectiva que concorre para uma dupla mimese, do objeto e do sujeito, e que confere aos apresentativos um estatuto de marcador existencial amplo.

Isso explica por que os apresentativos exercem um tal papel na marcação do PDV. Uma vez que os parâmetros do PDV representado são manifestos, os apresentativos adensam esse último e reforçam sua expressividade. Na ausência de marcas do PDV representado, os apresentativos, em razão de seus valores representativos, embreiam um PDV embrionário. Assim, por sua posição na predicação (forte, para *é*, menos forte para *há* e *eis* (*aqui / aí / ali*), no entanto sensível, dado o seu papel de operador de transição tópica, os apresentativos exprimem a perspectiva de um enunciador "mudo"[42], que vai para além do contexto narrativo de nosso *corpus*.

Notar-se-á que a contribuição dos apresentativos para o adensamento e a expressividade do PDV é mais importante quando *é*, *há* e *eis* (*aqui, aí, lá*) funcionam como apresentativos descontínuos e estruturam construções segmentadas que aumentam a expressividade do PDV, expressividade que vale tanto para o enunciador como para o coenunciador. Existe uma espécie de contínuo entre, em um dos polos, a referenciação por impessoalização e, de outro, a referenciação por focalização com construção clivada (cf. *supra*, (25), et *infra*), o estado "intermediário" sendo representado pelo apresentativo (utilizamos aspas, esse estado intermediário não sendo equidistante, na medida em que o valor enunciativo do apresentativo o aproxima da estrutura clivada e o opõe, claramente, à estrutura impessoal):

(30) Pierre acordou-se com um sobressalto. Havia-se produzido um grande ruído com a batida da veneziana contra a parede.

(30') Pierre acordou-se com um sobressalto. P2 Era a veneziana contra a parede.

(30") Pierre acordou-se com um sobressalto. P2 Era a veneziana que batia contra a parede.

Esse contínuo funciona, igualmente, com *há*:

(31) Ocorre que pessoas têm audácia.

(31') Há pessoas que têm audácia.

(31") Há apenas pessoas que têm audácia. / O que há, é que pessoas têm audácia.

---

42. "Mudo" apenas em relação a nossas representações convencionais, que pretendem que nossas falas sejam explicitamente referenciais, recuperáveis, limitadas à esquerda e à direita...

Da mesma forma, com *eis* (*aqui / aí / ali*):

(32) Existem rosas com espinhos.

(32') Eis aqui rosas com espinhos.

(32") Eis aqui as rosas que têm espinhos.

Esses valores não são possíveis senão contrastivamente. Ora, o contraste opera aqui de maneira arbitrária, em um contexto paradigmático que não é atualizado em discurso. Ele é plenamente sensível apenas em sequências sintagmáticas, notadamente quando o texto faz se sucederem as duas formas gramaticalizadas (clivada e não clivada), o que torna natural o questionamento sobre as razões enunciativas das mudanças[43].

Como foi visto, o apresentativo exerce um papel na construção do universo de discurso e dos efeitos de crença. Essa função apoia-se, ao mesmo tempo, no valor concreto dos apresentativos, em relação com a ancoragem dêitica, e em seu valor generalizante, correlacionado com os relacionamentos anafóricos e catafóricos, assim como com as inferências que eles suscitam, alimentando os processos interpretativos do leitor, particularmente com base da construção do consenso e das esquematizações. Examinemos esses dois mecanismos interpretativos fundamentais, para encerrar.

Morel e Danon-Boileau (1998) notam que, na oralidade, a estrutura *é X*, que anuncia frequentemente um rema, supõe um consenso com o coenunciador sobre o objeto de discurso. Vimos que esse consenso é mais forte com *é* [*c'est*] que com [*ele*] *é* [*il est* [impessoal]], visto que a impessoalização traduz uma desvinculação do locutor (e, portanto, do coenunciador) em relação à interação. É igualmente mais forte com *é* que com *há*, ou com os apresentativos existenciais (*tenho, tens, tem, tem-se, temos, tendes*), pois esses últimos exprimem uma atitude enunciativa consensual, mas enfraquecida, a egocentragem sendo explícita e, portanto, susceptível de reações fortes do coenunciador. Não é a mesma coisa com *é*, pois o objeto do con-

---

43. Está claro que, para tanto, a análise das formas clivadas não poderiam se limitar a essa expressividade...

senso em posição remática dá-se em um ritmo sempre mais curto que o preâmbulo, na oralidade, o que o torna mais dificilmente contestável? É porque a implicitação da egocentragem favorece a consensualidade (Morel; Danon-Boileau, 1998, p. 46).

Se essas hipóteses são particulares à oralidade, parece-nos que elas podem não ser diretamente transpostas para a escrita, especialmente no contexto de narrativas. Com efeito, veremos, inicialmente, que as hipóteses relativas a *é* devem ser enriquecidas e, por fim, que a análise devam, igualmente, dizer respeito a eis (aqui / aí / ali).

• Esse valor enunciativo do rema introduzido por *é* não é próprio da oralidade. É encontrado não apenas nas porções da narrativa que reproduzem mais ou menos as conversações, mas, sobretudo, é encontrado lá onde não era esperado *a priori*, isto é, em frases puramente narrativas, tais como as descrições, ou em narrativas de eventos que, a partir de quando são focalizados, dependem de "frases sem fala" e, portanto, de uma dimensão enunciativa incontestável, a despeito de seu caráter paradoxal. Ora, nesse caso, assim como com *é*, na oralidade, a construção da consensualidade é tanto mais forte quanto mais é mascarada, assumindo formas de uma aparente objetividade, convidando o leitor / coenunciador a aderir às representações (literalmente e em todos os sentidos) que o texto lhe oferece: adesão tão mais eficaz quanto, como foi visto aqui, *é* alimenta numerosos mecanismos interpretativos junto ao leitor, e quanto, como foi longamente explicado no capítulo precedente, esses mecanismos inferenciais lhe permitem apropriar-se do texto. Como Grize (1990) assinala, a respeito das esquematizações e dos fenômenos de clarificação, esses mecanismos apresentam inegáveis vantagens, ao deixar ao outro (o leitor, no caso) o cuidado de se apropriar da mensagem (*op. cit.*, p. 48).

Além disso, as análises de Morel e Danon-Boileau (1998) parecem, igualmente, transponíveis, uma vez que *é* abre o início da narrativa: o que é pressuposto, no preâmbulo ausente, nesses inícios *in medias res* não pode escapar à contestação...

A consensualidade construída por *é*, na narrativa, sobretudo no contexto das "frases sem falas", repousa na construção de um universo de discurso que é *como* dado ao leitor, *como se fosse independente de uma subjetividade sempre perigosa, porque contestável*. A consensualidade repousa, assim, em seu fundamento, nos mecanismos da esquematização, que Grize (1990) define como a "apresentação" de um universo baseado nos pré-construídos partilhados. A partir disso, os mecanismos de clarificação exercem seu papel, eficazmente, que é conduzir o auditor-leitor a concluir em conformidade com as expectativas do locutor, uma vez que é ele que dá sentido à esquematização, tanto mais seguramente quanto mais repousa no senso comum compartilhado.

Assim, a fonte enunciativa da referenciação exerce um papel maior na coenunciação, como na construção de interpretações[44], inclusive nas situações de comunicação diferenciada, o que explica que se dá uma atenção bem particular ao caráter plurifuncional de certas marcas linguísticas e, naquilo que nos diz respeito, aos apresentativos. Nessa ótica, o apresentativo não é mais que apresentativo, tem um valor representativo fundamental, em relação com o sistema enunciativo das narrativas fictícias. Nesse ponto, é interessante notar a convergência dos trabalhos de Gary-Prieur e Noailly (1996) e de Philippe (1996, 1998, 2001, 2002a, 2002b, 2005) com nossas próprias concepções enunciativas do PDV. Ao romper com a tese do pseudoanafórico do demonstrativo nas primeiras páginas de romance, em benefício da noção de empatia e de centro dêitico, Philippe propõe uma análise pertinente, naquilo que ela conjuga, teórica e praticamente, enunciação com referenciação, a problemática da inscrição textual do sujeito de discurso sendo, de imediato, atravessada pelos mecanismos indissociáveis da referenciação e da enunciação (contrariamente aos reducionismos dicotômicos que reservam, exclusivamente, uma entrada enunciativa formal, restrita à inscrição apenas do sujeito, e uma abordagem referencial também restrita apenas aos sujeitos).

• Esses mecanismos interpretativos funcionam, igualmente, com *há* e, como foi visto, mais nitidamente ainda, com *havia*. Todos os nossos exemplos mostram que, a despeito de uma egocentragem mais forte (relativamente

---

44. Deve ser claro que, se a esquematização diz respeito ao valor concreto do apresentativo, ela diz respeito, da mesma forma, ao valor abstrato desse último, em torno das inferências ativadas pelo valor resumptivo dos relacionamentos de *é*.

a *é*), mas necessariamente enfraquecida nos casos de comunicação diferenciada, que são as narrativas, *há* contribui para a dupla mimese, do objeto e do sujeito, e, a esse respeito, participa plenamente da construção das interpretações e dos mecanismos de identificação. Pode-se mesmo considerar que *há*, pondo um objeto aparentemente sem a mediação de um enunciador, torna a existência desse objeto ainda mais "objetiva" que se ela dependesse da mediação de uma subjetividade sempre contestável, por definição.[45] Os objetos sob o escopo de *há* (nesse sentido próximo de *il est* [*há*, uso formal], como assinalam Damourette e Pichon), remetem, contraditoriamente, a um modo de atribuição do referente por impessoalização e, ao mesmo tempo, o próprio *há* está sob o escopo de um enunciador presente, mesmo sob uma forma atenuada, pelo fato de que, nas narrativas heterodiegéticas, o PDV se exprime ali nas "frases sem fala". Esse valor do objeto apresentado, pelo locutor, encontra-se no valor de posse expresso por *há*[46] (Damourette; Pichon, 1940), valor este próximo daquele de apresentativo existencial (Morel; Danon-Boileau, 1998). Esse valor existencial é, na realidade, um valor fundamental, contanto que se lhe atribua um valor enunciativo pleno e inteiro.

O paradoxo é que esse valor representativo-enunciativo opera, implicitamente, e funciona de maneira mascarada, na medida em que o modo de apresentação do objeto parece ocorrer como sendo objetivo (mais com *há* que com os outros apresentativos), e isso, tanto mais eficazmente quanto mais os apresentativos aqui analisados operam nas narrativas heterodiegéticas. Daí a pregnância de *há* nas inferências alimentadas pelos fenômenos de esquematização.

Verificamos esses valores de *há* se o suprimimos e o substituímos por uma paráfrase aproximativa:

---

45. É tentador de se colocar em relação esse valor objetivador com o fato de que a característica essencial de *há* é insistir na informação tematizada, em uma ótica de abertura sobre o rema (/-exaustivo/, enquanto que *c'est* caracteriza-se por um certo fechamento /+exaustivo/ pelo fato de seu valor gerador de pressuposto (Leard, 1992, p. 95). Nessa perspectiva, *há* focaliza (quase "objetivamente") o objeto, o que resulta, como efeito, deixar o enunciador de *há* relativamente na sombra.

46. Cf. "*Há* meu filho que vai me fazer perder o trem" e "*Tenho* meu filho, ele vai me fazer perder o trem".

(29a) Scali não sabia, decididamente, mais onde ele estava em relação a isso. De um lado, a coragem, a generosidade, e, de outro, a psicologia. De um lado, os revolucionários e, de outro, as massas. De um lado, a política, e, de outro, a moral.

Tudo sendo perfeitamente aceitável, (29a) não é uma paráfrase satisfatória de (29), na medida em que a oposição racionaliza o conflito ao ponto que tende a desaparecer. Ora, com os *há* do original, o conflito é mais insolúvel, na medida em que os termos da contradição são como imediata e, evidentemente, sensíveis e, por isso, parecem insuperáveis, sem qualquer hierarquização entre eles, como se Scali estivesse diante de evidências incontornáveis e, portanto, contraditórias. Em outras palavras, a reiteração dos *há* é indício da impossibilidade em que se encontra o herói para superar a contradição.

Assim, constrói-se um consenso em torno dos objetos do discurso tanto mais eficaz quanto mais as estratégias funcionam em níveis diferentes, em que "em todas as jogadas, ganha-se". Se se pratica uma leitura ingênua dos apresentativos, torna-se obscura a origem enunciativa do focalizador e se adere tanto melhor ao universo criado pelos apresentativos (ou às relações que parecem decorrer, como que naturalmente, do encadeamento dos fatos) quanto tudo parece ser dito objetivamente, ninguém-falando-aqui,-a-narrativa-parecendo-contar-se-por-si-mesma, como se os objetos fossem postos sob os olhos do leitor. Se adotamos uma leitura mais "erudita" dos apresentativos, estabelecemos um valor existencial / enunciativo na origem dos objetos apresentados e, então, o pacto fiduciário opera por identificação com um enunciador-centro de perspectiva. A identificação funciona igualmente, mas, dessa vez, com base na reconstrução, pelo leitor, dos mecanismos inferenciais que o texto empresta aos focalizadores. Assim, a construção contextual dos efeitos alimenta mecanismos de identificação e de interpretação distintos e, portanto, solidários.[47] É o que mostram os apresentativos, dos quais, certos efeitos alimentam a identificação secundária, no personagem, e outros, uma identificação primária, no narrador.

---

47. A identificação secundária está em relação com a parte do leitor que Jouve chama o *aquele que lê* [*lisant*], isto é, a parte do leitor capturado pela ilusão referencial, e a identificação primária é mais articulada com a parte do leitor mais crítico, o *leitor jogador* [*lectant jouant*] ou o *leitor interpretante* [*lectant interpretant*] (cf. Jouve, 1992, p. 92-107 e 119-136, e Rabatel, 1998, p. 226-233).

• Parece inútil argumentar, longamente, sobre o valor enunciativo e argumentativo indireto e implícito de *eis* (*aqui, aí, ali*). A partir de quando um tal valor é reconhecido como *há*, que é o apresentativo mais próximo da impessoalização, ele é demonstrado por *eis* (*aqui, aí, ali*), sobretudo nos casos, bastante frequentes nas narrativas, em que *eis* (*aqui, aí, ali*) dá lugar à predicação, com estruturas de colocação em destaque. Com efeito, isso se aplica tanto para *eis* (*aqui, aí, ali*) como para *há*. Esses dois apresentativos, em discurso, exercem, frequentemente, um papel de operador de transição tópica. Assim, em (24) e (26), *há* e *eis* (*aqui, aí, ali*) são, respectivamente, seguidos de um grupo nominal (a mulher e a cabana). Mas esse mesmo grupo nominal é, em seguida, o suporte das predicações contidas nas frases ou proposições seguintes. Com a expressividade dessas estruturas de colocação em destaque, as relações entre enunciador e coenunciador são, particularmente, ativadas.[48]

Aqui, ainda, a comparação dos exemplos originais com parágrafos sem apresentativo é esclarecedor:

(28a) Ele se enganava novamente de caminho e devia voltar por onde havia andado. Enfim, entrou no hotel onde, esta manhã, os ruídos de talheres não eram acompanhados do murmúrio costumeiro das conversas. Todo mundo o olhava. Ele notava que Adèle não estava lá e ele ia sentar-se à mesa.

Ao suprimir o apresentativo, (28a) apresenta o erro do personagem como um fato, e não como a objetivação, pelo próprio personagem, da perturbação na origem de seus erros. Seria o mesmo em (26) e em (27): a supressão do apresentativo não impediria de perceber que a cabana ou a gráfica são vistas pelo personagem focalizador, mas a expressão do PDV ali perderia sua força, na medida em que, graças ao apresentativo, as relações entre movimentos, percepções e pensamentos parecem motivadas *para* e *pelo* personagem. É como se Martine, descobrindo a cabana, nos fizesse entender que ela estava à sua procura: "Eis aqui, enfim, a cabana!"; é como se Joseph Timar disses-

---

[48]. Que as pseudoclivadas visam desambiguizar, resolver um conflito gramatical, especificar um subconjunto (Léard, 1992, p. 70; Roubaud, 2000, p. 45-48), isso remete, em última instância, a cálculos dependentes da colocução ou da coenunciação.

se a si mesmo, em (28): "Puxa, eu me enganei novamente" etc. Em outros termos, o relacionamento é operado pelo focalizador, e é a ocasião de uma espécie de *objetivação* dos elementos do discurso postos em correlação. Ora, essa objetivação, análoga a uma espécie de pensamento ou de fala interior do personagem, é bastante eficaz junto ao leitor coenunciador.

Sobre esse plano, *eis* [*aqui, aí, lá*] tem um papel quase tão eficaz quanto *é*, ao apresentar os fatos contidos nos enunciados em seguida ao apresentativo, como resultado de um relacionamento válido, inicialmente para o enunciador, mas também para o coenunciador, aqui mais fortemente implicado com *há*. Pode-se, aliás, notar que *eis* [*aqui, aí, lá*], em razão da presença etimológica sempre sensível do imperativo "*veja* aqui", "*veja* ali", integra o coenunciador mais fortemente (no sentido em que a implicitação é mais liberal, menos obrigatória) que *é*. Com efeito, com *eis* [*aqui, aí, lá*], o coenunciador é levado a partilhar com e2[49] a conclusão que esse último tira, e isso tanto mais seguramente quanto mais o coenunciador está associado à observação prévia de e2, a esse respeito, não contestável. Como, aliás, a conclusão parece decorrer da coobservação do enunciador e de seu coenunciador, segue-se que a conclusão de e2 se dá como uma coconclusão de e2 e de seu coenunciador.[50]

Em outras palavras, os apresentativos manifestam uma forma argumentativa indireta arriscada,[51] uma vez que, após ter participado de maneira decisiva na construção do universo romanesco e na de seus personagens, eles nos (leitores) convidam a partilhar com o focalizador as inferências retiradas de observações dos fatos, sobre o modo das evidências, as quais, sabemos, não são nunca tão eficazes como quando são compartilhadas — às vezes, sem que tomemos conhecimento.

---

49. Lembremos que e2 é o enunciador na origem do PDV, assim como foi precisado por ocasião da análise de (1).

50. Com base nesses mecanismos, poder-se-ia evidentemente analisar as outras marcas consideradas por alguns como apresentativos, tais como *seja*, *digamos*, até mesmo *assim* etc. — análises enunciativas que confirmariam a fragilidade da classificação tradicional dos apresentativos tradicionais...

51. Alguns poderiam, legitimamente, se admirarem que nossa análise apresente valores semelhantes para formas bem diferentes. A objeção seria séria se houvéssemos tido a pretensão de propor uma análise semântica unitária dos apresentativos, reunidos por um "significado de poder" que se reduziria ao efeito PDV e à sua força argumentativa indireta. Tal não seria nosso objetivo, que consiste em pontuar sobre novos contextos de emprego e em enriquecer, nesse âmbito, a descrição semântica dessas formas.

Capítulo 4
O VALOR DELIBERATIVO DOS CONECTORES E MARCADORES TEMPORAIS *MAS, ENTRETANTO, AGORA, ENTÃO, E,* NA EMBREAGEM DO PONTO DE VISTA

Neste capítulo, analisamos o papel de certos conectores e marcadores temporais[1] vinculados à marcação do ponto de vista, no contexto[2] de narrativas em terceira pessoa, em enunciados onde o enunciador na origem desse PDV não "fala". Mostraremos que, se *mas* embreia um PDV, diretamente, em razão de seu valor argumentativo, *entretanto, então, agora, e* exercem apenas um papel de coembreagem do PDV, na medida em que os movimentos deliberativos, evidentes com o valor argumentativo de *mas*, permanecem latentes com o valor temporal de *entretanto, então, agora, e*, atualizando-se apenas em correlação com a marcação do PDV. É por isso que *mas* pode ser considerado um verdadeiro *embreador* do PDV, ao passo que *entretanto*,

---

1. O trabalho sobre *mas* ["*mais"*] é objeto de uma publicação em *Le français moderne*, n. LXVII-1, 1999, e o trabalho sobre *entretanto, então, agora, e* [*cependant, maintenant, alors, et*], em *Romanische Forschungen* 113-2, 2001. O presente trabalho oferece uma versão profundamente remanejada desses dois artigos.

2. Para não tornar pesada uma exposição consideravelmente ampliada pela extensão dos exemplos, nos limitaremos a analisar comutações com *entretanto*.

então, *agora*, *e* operam essa embreagem apenas em correlação com os parâmetros linguísticos do PDV, de modo que são apenas coembreadores do PDV.

Esse valor enunciativo, especificamente deliberativo, comum aos marcadores temporais[3] e aos conectores, mas de força variável, favorece um contínuo argumentativo-temporal. Os conectores lógicos e os marcadores temporais têm, cada um, além de seu valor de base, um valor temporal ou um valor argumentativo que se manifesta em ligação com o processo deliberativo do PDV. Assim, *mas* e os marcadores temporais *agora, entretanto, então, e*, indicam etapas significativas do processo perceptivo e intelectual, instituindo, por um movimento deliberativo em tensão, relativamente discreto, o enunciador como um dos corresponsáveis, juntamente com o narrador, pela organização do texto, e isso, qualquer que seja a natureza coorientada ou antiorientada dos argumentos.

1. *Mas* nos enunciados narrativos: um embreador do ponto de vista e um organizador textual

1.1 A análise de Ducrot de mas *argumentativo*

Haveria o que quer que seja de pertinente a acrescentar às fortes análises iniciadas por Ducrot (1980a, 1980b), exemplificadas por Maingueneau (1986, p. 142 e seg.) e prolongadas por Adam (1990, p. 197 e seg.)? Esperamos que sim, mais particularmente, se nos detivermos aos exemplos de *mas* nos enunciados narrativos e, especificamente, nos enunciados narrativos de narrativas heterodiegéticas, que permitirão iluminar o papel de *mas* na marcação do ponto de vista.

Segundo Ducrot, o valor argumentativo de *mas* apoia-se em uma opinião argumentativa implícita, que não concerne à oposição entre as proposições

---

3. Essa aproximação do valor enunciativo de formas tradicionalmente distintas em inúmeras nomenclaturas gramaticais é, bem entendido, um argumento suplementar em favor de uma análise unificada dessas formas (o que não quer dizer que a abordagem enunciativa, no caso, seja a única pertinente).

P mas Q, por si sós, mas às suas conclusões argumentativas implícitas antiorientadas. Os encadeamentos argumentativos em torno de *P mas Q* põem em cena, na voz do locutor que os relata, dois enunciadores distintos, um do enunciado *P* e outro do enunciado *mas Q*, o locutor marcando seu acordo com o enunciador de *mas Q*, por causa das instruções do conector. Uma tal resposta não apresenta problema, quando se trata de refletir sobre enunciados antitéticos fabricados do tipo (1):

(1) O tempo está bom, mas fico em casa.

Nesse tipo de exemplo, não é difícil reconstruir o enunciador que assume *P*, que asserta uma constatação e que perfila o enunciado em favor de uma provável saída (*R*), em virtude do tópos que o bom tempo incita a sair de casa e, mais ainda, o de *mas Q*, que opõe razões mais fortes que o tópos para permanecer em casa (*Não R*). Nesse tipo de exemplo e de contexto, não há dúvida de que a responsabilidade enunciativa de *Não R* pelo locutor, que está de acordo com o enunciador de *mas Q*, não apresenta problema particular, na medida em que os enunciadores remetem a posições tópicas abstratas, maneiras de ver, de pensar e de agir em relação às quais o locutor (entendamos: um locutor abstrato) não para de se definir.

É assim que poderíamos analisar o *mas* argumentativo de (2). Ele hierarquiza duas conclusões implícitas opostas, a conclusão *R*, contida na proposição *P*, em favor do fato que é preciso servir o estudante (tópos: quando se está em um bar, é porque se quer beber), e a conclusão *não R* da proposição *mas Q*, defendendo com uma força superior em sentido inverso (é inútil servir uma pessoa que, embora acotovelada no balcão em um bar, não bebe):

(2) Os clientes não eram, ainda, esperados, embora um estudante que vinha para ver Sadjidié já estivesse acotovelado no balcão do bar. *Mas* não valia a pena servi-lo, pois ele pedia apenas copos de cerveja e não os bebia.

(Simenon, *Les clients d'Avrenos*, Folio, p. 9)

A análise precedente do movimento argumentativo em torno de *mas* não diz nada sobre o enunciador desse movimento argumentativo.[4] Poderíamos, *a priori*, pensar o problema como resolvido, considerando que o locutor-enunciador primeiro (o narrador) assume esse *mas* e que é a ele que é preciso remeter as relações lógicas que ele exprime, a menos que não se trate de uma instância intradiscursiva, relacionada a "alguém".[5] De fato, poderíamos objetar que a determinação do enunciador é indiferente à apreensão das relações lógicas entre as duas proposições.

Mas ocorre o mesmo com os enunciados narrativos nos quais os enunciadores não são analisados apenas em termos tópicos, em posições abstratas, mas se representam em figuras de locutor ou de enunciador que remetem a um certo sujeito falante, seja um narrador, por um lado, ou um personagem, por outro? Se nos detivermos, ainda, um instante, em (2), constataremos que o tópos que engendra a conclusão *R* é um tópos que repousa sobre uma experiência compartilhada, mesmo que não frequentemos bares. No entanto, o raciocínio que conduz a *não R* é menos facilmente reconstruível. Quando muito, podemos dizer que, se alguém está em um bar e não pede bebida, é por X razões. Podemos evocar, notadamente, a ausência de sede, a falta de dinheiro, a necessidade de companhia, a busca de parceiro, ou mil outras razões ainda, que não são todas igualmente dóxicas, portanto, nem todas igualmente previsíveis e calculáveis. Em resumo, de um ponto de vista abstrato, nenhuma dessas razões impõe-se por seu caráter mais prototípico que as outras, de modo que o mecanismo inferencial só pode funcionar, de forma válida, com a ajuda de um co(n)texto. Precisamos, então, saber mais a respeito dos enunciadores, enquanto protagonistas de um drama que se estabelece (é a abertura do romance), para interpretar a proposição *mas Q* e determinar quem assume sua responsabilidade enunciativa e por que razões, para analisar, de forma pertinente, a ligação entre *mas Q* e a proposição *P*. Em outras palavras, se o "[alguém]" inicial, que assume *P*, assume, igualmente, a responsabilidade enunciativa de *mas Q*, ou se, por trás do indeterminado,

---

4. O fragmento é curto demais para compreender elementos decisivos que permitiriam responder a essa questão. No momento, (2) é suficiente para destacar o problema de que tratamos.

5. "*On*", do original "On n'attendait pas [...]". Para resgatar esse traço de "indefinido", nossa tradução adota a forma verbal passiva. Com isso, pode-se recuperar, por inferência, uma forma pronominal correlata do "on", em português, na ativa: "alguém" [que não esperava]. [N.T.]

escondem-se referentes distintos que não têm as mesmas preocupações. Voltaremos *in fine* a esse exemplo, citando-o mais amplamente. No momento, limitamo-nos a dizer que a apreensão de *mas Q* necessita que se levem em conta dados contextuais e interfere nos dados genéricos relativos à onisciência do narrador ou ao saber limitado dos personagens.

Decorre daí a hipótese seguinte: se *mas* argumentativo caracteriza-se por valores enunciativos e pragmáticos, bem destacados por Ducrot, seu funcionamento deve-se apenas às *relações lógicas* (sejam elas, as da lógica natural) *entre as coisas*, ou então, é possível considerar que os valores *enunciativos* dos conectores, de alguma forma, levam em conta *dados situacionais*? A resposta é que a apreensão desses dados inclui, por um lado, as pessoas consideradas nessa enunciação e nessa interação em torno do conector, e, por outro lado, o gênero.

Esse novo questionamento permite dar conta dos enunciados nos quais dois *mas* argumentativos se seguem, como em (3), supondo-se que L1 / E1, que manifesta seu desacordo, citaria falas, relatando-as com um movimento de exasperação expresso pelo ponto de exclamação, cujo verdadeiro enunciador é L1 / E1:

(3) "Não é caro, mas é bonito"! Mas eu não estou de acordo!

O primeiro enunciado diz respeito a um discurso representado direto, no qual o locutor representado justifica-se por comprar alguma coisa barata, portanto, de pouco valor, conforme os esquemas de pensamento evocados anteriormente e, logo, em relação a posições abstratas. Mas o segundo enunciado, sendo passível dos mesmos mecanismos argumentativos, faz mais que isso: ele indexa, por um lado, a totalidade do enunciado mencionado, conduzindo-o à expressão de uma posição dóxica, e, por outro, situa-se em relação a uma ação, enquanto locutor / enunciador e interactante que recusa curvar-se a raciocínios e a comportamentos convencionais. A interpretação do segundo *mas*, bem mais polêmico que o primeiro, não se apoia mais apenas em raciocínios abstratos relacionados a enunciadores abstratos. Nessa perspectiva teórica, o locutor primeiro leva em conta o PDV de l2 / e2, sem assumi-lo. E ele o assume ainda menos pelo fato do seu PDV ser indireto, uma vez que, se a expressão é fiel, a significação do PDV imputado a l2 / e2 é tendenciosa, como sugere a entonação exclamativa no discurso relatado. Em outras palavras, L1 / E1 relata uma forma, mas transforma seu conteúdo, pela sua entonação e, portanto, imputa a l2 / e2 um PDV (dóxico) que, necessariamente, não é compartilhado por e2, mesmo se esse último o evocasse, com efeito, em seu discurso. Dito de outra maneira: L1 / E1 estende o raciocínio dóxico linguageiro *à própria pessoa que o profere*. Mesmo se não traz nada de fundamentalmente novo à descrição semântica do *mas* argumentativo, esse descentramento enriquece, no entanto, a descrição, a partir da apreensão dos mecanismos deliberativos ativados por *mas*, cuja relevância só pode ser depreendida ao atribuir todo o seu lugar à reflexão sobre as instâncias de responsabilidade enunciativa de *mas*. Esse é o objetivo fundamental deste trabalho.

Parece-nos ler traços desse problema nas análises do "*mas* romanesco" que Maingueneau (1986) propõe, a respeito de um fragmento de Zola, em estrita ortodoxia em relação à análise ducrotiana de *mas*. Maingueneau analisa esse *mas* (que ele chama de romanesco, porque aparece em narrativas) como um *mas* argumentativo, que recorre menos a argumentos que a atitudes.

(4) Acima, no *foyer*, três lustres de cristal inflamavam-se com uma luz viva. Os dois primos [Fauchery, um jornalista, e La Faloise, um jovem provinciano que Fauchery trouxera para visitar o teatro, durante o entreato] hesitaram um instante: a porta envidraçada, fechada, deixava ver, de uma ponta à outra da galeria, uma ondulação de cabeças que dois fluxos arrastavam em uma contínua agitação. No entanto, eles entraram. Cinco ou seis grupos de homens, falando muito alto e gesticulando, debatiam em meio a cotoveladas; os outros andavam em filas, girando sobre os saltos que batiam o assoalho encerado. À direita e à esquerda, entre as colunas de mármore jaspeado, mulheres sentadas em banquetas de veludo vermelho, olhavam o fluxo passar, com um ar cansado, como enlanguescidas pelo calor; e, por trás delas, em altos espelhos, viam-se seus coques. Ao fundo, diante do bufê, um homem barrigudo bebia um copo de licor. *Mas* Fauchery, para respirar, havia ido ao balcão. La Faloise, que observava fotografias de atrizes, em quadros que alternavam com os espelhos, entre as colunas, acabou por segui-lo.

(Zola, *Nana, apud* Maingueneau, 1986, p. 142-143)

As explicações de Maingueneau (1986) confirmam que sua terminologia tem por função dar conta de mecanismos escriturais que dependem das escolhas do locutor / enunciador primeiro. Assim, o narrador serve-se de um personagem e de uma cena pretextos.

> O movimento parafraseia-se assim: o fato de que se demore um certo tempo a detalhar o *foyer* do teatro tende a fazer pensar que se vai seguir a descrição. O *mas* intervém, então, para contradizer essa tendência e significa que a visita continua, que se vai alhures. A narração glosa, assim, sua própria linha de ação. O *mas* vem se opor à atitude de um leitor que se instalaria, de alguma maneira, na descrição do *foyer* e que precisaria ser impulsionado para a frente. [...] Retirando, de certa maneira, o personagem-leitor de sua contemplação, frustrando-o de detalhes suplementares, permite ao texto fazer uma dupla jogada: por um lado, desenvolve uma descrição precisa (satisfaz, portanto, o seu dever enciclopédico), e por outro, finge ter interrompido prematuramente essa descrição (como se o que importasse fossem apenas os interesses do personagem).
>
> (Maingueneau, 1986, p. 143-144)

Esse *mas*, que separa dois espaços (*foyer* / balcão), duas descrições e dois parágrafos, corresponde a uma estratégia argumentativa determinada. No entanto, a explicação de Maingueneau, que não é falsa, merece exame mais amplo, pois ela compacta dois níveis de análise que, certamente, estão em sincretismo, mas merecem, no entanto, ser diferenciados. Com efeito, Maingueneau evoca, de um lado, uma estratégia narrativa, e de outro, o fato de que esta se constrói pelo viés de uma "focalização interna" sobre o personagem La Faloise. É, com efeito, utilizando o ponto de vista do personagem,[6] para fins de naturalização / verossimilhança, que o narrador atinge seu objetivo escritural, na medida em que a continuidade desse PDV tende a apagar a descontinuidade entre esses dois espaços, essas duas descrições, esses dois parágrafos.

Assim, a narração mascara suas rupturas e seus avanços, motivando-os de acordo com as ações e os comportamentos dos personagens e, eventualmente, de acordo com as percepções e / ou os pensamentos que os acompanham.

---

6. Maingueneau não utiliza essa formulação, mas o conceito de PDV está implícito em sua análise.

São esses dois níveis que importa distinguir na análise pois permitem entender que, em torno do *mas*, entrelaçam-se movimentos que não têm, exatamente, o mesmo sentido para o locutor / enunciador primeiro, o narrador, e para o enunciador segundo, o personagem, este último estando instrumentalizado pela visão abrangente do narrador, se não em geral, pelo menos na estética realista de Zola. Certamente, o personagem não se reduz a essa instrumentalização, pois a motivação de suas percepções, de seus pensamentos, de seus gestos e de suas ações, obedece a uma lógica atorial relativamente independente — e, às vezes, susceptível de entrar em contradição com a lógica autoral, mesmo que não encontremos exemplos desse tipo em nosso *corpus*.

É pois, para responder à questão da ancoragem enunciativa do *mas* e apreender algumas das consequências que dela resultam, no plano da interpretação dos conectores (ou dos marcadores temporais, que levantam questões similares), que vamos abordar o problema a partir da construção linguística do ponto de vista (PDV). Com efeito, sob certas condições, conectores tais como *mas, entretanto* e marcadores temporais, tais como *agora, então, e, então, depois*, constroem um enunciador (Ducrot, 1984) e embreiam um PDV desse último, em relação ao qual o locutor / enunciador primeiro posiciona-se em consonância.

1.2 O ponto de vista, com ou sem mas?

De conformidade com as análises do capítulo 1, o exemplo (5) corresponde a um PDV representado de Zenão:

(5) Zenão prescreveu um calmante e examinou a perna; *os ossos, em dois lugares, saíam da perna, que pendia em frangalhos. Nada nesse acidente parecia com o efeito de coices. As marcas de cascos não eram visíveis em lugar algum.*

(M. Yourcenar, *L'Oeuvre au noir*, Folio, p. 257-258)

Com efeito, o processo de percepção predicado nas primeiras proposições de primeiro plano (decisão de auscultar o doente), desenvolve-se nas proposições do segundo plano, em itálico, com a observação sucessiva dos ossos, das carnes, do membro como um todo, a busca dos traumatismos devidos aos cascos de cavalo, depois, as conclusões. Para melhor sublinhar o intricamento das percepções e dos processos mentais, poderíamos incluir verbos de percepção ou de processo mental, ou, ainda, conectores que referem, diretamente, à atividade de Zenão, enquanto sujeito modal responsável pelas operações de modalização, pelos julgamentos epistêmicos, deônticos, e pelas avaliações:

> (5b) Zenão prescreveu um calmante e examinou a perna; [*ele viu que*] os ossos, em dois lugares, saíam da própria perna que pendia em frangalhos. [*Mas, Ora, Entretanto...*] [*Zenão diz a si mesmo que*] nada nesse acidente parecia com o efeito de coices. [*Com efeito / Pois / De fato...*] as marcas de cascos não eram visíveis em lugar algum.

A paráfrase (5b) apenas explicita a atribuição desses processos a Zenão, assim como a ligação indissolúvel entre percepções e pensamentos. Nessas condições, a inserção de um conector pode apenas explicitar — e, talvez, até intensifica — a dimensão reflexiva do PDV. Trata-se de uma simples ênfase estilística, ou pode-se ver aí o índice de fenômenos mais profundos, no plano linguístico e no plano narratológico?

1.3. O locutor-narrador narra P mas Q e o sujeito de consciência-centro de perspectiva assume mas Q

Quando *mas* é empregado em enunciados narrativos, sua dimensão argumentativa constrói uma instância distinta do locutor, o sujeito de consciência (Zribi-Hertz, 1990, p. 104) ou o enunciador (Ducrot). Essa noção remete aos elementos do discurso que representam o PDV de uma pessoa diferente do sujeito falante. Duas situações são possíveis:
1. o enunciado dá prioridade a um pronome de primeira pessoa: o sujeito de consciência é, então, idêntico ao sujeito falante, no caso, o locutor;

2. o enunciado não está na primeira pessoa. Nesse caso, os pensamentos, ou as falas, ou as percepções representados, não têm "locutor" (no sentido de Ducrot, 1984): eles correferem a uma terceira pessoa, em outras palavras, a um sujeito de consciência (ou enunciador, ou sujeito modal), que é responsável por esses pensamentos, falas ou percepções representados.

É essa segunda situação que nos interessa no presente trabalho. Em suas "Analyses pragmatiques", Ducrot (1980a) dá um exemplo emprestado de Maupassant — é o exemplo (6) — que leva a considerar as percepções *a priori* assumidas pelo narrador como percepções subjetivas dos personagens (análogas, em resumo, ao que se passa em (5), com a diferença — sobre a qual voltaremos — da "aspectualização", isto é, a apresentação das "partes" da percepção é aqui reduzida à sua simples expressão).

(6) Joana, tendo acabado de fazer suas malas, aproximou-se da janela, *mas* a chuva não parava.

(In: Ducrot, 1980a, p. 20)

Ducrot indica que o *mas* da abertura de *Une vie* convida a

representar o movimento de Joana do interior: não como um puro deslocamento no espaço, mas como manifestando um sentimento [...] O romancista, ao ligar por um *mas* a indicação do movimento de Joana e a do mau tempo persistente, obriga o leitor a imaginar, por trás desse movimento, a inquietação da qual ele provém.

(Ducrot, 1980a, p. 20)

No entanto, como mostrou a comparação entre (5) e (5b), o PDV existe, independentemente da presença de *mas*. É, igualmente, o caso de (6), como indicam as variantes (6b)-(6e) que parafraseiam, mais ou menos fielmente, o enunciado original:

(6b) Joana, tendo acabado de fazer suas malas, aproximou-se da janela: a chuva não parava.

(6c) Joana, tendo acabado de fazer suas malas, aproximou-se da janela; a chuva não parava.

(6d) Joana, tendo acabado de fazer suas malas, aproximou-se da janela. A chuva não parava.

(6e) Joana, tendo acabado de fazer suas malas, aproximou-se da janela. A chuva não ia parar nunca!

Fenômeno notável, esse efeito de PDV ocorre com qualquer pontuação entre os dois planos, tão forte é o contraste enunciativo resultante da oposição dos planos, mesmo que a expressão do PDV não seja aí, igualmente, sensível: (6b) e (6e) traduzem, mais de perto, a impaciência de Joana, porque sua perturbação interior está linguisticamente marcada pelos dois pontos que indicam um relacionamento entre as duas proposições que eles ligam, ou pelas marcas de pensamentos representados concernentes ao discurso indireto livre.[7] Qual é, nessas condições, a especificidade de *mas*?

Uma primeira resposta é que, correlacionado aos parâmetros linguísticos do PDV, *mas* contribui com a expressividade desse último, particularmente com a expressão dos cálculos do enunciador e, portanto, concorrendo com a mimese do personagem. Essa explicação é suspeita, pois podemos objetar que o que é atribuído a *mas* depende, na realidade, dos outros parâmetros do PDV. É por isso que é preciso considerar o papel enunciativo de *mas*, desacoplando-o da marcação convencional do PDV. Nossa hipótese é que *mas* possui, além da força de seu valor argumentativo, a possibilidade de indicar, por si só, a presença de um sujeito de consciência, a partir das relações em cuja origem ele se encontra. Em outras palavras, mesmo na ausência das marcas tradicionais do PDV, *mas* é suscetível de indicar um PDV.

Esse papel de *mas* na expressão embrionária do PDV funciona com os enunciados narrativos, e, em consequência, é perfeitamente compreensível que não o encontremos repertoriado por Ducrot (1980b), em sua célebre

---

7. O raciocínio vale também para (6c) e (6d), como veremos mais detalhadamente, no capítulo seguinte.

classificação de *Les mots du discours*, elaborada para dar conta das trocas de turno orais, a partir de duas cenas de *Occupe-toi d'Amélie*. Relembremos, inicialmente, o quadro de Ducrot:

I. *Mas* está no interior de uma réplica de um locutor X:
    X: *P mas Q*
II. *Mas* está na abertura de réplica e introduz um *Q* explícito:
    X: *mas Q*
    A. *Mas* encadeia-se com uma réplica *P* de um locutor Y e marca a oposição de X:
       Y: *P*
       X: *mas Q*
       a. com o ato de fala de Y dizendo *P*;
       b. com as conclusões que Y tira de *P* (embora X admita a verdade de *P*);
       c. com a verdade de *P*.
    B. *Mas* encadeia-se com não verbal e marca a oposição de X:
       X: *mas Q*
       a. com um comportamento de Y (Y destinatário de *mas Q*);
       b. com uma situação;
       c. com suas próprias reações.
III. *Mas* está na abertura de réplica e não introduz *Q* explícito:
    X: *mas...*

(Ducrot, 1980b, p. 99)

Constatamos, logo de entrada, que os exemplos (4) e (6) não entram nessa classificação, assim como os exemplos (7) e (8).

(7) — Lá está Bordenave, diz Fauchery, descendo a escada.
Mas o diretor o havia percebido.

(Zola, *Nana*, Le livre de poche, p. 7)

(8) — Verdade? Juraram-me que havias dormido com ela.
Mas, em frente deles, Mignon, um dedo nos lábios, fazia-lhes sinal para se calar.

(Zola, *Nana*, Le livre de poche, p. 11)

Todos esses exemplos figuram em enunciados narrativos e, por isso, apoiam-se em mecanismos polifônicos (ou dialógicos) particulares. Com efeito, a polifonia apoia-se em uma disjunção potencial particularmente complexa do sujeito falante, do locutor e do enunciador, na medida em que é preciso dar conta da voz de enunciadores determinados, enquanto que "ninguém fala". A divergência enunciativa não opõe dois locutores diferentes, como para II.A e II.B do quadro de Ducrot, ou dois enunciadores diferentes no interior da voz do locutor (I). Além disso, ao contrário de II.B, a narrativa do locutor-narrador dos enunciados narrativos cinde-se (seguindo, com isso, a oposição modo / voz narrativa de Genette) em uma voz que narra e na voz, "sem fala", do focalizador-enunciador que convida a ler *Mas Q*, como dependente de sua visada.

Os exemplos (7) e (8) dizem respeito a um caso em que *mas* segue uma réplica em que Y afirma *P* e *mas* introduz um enunciado não verbal. Se Y é um locutor segundo, claramente identificado e que não se confunde com o locutor primeiro, que é o narrador, por outro lado, X é um locutor sincrético: é, inicialmente, o locutor-narrador que conta / descreve um personagem, e é, em seguida (e sobretudo), um locutor-enunciador distinto do narrador. A interpretação correta de *P mas Q* consiste em ler esse enunciado como o PDV do personagem-centro de perspectiva. O comportamento de X, em *mas Q*, é para ser interpretado como uma reação intencional de X ao ato de fala de Y dizendo *P*. Em resumo, X não diz nada, mas sua atitude mostra que ele pensa outra coisa, de outro modo.

Assim, em (7), há uma oposição de natureza argumentativa entre *P mas Q*. A conclusão implícita de *P* é que Fauchery quer aproveitar a ocasião de encontrar Bordenave, que é um homem de influência... A narrativa, ao "narrar / dizer" *mas Q*, dá a entender que Bordenave também percebeu Fauchery, e que seu desejo de vê-lo é mais forte que o de Fauchery. É, aliás, o que confirma o texto logo em seguida, com Bordenave recriminando Fauchery, por não haver escrito nada sobre Naná no jornal *Le Figaro*. Em outros termos, a narrativa, pela voz do narrador, institui Bordenave como um sujeito de consciência e dá a entender que essa percepção infere um deslocamento intencional no espaço, motivado por considerações psicológicas que o texto explicita posteriormente.

Em (8), a oposição argumentativa entre as conclusões *R* e *não R* apoia--se não no conteúdo proposicional de *P* mas na oportunidade de sua enunciação. Ao dizer *P*, insinua-se que Naná é uma mulher fácil, e como se pode dizer, não se deve levar a pensar...

Esse *mas* mereceria constituir uma quarta rubrica na classificação de Ducrot, uma vez que é assertado em um enunciado eminentemente polifônico. O locutor de *mas* é o narrador, esse último sendo distinto do enunciador-centro de perspectiva, que assume, realmente, a visada argumentativa implícita de seus atos. O quadro de Ducrot poderia, portanto, ser completado como segue:

IV. *Mas* romanesco / narrativo / não verbal:
   A. *Mas* encadeia-se em uma réplica; o enunciador-focalizador de X é distinto do locutor-narrador de X;
   Y diz: *P*
   X-locutor narra: *mas Q* / X-enunciador *assume*:[8] *mas Q*
   Mas está na abertura de um enunciado não verbal que introduz um *Q* implícito que marca a oposição do enunciador-focalizador de X:
   a. com o ato de fala de Y dizendo *P*;
   b. com as conclusões que Y tira de *P*;
   c. com a verdade de *P*.
   B. *Mas* está no interior de um enunciado narrativo / não verbal (ou está na abertura de enunciado, encadeando-se em um enunciado narrativo

---

8. Em retrospectiva, parece-nos que a expressão "X-enunciador assume" mereceria aspas no verbo, indicando uma responsabilidade enunciativa, sem maior precisão. Com efeito, não se trata de uma responsabilidade do mesmo tipo que a do locutor/enunciador primeiro. Assim como indicamos no primeiro capítulo, em 3.1, a responsabilidade enunciativa deve ser reservada a esse último. Quanto aos locutores/enunciadores segundos, a "responsabilidade enunciativa" é uma *quase* responsabilidade enunciativa: é o locutor/enunciador primeiro que lhes imputa, por pressuposição, uma responsabilidade enunciativa anterior. Esta não existe no *hic et nunc* da enunciação, mas o narrador faz como se os conteúdos proposicionais referidos a e2 fossem seus. L1/E1 leva-os em conta, portanto, e imputa a e2 uma responsabilidade enunciativa anterior, em relação à qual ele se situa. Assim como dizíamos, em certos gêneros, o "levar em conta", uma vez que não está associado a marcas de distância, indica que L1/E1 faz mais do que levar em conta de forma neutra. Na narrativa realista, por exemplo, isso significa que o narrador confirma o PDV de e2 como verdadeiro. Essa questão é importante, tanto para a apreensão dos efeitos pragmáticos da quase responsabilidade enunciativa, quanto para a compreensão dos mecanismos da narrativa, sobretudo da narrativa realista. Nota de 2008.

/ não verbal com um enunciado narrativo / não verbal): *P*, eventualmente, e *Q* correferem, implicitamente, ao enunciador-focalizador, e não ao narrador-locutor. As percepções / atitudes etc. contidas em *P mas Q* exprimem, indiretamente, argumentos implícitos que se referem à deliberação do sujeito de consciência, o enunciador-focalizador:

X-locutor narra: *P* / X-enunciador *assume*: *P*

X-locutor narra: *mas Q* / X-enunciador *assume*: *mas Q*

Nossos exemplos (7) e (8) correspondem a IV.A, enquanto que os exemplos (4) e (6) remetem a IV.B. Esses exemplos mostram que a visada argumentativa existe muito bem nesses enunciados narrados / assertados pelo narrador... mas trata-se da visada do personagem-focalizador. Literalmente, o centro de perspectiva não diz nada, mas o locutor-narrador dá a entender a subjetividade desse enunciador-centro de perspectiva. Esses exemplos revelam, em consequência, a existência de um PDV do personagem, certamente muito discreto (é por isso que falamos de embrião do PDV), mas real, nessas "frases sem fala". No caso, esse PDV é inferível, sobretudo conforme os cálculos mentais construídos por *P mas Q*. A diferença fundamental entre IV.A e IV.B está no fato de que, em IV.A, o enunciador de *mas Q* é distinto do locutor de *P*, enquanto que, em IV.B, o enunciador de *P* é, mais frequentemente, o mesmo que o de *mas Q*. É o caso em (4), (9) ou (10). Com efeito, as percepções e os pensamentos contraditórios antes e depois de *mas* correferem, respectivamente, a Tchen e a Meyer, em (9) e (10).

(9) Titubeando, ele [Tchen] fechou, pela metade, a porta aberta pela incompreensível explosão, estendeu sua bandeira para fora, com o braço esquerdo, pelo espaço livre: uma bala na mão não o haveria surpreendido. ***Mas*** não; gritavam de alegria. A fumaça que saía, lentamente, pela janela, impedia-o de ver os insurgentes de esquerda; ***mas*** os de direita o chamavam.

(Malraux, *La condition humaine*)

(10) Sempre enfiado no macio suporte do casaco de pele, a motorista de Mercedes abaixo, Meyer não desgruda os olhos da principal. Sem mais nenhuma vontade de se mexer. ***Mas*** é preciso se mexer, quando a moça, com uma voz abafada, pergunta-lhe se não o incomodaria demais deixá-la se levantar.

(Echenoz, *Nous trois*, p. 28)

Em (10), por exemplo, a denominação "a motorista de Mercedes" (e não, como esperado, "*da* Mercedes") exprime a fascinação de Meyer por esse tipo de mulher. Para ele, todas as condições estão reunidas (bela-jovem--em-relação-com-esse-tipo-de-cilindrada, Mercedes, pele etc.) para prolongar esse contato: não há "mais nenhuma vontade de se mexer". E é esse pensamento não verbalizado de Meyer que é construído pela voz da moça: ela bem compreendeu que, de fato, aborreceria Meyer levantar-se (mas é de boa política fazer de conta que não era o caso...). É por isso que "*é preciso* que ele se mexa".

1.4 Mas *embreador do ponto de vista*

Nos exemplos precedentes, a polifonia não opõe apenas os locutores--enunciadores responsáveis, de um lado, por *P*, e de outro, por *mas Q*. Ela atravessa *P mas Q*, *P* e *Q*, sendo narrada pelo narrador e, ao mesmo tempo, remetendo a pensamentos mudos do enunciador-centro de perspectiva. A oposição argumentativa implícita expressa por *mas*, longe de se limitar a um traço de polifonia, participa da construção do efeito ponto de vista. Esse papel de *mas* é, muitas vezes, subestimado. Na pior das hipóteses, lemos esses fragmentos como puros fragmentos descritivos não focalizados. Na melhor, recuperamos, em torno de *mas*, um traço de polifonia, sem chegar a ver, explicitamente, um embrião de PDV, isto é, percepções e pensamentos representados que correferem a uma instância distinta do narrador e que correspondem, efetivamente, ao que Genette chamava de focalização interna (como faz Maingueneau, em sua análise de (4)).

É verdade que dados conjunturais e estruturais antigos explicam essa situação. Com efeito, a conjuntura teórica dos trabalhos de Ducrot levava-o à análise do fenômeno geral de argumentação na língua, correlato à teoria da polifonia, de modo que a análise dos textos narrativos estava deslocada, relativamente a seu projeto geral. De resto, de um ponto de vista mais estrutural, a ausência, em Genette, de critérios linguísticos precisos que definissem as diversas focalizações, só poderia conduzir a que abordagens linguísticas e narratológicas se ladeassem, sem, realmente, operar junção. Além disso, essas interpretações em termos de polifonia, que não estão erradas, mas que não vão muito longe, explicam-se, igualmente, por uma característica já sublinhada a respeito de (2) e (6), qual seja, o fato de que as percepções representadas mal sejam expandidas.

Ora, o efeito não é o mesmo quando *mas Q* é expandido. Esse fenômeno lembra, por um lado,[9] a aspectualização do texto descritivo, e por outro, a expressão do discurso indireto livre. A articulação das ações com atitudes ou comportamentos e percepções e pensamentos representados, infraverbalizados, intensifica o efeito-PDV, uma vez que o movimento deliberativo, apoiando-se nas percepções, é mais explícito e, portanto, implica menos a ser reconstruído, inferencialmente, pelo leitor. Ora, *mas* exerce, frequentemente, um papel de primeiro plano nessa articulação, e é por isso que ele exerce, plenamente, um papel de embreador do PDV do personagem. Esse é o caso em (11) e (12):

(11) "Olhe!, olhe!"
Inicialmente, no primeiro plano, por baixo deles, era o Porto Saint-Nicolas, as cabines baixas dos escritórios de navegação, a margem pavimentada que desce, apinhada de montes de areia, de tonéis e de sacos, bordeada por uma fila de barcos ainda cheios, onde formigava uma multidão de carregadores, dominada pelo braço gigantesco de uma grua de ferro; enquanto que, do outro lado da água, uma estação de banho frio, alegrada pelo vozerio dos últimos banhistas da temporada, deixava flutuar ao vento as faixas de tecido cinza que lhe serviam de teto. Depois, no meio, o Sena vazio subia, esverdeado, com pequenas vagas dançantes, açoitadas de branco, azul e rosa. E a Pont des Arts estabelecia um segundo plano, muito alta, em sua estrutura de ferro, de uma leveza de renda negra, animada pelo perpétuo vaivém dos pedestres, uma cavalgada de formigas, sobre a linha fina de seu piso. Por baixo, o Sena continuava. Ao longe, viam-se os velhos arcos da Pont-Neuf, bronzeada pela corrosão das pedras; uma brecha abria-se à esquerda, até à Île Saint-Louis, uma fuga de espelho de um atalho ofuscante; e o outro braço virava logo, a eclusa da Monnaie parecia tapar a vista com sua barra de espuma. Ao longo

---

9. Cf. Adam (1989, p. 128-135) e o primeiro capítulo de *La construction textuelle de l'effet point de vue* (Rabatel, 1998a).

da Pont-Neuf, grandes ônibus amarelos, carros de todas as cores, desfilavam com uma regularidade mecânica de brinquedo de criança. Todo o fundo enquadrava-se ali, nas perspectivas das duas margens: na margem direita, as casas dos cais, meio escondidas por um buquê de grandes árvores, de onde emergiam, no horizonte, uma convergência do Hôtel de Ville e do campanário quadrado de Saint Gervais, perdidos em uma confusão de bairro; na margem esquerda, uma ala do Instituto, a fachada achatada da Monnaie, árvores ainda, em fileiras. **Mas** o que mantinha o centro do imenso quadro, o que subia o rio, erguia-se, ocupava o céu, era a Cité, essa proa de antigo navio, eternamente dourada pelo entardecer. Embaixo, os álamos do canteiro verdejavam em uma massa possante, escondendo a estátua. Mais acima, o sol opunha as duas faces, apagando na sombra as casas cinzentas do cais do relógio, clareando, com uma labareda, as casas vermelhas do cais dos Orfèvres, filas de casas irregulares, tão nítidas, que o olho distinguia seus mínimos detalhes, as lojas, os letreiros, até as cortinas das janelas. Mais acima, entre o rendado das chaminés, por trás do xadrez oblíquo dos pequenos tetos, as guaritas do Palais e os cimos da Prefecture estendiam coberturas de ardósia, cortadas por um colossal cartaz azul, pintado na parede, cujas letras gigantes, vistas de toda Paris, eram como o florescimento da febre moderna na fronte da cidade. Mais acima, mais acima ainda, por cima das torres gêmeas de Notre-Dame, de um tom de outro velho, duas flechas se lançavam, por trás da flecha da catedral, à esquerda da flecha da Sainte-Chapelle, de uma elegância tão fina, que pareciam tremer com a brisa, altaneiros mastros do navio secular, mergulhando na claridade, em pleno céu.

"Tu vens, meu amigo?", repetiu Christine, docemente.

(Zola, *L'Oeuvre*, p. 246)

Estamos aqui diante de um PDV denso de Cláudio,[10] enquadrado pelas réplicas de Christine, que o convida a olhar, mas que, em seguida, incita-o a seguir o passeio interrompido longamente. O movimento argumentativo

---

10. Nada impede imaginar que Christine seja um focalizador adicional. Resta que a referenciação bastante minuciosa e "artística" do que é focalizado remete sobretudo ao PDV de Cláudio. Isto é, o texto é escrito de tal modo que o focalizado é apresentado ao leitor por intermédio do prisma da subjetividade de artista de Cláudio. E está claro que o "Tu vens?" final, "docemente" formulado, é o índice de que Christine tem o sentimento de interromper como que uma espécie de contemplação sagrada de Cláudio.

corresponde ao fato de que a descrição detalhada de Paris, conforme o eixo da horizontalidade, poderia desenvolver-se por longo tempo ainda. O *mas* interrompe essa descrição, sinalizando ao leitor que ele não deve se instalar nessa espera — construída, no entanto, pelo próprio texto — e que o texto avança, apesar de tudo, passando para outra coisa. No entanto, esse procedimento vai mais longe do que a astúcia de escritor (que Maingueneau evocou), entregando-se a uma descrição enciclopédica, integrando-a à história. Com efeito, esse movimento diz respeito, igualmente, ao personagem-centro de perspectiva. Ao dizer *mas Q*, é o próprio personagem que é apresentado como a origem dessa vontade de passar a outra coisa, no caso, descrever o que é, aos seus olhos, a essência mesma desse quadro, revelada por esse crescendo.

Na realidade, o valor argumentativo de *mas* parece, aqui, particularmente ambivalente. A hipótese clássica (cf. Ducrot e Maingueneau) consiste, como acabamos de lembrar, em colocar adiante as *conclusões implícitas antiorientadas*. Há uma oposição entre as conclusões implícitas *R* (é bonito, portanto continuo minha descrição) e *não R* (há ainda mais bonito, portanto, abandono minha descrição precedente para descrever esse novo espetáculo).

Mas poderíamos, da mesma forma, considerar que a passagem da descrição horizontal para a descrição vertical remete a *argumentos coorientados*, que exprimem uma progressão do entusiasmo que Cláudio procura compartilhar. Abandonamos, então, a hipótese do *mas* argumentativo canônico, para privilegiar a abordagem de J. M. Adam, em que *mas* exerce, então, um papel de reforço / sobrevalorização que corresponde ao MAS <1> analisado por Adam. Esse *mas* equivale a *não apenas... mas ainda, mas também*, e pode ser combinado com *mesmo, também, igualmente, além disso* etc. Adam (1990, p. 193) nota, justamente, que "MAS indica que P é 'conhecido' (coesão-repetição) e Q é 'novo' (progressão)".

Em (11), o *mas* articula a passagem do plano de fundo, conhecido, a partir de agora, ao centro do quadro, sobre o qual se focaliza, nesse momento, toda a atenção de Cláudio. Em resumo, esse *mas* pode ser parafraseado assim: "*mas* não é tudo", "*mas* o que há de mais belo é", "*e* o que é ainda mais belo". Com MAS <1>, os argumentos explícitos são coorientados e indicam, ambos, que o espetáculo descrito por Cláudio é magnífico, que não há, entre o que precede e o que sucede *mas*, senão uma diferença de grau na expressão da beleza.

Mas é, aqui, duplamente argumentativo. Sua argumentatividade deve-se, sobretudo, ao fato de que participa de uma construção do sujeito de consciência, e é a partir dessa construção que o valor argumentativo é interpretado. Isso significa que a natureza coorientada ou antiorientada dos argumentos é tributária dos mecanismos mentais que imaginamos no enunciador-centro de perspectiva, com base na referenciação global do focalizado e, no caso, com base no fato de que o entorno de *mas* comporta percepções e / ou pensamentos representados, que remetem a percepções sobre as quais se apoia um movimento deliberativo cuja existência é revelada por *mas*.

Em resumo, *mas* constrói, por sua própria enunciação, a existência de um personagem-centro de perspectiva, pelo único fato de mostrá-lo responsável pelas escolhas descritivas, testemunhando, assim, que é um autêntico sujeito de consciência que percebe e pensa, em razão das escolhas e da hierarquia que ele estabelece. É por isso que as interpretações de *P mas Q*, como movimentos coorientados ou antiorientados, são igualmente possíveis, uma vez que as duas são o resultado das escolhas (argumentativas coorientadas ou antiorientadas) do centro de perspectiva. Em suma, *mas* embreia, claramente, um PDV do personagem, na medida em que o *elocutio* (atribuição do referente que se acompanha de subjetivemas diversos) e a *dispositio* combinam percepções e pensamentos. O resultado é que a descrição parece ordenada, menos em virtude de uma transmissão fiel do que é referido, do que em função da vontade do personagem que arruma "as coisas", a partir de sua visão de artista que esboça as grandes linhas de seu quadro futuro.

O valor profundo de *mas* é construir, por sua própria enunciação, um sujeito de consciência que é dado como o responsável pelo dinamismo comunicativo e pela orientação argumentativa de seu "discurso", no caso, pelo encaminhamento não aleatório, motivado, de suas percepções. Esse valor aparece, particularmente bem, quando *mas* está no centro de um PDV do personagem expandido, como é o caso em (11), ou no exemplo (12):

(12) O mostrador luminoso do relógio de Santo Eustáquio empalidecia, agonizava, semelhante a uma lamparina surpreendida pela manhã. Nas lojas dos

vendedores de vinho, no final das ruas vizinhas, os bicos de gás apagavam-se um a um, como estrelas caindo na luz. E Florêncio olhava os grandes Mercados saírem da sombra, saírem do sonho, onde ele os havia visto, estendendo, ao infinito, seus palácios de luz. Eles se solidificavam, de um cinza esverdeado, mais gigantes ainda, com seus mastros prodigiosos, sustentando os painéis sem fim de seus telhados; amontoavam suas massas geométricas, e, quando todas as claridades interiores extinguiram-se, banharam-se no dia que nascia, quadrados, uniformes; elas apareceram como uma máquina moderna, para além de toda medida, uma máquina a vapor, uma caldeira destinada à digestão de um povo, gigantesco ventre de metal, rebitado, aparafusado, feito de madeira, vidro e ferro, de uma elegância e de uma potência de motor mecânico, funcionando ali, com o calor do aquecimento, do atordoamento, do movimento furioso das rodas.

Mas Cláudio estava de pé, em cima do banco, entusiasmado. Ele forçou seu companheiro a admirar o dia raiando sobre os legumes. Era um mar. Ele se estendia da ponta Santo Eustáquio à rua dos Mercados, entre os dois grupos de pavilhões. E, nos dois extremos, nas duas encruzilhadas, o fluxo aumentava ainda, os legumes submergiam o pavimento. O dia levantava-se, lentamente, de um cinza muito suave, lavando todas as coisas com um tom claro de aquarela [...] e, à medida que o incêndio da manhã subia em jatos de chama, no final da rua Rambuteau, os legumes acordavam-se mais, saiam do grande azulamento que se espalhava pelo chão. As verduras, as alfaces, as endívias, as chicórias, abertas e ainda plenas de adubo, mostravam seus interiores reluzentes [...] *Mas* as notas agudas, o que cantava mais alto, eram sempre as manchas vivas das cenouras [...] No cruzamento da rua dos Mercados, os repolhos faziam montanhas [...] No outro extremo, no cruzamento da ponta Santo Eustáquio, a abertura da rua Rambuteau era barrada por uma barricada de abóboras cor de laranja, em duas fileiras, espalhando-se, alargando seus ventres. E o verniz bronzeado de um cesto de cebolas, o vermelho sangrento de um monte de tomates, o apagamento amarelado de um lote de pepinos, o violeta escuro de um cacho de beringelas, aqui e acolá, iluminavam-se; enquanto que grandes rabanetes negros, arrumados em lençóis de luto, deixavam, ainda, alguns buracos de trevas, em meio às vibrantes alegrias da alvorada.

Cláudio batia palmas para esse espetáculo. Ele achava esses legumes extravagantes, loucos, sublimes. E afirmava que não estavam mortos, que, arrancados na véspera, esperavam o sol do amanhã para lhe dizer adeus sobre o piso dos Mercados [...] *Entretanto*, a multidão dos bonés brancos, dos coletes negros, das blusas azuis, enchiam os estreitos corretores, entre os amontoados [...] E, do final da rua ao Pont-Neuf, as filas de carros chegavam, eternamente [...] Cláudio não havia descido de seu banco.

(Zola, *Le ventre de Paris*, p. 399-340)

Os conectores argumentativos assinalados ilustram bem o papel que exercem na construção desse "espetáculo" que remete ao "entusiasmo" crescente de Cláudio. Como se o crescendo dos legumes, dotados de vida e, em seguida, a aparição dos vendedores e dos carros fossem menos motivados pelos agentes exteriores (a força do sol, a agitação dos homens) do que pela própria visão artística de Cláudio... É, nesse sentido, que as mudanças temáticas aparecem como dominadas pela livre vontade do personagem-centro de perspectiva.

Em (12), a segunda ocorrência de *mas* marca as mudanças temáticas e, portanto, uma progressão de um tema a outro, exercendo um papel de reforço / sobrevalorização. O quadro desenrola-se segundo uma visão paroxística que acumula impressões estéticas sempre mais fortes. Além disso, a primeira ocorrência de *mas* aparenta-se mais com o MAS <3> analisado por Adam. Esse *mas* demarcador, na escrita, corresponde ao *mas romanesco* de Maingueneau. Ele sublinha uma transição entre sequências heterogêneas, atenuando os efeitos dessa descontinuidade sequencial:

> A função de MAS <3> consiste, essencialmente, em articular pedaços discursivos *a priori* heterogêneos: uma fala com outra, na oralidade, um fragmento textual com outro, na escrita. MAS <3> traduz-se por PERO, em espanhol, e a impossibilidade de tomá-lo como BUT, em inglês, lembra o E, dito, às vezes, "de retomada", que encontramos, muitas vezes, no início de parágrafo e do qual Proust fala, a respeito do estilo de Flaubert.
>
> (Adam, 1990, p. 203)

Aqui, a heterogeneidade não é, propriamente, sequencial (uma vez que *P* e *Q* são duas sequências descritivas). Ela existe, no entanto, devido à grande extensão dessa sequência descritiva, no plano temático. Essa mudança temática diz respeito às modalidades da descrição: esta é reativada pelo viés de um focalizador mais ativo e mais artista que Florêncio, Cláudio. Além disso, a mudança temática concerne ao focalizador, uma vez que Florêncio observa apenas as construções (em uma progressão temática com tema constante), enquanto que Cláudio se interessa pelo espetáculo multiforme que suscita suas emoções, pelos legumes, pelos homens (em uma progressão temática de tema fragmentado).

Em (12), os valores de *mas* complexificam-se, e a interpretação pode apoiar-se, sem contradições, nos valores canônicos de *mas* argumentativo ou nos de *mas* de reforço / sobrevalorização e de *mas* demarcador. Nessas condições, é o reconhecimento do sujeito de consciência que facilita a atribuição e a interpretação desses movimentos argumentativos complexos. Mais uma vez, pouco importa que nos encontremos diante de movimentos antiorientados ou coorientados. O que conta é que esses movimentos sejam, com efeito, interpretados como dependentes da subjetividade do enunciador-focalizador, que decide o que merece passar do estatuto de / prop- / ao estatuto de / prop+ /. E, parece-nos, que isso leva a dizer que MAS <1> e MAS <3> têm, igualmente, um valor argumentativo (enfraquecido), uma vez que esses empregos constroem o sujeito de consciência pivô do PDV. O valor argumentativo é, aí, o resultado de um raciocínio inferencial que institui o centro de perspectiva como fonte do movimento argumentativo. E, desde então, parece-nos que os empregos listados por J.-M. Adam podem ser subsumidos pelo valor de embreagem do PDV de *mas*.

1.5 Mas *organizador textual*

Se a narrativa parece inscrever-se a partir da lógica perceptiva / intelectual do personagem, é precisamente porque a referenciação do que é percebido e assumido em torno da enunciação de *P mas Q* constrói um verdadeiro PDV, que organiza a heterogeneidade textual em "sequências" homogeneizadas pela visada perceptiva / intelectual. De fato, o termo "sequência" apresenta o inconveniente de fazer dupla com outras acepções (notadamente, com as sequências ou superestruturas textuais), e é por isso que nos parece interessante (re)colocar a velha noção retórica / pragmática de *período*, que vem à frente das preocupações de Charolles e Combettes, nas análises dos planos de texto.

Mas exerce um papel de organizador textual de primeiro plano, por intermédio da construção do sujeito de consciência e da motivação de superfície da heterogeneidade textual. Assim, mais o valor argumentativo canônico de *mas* torna-se complexo, carregando-se de valores cronológicos / adicionais, mais o papel de *mas* parece aumentar, *levando a crer que o texto se inscreve como sob a visão, ou as escolhas, do centro de perspectiva.* Esse novo dado não contradiz em nada o papel argumentativo de *mas*. Pelo contrário, ele convida a propor uma concepção mais ampla no que se refere à construção do sujeito de consciência ao qual corefere o PDV e à organização periódica do texto. Isso significa que a argumentatividade de *mas* não se deve apenas à oposição das conclusões implícitas antiorientadas, mas, ainda, ao valor adicional de argumentos (ou de percepções valendo argumentos) coorientados para uma mesma conclusão, essa conclusão exprimindo a visada das percepções e dos pensamentos constitutivos do PDV.

Adam, a partir de ocorrências bastante diversificadas dos diversos empregos de *mas*,[11] conclui sua análise, assinalando que

> a única constante de funcionamento identificável de MAS <1> a MAS <5>, mesmo passando por MAS <3>, reside na importância argumentativa, atribuída ao conteúdo proposicional que segue MAS, de alguma maneira, em detrimento do precedente. Seja um esquema bem grosseiro [Prop /-/ MAS Prop /+/], em conformidade com a regra de progressão textual, o dinamismo comunicativo e a orientação argumentativa do discurso.
>
> (Adam, 1990, p. 210-211)

Essa conclusão conforta-nos em nossas análises precedentes. Esse papel de *mas* criador de sujeito de consciência e, por isso mesmo, organizador textual, vai bem além de uma descoberta de escritor. Aqui, estamos no

---

11. MAS <1> de reforço sobrevalorização; MAS <2> refutativo; MAS <3> "fático" e/ou de demarcação de segmentos textuais; MAS <4> concessivo, combinado com *e, no entanto*, ou *apesar disso*; MAS <5> argumentativo, parafraseável por *e, no entanto,* ou *entretanto* (Adam, 1990, p. 193-210).

cerne da expressão da subjetividade da linguagem, naquilo que ela tem de mais paradoxal, uma vez que remete a uma subjetividade desconectada do sincretismo tradicional do *eu-aqui-agora* e mistura as subjetividades no interior de uma voz narrativa que conta, enquanto que "fala", assim mesmo.

Essa heterogeneidade enunciativa dos enunciados narrativos constitui um painel original da polifonia da linguagem. Ela não diz respeito mais apenas à expressão da subjetividade por intermédio de um léxico, uma sintaxe, em *"frases sem fala"*, ela diz respeito também à seleção, à combinação dos referentes e dos temas, no *"discurso sem fala"* — dito de outro modo, em *períodos* cuja homogeneidade deve-se à unicidade da visada do sujeito de consciência.

2. O valor deliberativo dos conectores e marcadores temporais *mas, entretanto, agora, então, e*

2.1 Quando mas *permuta com* entretanto

É interessante notar que *mas* não é o único marcador a exercer um papel importante na expressão do PDV, em torno da valorização de um movimento perceptivo / cognitivo que remete a cálculos inferenciais do enunciador. Com efeito, nesse lugar e nessa função, encontra-se em concorrência com *entretanto*, como no exemplo (13). Em (13), *entretanto*, como *mas* no exemplo (6),[12] sinaliza um deslocamento enunciativo que convida a interpretar *entretanto Q* como o PDV de Fauchery.

> (13) — Diga antes "meu bordel", interrompeu novamente Bordenave, com a fria teimosia de um homem convencido.
> *Entretanto*, Fauchery, muito calmo, olhava as mulheres que entravam.
>
> (Zola, *Nana*, Le livre de poche, p. 8)

---

12. Todavia, com uma força enunciativa menos intensa que *mas*. Cf. *infra*.

(13) indica que o comportamento de Fauchery é o índice de suas disposições mentais. Ele decide não dar importância às censuras de Bordenave (conclusão implícita R: "expliquemo-nos de uma vez por todas"). Em consequência, a indicação "muito calmo" não é uma descrição "objetiva" no narrador. É uma indicação sobre a estratégia deliberada para evitar conflito, como se Fauchery dissesse para si mesmo: "Não te responderei. O que quer que atribuas a mim, não darei importância a essa discussão" (não R). Esse embrião de monólogo interior de Fauchery confirma que *entretanto* diz respeito à problemática do PDV.

Essa proximidade de *entretanto* e *mas* não é fortuita: devido ao seu valor, *entretanto* é, também, apto para exprimir um sujeito de consciência. Qual a diferença entre essas duas formas, relativamente à expressão do PDV? Sintaticamente, a comutação entre *entretanto* e *mas* não apresenta nenhum problema e, aparentemente, opera sem diferença semântica fundamental:

(14) La Faloise nem olhou para a jovem moça. A visão de Gaga o [= Fauchery] emocionava, seus olhos não a deixavam mais. Ele ainda a achava muito atraente, mas não ousava dizer.
Entretanto, [*mas*] o regente da orquestra levantava sua batuta, os músicos iniciavam a abertura.

(Zola, *Nana*, Le livre de poche, p. 4)

(15) Correu um frisson: enfim ia-se, portanto, conhecer essa famosa Naná, da qual Paris se ocupava há alguns dias.
[*Mas*] Pouco a pouco, *entretanto*, as conversas diminuíam, lentamente, com repetições de vozes exaltadas.

(Zola, *Nana*, Le livre de poche, p. 15)

(16) Fauchery, que era questionado por seu primo, mostrou-lhe os camarotes dos jornais e das associações, depois nomeou os críticos de teatro, um magro, com aspecto ressecado, com expressão franzina e malvada, e, sobretudo, um gordo, com expressão de criança boa, deixando-se cair sobre o ombro de sua vizinha, uma ingênua que ele mimava com um olhar paternal e carinhoso.
Mas [*entretanto*] ele se calou, vendo La Faloise saudar pessoas que ocupavam um camarote em frente.

(*ibid.*)

(17) Pessoas esmagavam-se, uma discussão começava no controle de entrada, um clamor crescia, produzido pelo barulho das vozes chamando Naná, exigindo Naná, em uma dessas manifestações tolas e de sensualidade brutal que passam pela multidão.
Mas [*entretanto*], por cima da barulheira, a sineta do entreato fez-se ouvir.

(Zola, *Nana*, Le livre de poche, p. 12)

A comutação de *mas* e *entretanto*[13] destaca a proximidade dessas marcas na embreagem do PDV. Assim, em (14), Fauchery ousa *ainda menos* expor sua admiração por *se encontrar impedido* pelo reinício da representação, de modo que a covardia de não ousar exprimir sua admiração é substituída por uma razão objetiva que faz economia de uma agressão à sua face negativa. Em (16), Fauchery cala-se *assim que* percebe que seu primo não o escuta mais etc. Do mesmo modo, em (17), *mas* convida a interpretar a sineta do entreato, anunciando a próxima entrada em cena de Naná, como uma resposta às expectativas do público. Em suma, o que é assertado após *mas*, ou *entretanto*, e que parece advir após os acontecimentos mencionados em *P*, é, na realidade, percebido como em relação lógica[14] muito estreita com *P* e, sobretudo, essa relação deve ser atribuída ao enunciador-focalizador.

Além disso, *entretanto* combina um valor argumentativo com um valor temporal original. *Entretanto* é, com efeito, *enquanto isso*, no sentido adverbial, cujo uso frequente na época clássica (Grevisse, 1969, § 854) é ainda atestado em muitos autores posteriores a Zola (Grevisse, 1969, § 527, nota 1). Assim, em (16), o processo dos verbos no pretérito perfeito, em *mas Q*, intervém, posteriormente, nas outras formas do primeiro plano: inicialmente, Fauchery mostra os camarotes, depois nomeia os críticos, por fim, cala-se. Essa proximidade dos valores temporais e argumentativos, reunidos em um PDV, convida a observar os efeitos das comutações entre marcas temporais e conectores lógicos. Com efeito, é com base no resultado das

---

13. Cf. as formas entre colchetes. Evidentemente, as comutações possíveis sublinham um parentesco de valor enunciativo. Isso não significa que subestimamos as diferenças semânticas, aqui secundárias, relativamente a nosso objeto.

14. Trata-se de uma lógica *natural*, e não apenas de uma lógica *formal* (cf. Grize, 1990).

manipulações seguintes que poderemos precisar a questão das particularidades de *mas* e de *entretanto*, na marcação do PDV.

2.2 Diferença de funcionamento entre conectores e marcadores temporais na marcação do ponto de vista

Constatamos que as comutações de conectores e de marcas temporais não são equivalentes, tanto no plano sintático como no plano semântico, como revela a comparação das séries (14b)-(17b) e (14c)-(17c):

(14b) [*Agora / E / Então*] o regente da orquestra levantava sua batuta, os músicos iniciavam a abertura.

(14c) [*Depois / Então / E*] o regente da orquestra *levantou* sua batuta, os músicos *iniciaram* a abertura.

(15b) [*E / Então*] pouco a pouco, [*agora*], as conversas diminuíam, lentamente, com repetições de vozes exaltadas.

(15c) [*E / Então*] pouco a pouco, as conversas *diminuíram*, lentamente, com repetições de vozes exaltadas.

(16b) [*Depois / Então / E*] ele se calou, vendo La Faloise saudar pessoas que ocupavam um camarote em frente.

(16c) [*Agora / E / Então*] ele se *calava*, vendo La Faloise saudar pessoas que ocupavam um camarote em frente.

(17b) [*Depois / Então / E*] por cima da barulheira, a sineta do entreato fez-se ouvir.

(17c) [*Agora / E / Então*] por cima da barulheira, a sineta do entreato *fazia*-se ouvir.

Certas marcas não são gramaticalmente compatíveis com os imperfeitos. É, tipicamente, o caso de *agora*. O que concluir dessas variações?

Quando essas marcas são combinadas a formas de segundo plano, como o imperfeito, o deslocamento enunciativo indica um PDV, no caso, um PDV do personagem. É o que se observa em (14b), (15b), (16c) e (17c). No entanto, quando essas mesmas marcas temporais são seguidas de formas de primeiro plano, como o pretérito perfeito, encontramo-nos diante de uma narração assumida pelo narrador, sem deslocamento enunciativo. Essa situação vale para os marcadores temporais, em (14c), (15c), (16b) e (17b), e também para *entretanto*, como mostra (14d):

(14d) *Entretanto*, o regente da orquestra *levantou* sua batuta, os músicos *iniciaram* a abertura.

Mas a regra não vale para *mas*, uma vez que os exemplos originais, em (16) e (17), combinam *mas* + pretérito perfeito[15] e *mas Q* exprime um PDV. Constata-se, portanto, que, para que *entretanto*, ou *depois*, *agora*, *então*, e criem um efeito de PDV, é preciso o suporte suplementar de uma forma verbal / aspectual de segundo plano.[16] É por isso que essas formas não são, puramente, embreadores, e é preferível considerá-las como coembreadores. No entanto, o embreador *mas* pode exprimir esse efeito PDV sem a ajuda de uma forma de segundo plano. De fato, em (16), apesar da forma de primeiro plano, a cena é contada de acordo com a perspectiva de Fauchery, cuja brusco silêncio foi motivado por sua percepção. E o mecanismo seria o mesmo em (14e), as percepções auditivas sendo relacionadas a Fauchery, por causa apenas do *mas*, como se a irrupção da música fosse, obscuramente, sentida por ele como um incômodo objetivo, diante de uma confissão que

---

15. Se o PDV *desenvolve-se* por deslocamento enunciativo e por aspectualização das percepções e dos pensamentos representados nos segundos planos, ele pode, no entanto, *aparecer* nos primeiros planos. Cf. Rabatel (1998, p. 40 e seg.).

16. Essa forma de segundo plano está, frequentemente, no pretérito imperfeito, que é o tempo prototípico do segundo plano. Em relação ao mais-que-perfeito ou a um particípio presente, o imperfeito tem a vantagem de apresentar um valor anafórico meronímico fundamental, que funciona inclusive com os imperfeitos ditos "narrativos" (cf. *supra*, em (14) e (15)). Cf. Berthonneau e Kleiber (1999, p. 154-162). Nesse sentido, o imperfeito apresenta a situação como uma parte de um todo retrospectivo e confere a essa parte um "estatuto de consequência conclusiva". Vê-se que nossas análises estão, fortemente, em congruência com esses trabalhos. Nesse sentido, o imperfeito narrativo funciona como todo imperfeito (Cf. Bres, no mesmo número de *Cahiers de Praxématique*).

ele não ousa fazer por razões mais pessoais, a saber, a vergonha de exprimir, publicamente, sua admiração por Gaga, enquanto que Faloise não olha sequer para ela:

(14e) *Mas* o regente da orquestra *levantou* sua batuta, os músicos *iniciaram* a abertura.

Em outras palavras, se *entretanto*, *então*, *e*, *agora* precisam do apoio de uma forma de segundo plano para exprimir o PDV, *mas* não requer, necessariamente, uma tal forma. O ponto comum entre essas formas é sua capacidade enunciativa para representar o lugar de um PDV. O que os diferencia é que *mas* permite, de entrada, as interpretações baseadas nas relações lógicas que permanecem latentes com os marcadores temporais, seu valor temporal não sendo suficiente para a interpretação de um movimento deliberativo qualquer. Quanto a *entretanto*, seu valor argumentativo, contrabalançado por seu valor temporal, é, por esse fato, bastante diminuído para que, sozinho, embreie um PDV.

2.3 Proposições para um continuum *argumentativo-temporal*

Compreendemos que *mas* embreia um PDV em virtude do movimento deliberativo ativado por seu valor argumentativo. Toda a questão é compreender por que os marcadores temporais prestam-se, também, a essa embreagem, mesmo que no modo menor da coembreagem. O ponto central parece-nos estar no fato de que os marcadores temporais possuem, em determinados contextos, um certo valor argumentativo que os torna igualmente aptos para exprimir movimentos deliberativos que correferem a um enunciador[17]. Isso significa, inicialmente, que os marcadores temporais, por sua capacidade para coembrear um PDV, não são, na realidade, desprovidos

---

17. Essa hipótese apoia-se no valor do ponto de vista que, em certas condições, concerne à problemática da ordem temporal. Cf. Moeschler, Sthioul e de Saussure, em Moeschler (1998) e capítulo seguinte.

de uma certa argumentatividade enfraquecida, própria à interpretação da marcação temporal, no PDV e nas narrativas em geral (2.1). Isso significa, igualmente, que os valores argumentativos de *mas* não o impedem de ter, em acréscimo, um valor temporal enfraquecido (2.2.). Esse exame nos permitirá concluir que essa reunião de valores argumentativos e temporais (que já havíamos observado a respeito de *entretanto*, mas que poderia passar por uma característica específica), a cada vez hierarquizada diferentemente, atua em favor de um *continuum* enunciativo, argumentativo-temporal, pelo menos no PDV em contexto narrativo.

2.3.1 O valor argumentativo enfraquecido dos marcadores temporais

Esse valor apoia-se, inicialmente, na lógica do *post hoc ergo propter hoc*[18]. A lógica da ordem temporal quer que um fato proveniente após um evento anterior pareça decorrer deste, necessariamente. Aqui, vai-se além da sintaxe para entrar no terreno das especificidades discursivas genéricas e dos topoi da lógica natural. Esse modo de raciocínio da lógica natural leva a motivar os encadeamentos temporais que, à primeira vista, podem parecer fortuitos. Se um evento produz-se após outro, é que ele está em relação com o outro (mais frequentemente, uma relação de causalidade simples). Esse tipo de raciocínio vale, primeiramente, para as relações de sucessividade (ou de anterioridade), mas é igualmente possível para as relações de concomitância.[19]

O valor argumentativo dos marcadores temporais resulta, em seguida, da atribuição das relações a um enunciador específico. Aqui, a dimensão *cronológica* do *post hoc ergo propter hoc* cruza a problemática do PDV: do momento que há debreagem enunciativa, o movimento deliberativo correfere ao personagem-focalizador saliente, a quem se atribuem os cálculos sobre a sucessão dos acontecimentos.

---

18. "Depois disso, logo, por causa disso". [N. T.]
19. Por exemplo, se dois eventos são concomitantes, não é por efeito do acaso etc.

(16d) Fauchery, que era questionado por seu primo, mostrou-lhe os camarotes dos jornais e das associações, depois nomeou os críticos de teatro, um magro, com aspecto ressecado, com expressão franzina e malvada, e, sobretudo, um gordo, com expressão de criança boa, deixando-se cair sobre o ombro de sua vizinha, uma ingênua que ele mimava com um olhar paternal e carinhoso.
[*Depois*] ele se calou, vendo La Faloise saudar pessoas que ocupavam um camarote em frente.

Em (16d), a substituição de *mas* por *depois* indica uma sucessividade das ações em relação com a frase precedente. Como Fauchery é o focalizador saliente, essa sucessão temporal é motivada a partir de Fauchery, cujo brusco silêncio foi causado por sua percepção evocada na proposição principal, percepção que segue a visão do gordo e da ingênua. Imaginemos que essa parte principal seja suprimida:

(16e) [*Depois*] ele se calou.

Essa supressão não impediria o leitor de tentar explicar as razões dessa interrupção. O efeito de suspense, produzido pela construção absoluta, indica, aliás, que o leitor espera uma explicação. Esta é apreendida a partir do PDV de Fauchery, como se o texto fosse escrito sob essa visada. Em suma, a significação contextual do marcador temporal vai além de seu valor temporal e remete a cálculos enunciativos que *motivam o encadeamento dos fatos, a partir de cálculos atribuídos ao enunciador*: é precisamente o que chamamos de "valor argumentativo" enfraquecido.

(17d) pede comentários semelhares:

(17d) Pessoas esmagavam-se, uma discussão começava no controle de entrada, um clamor crescia, produzido pelo barulho das vozes chamando Naná, exigindo Naná, em uma dessas manifestações tolas e de sensualidade brutal que passam pela multidão.
[*Depois, Enfim*], por cima da barulheira, a sineta do entreato fez-se ouvir.

Aqui, também, o valor temporal acompanha-se de um valor argumentativo, mais sensível com *enfim* que com *depois*, na medida em que *enfim* remete, fortemente, às expectativas do enunciador. Mas esse valor argumentativo enfraquecido existe inclusive com *depois*. Seria um contrassenso interpretar esses eventos como encadeamentos fortuitos. O que o texto faz entender é que o entreato soa não porque "hora é hora", mas porque se trata de uma estratégia consciente de elevação de força do suspense, jogando com a impaciência do público. Em resumo, toca-se o entreato porque, do contrário, "será uma bagunça", como se diz familiarmente. Aqui, também, a significação argumentativa é calculada no PDV, o centro de perspectiva sendo o público impaciente, sabiamente acalorado pela direção do espetáculo.

Assim, os marcadores temporais exprimem, no PDV, um valor argumentativo enfraquecido, mas, ao mesmo tempo, bem real. Eles indicam que a sucessão dos fatos não corresponde a um encadeamento independente dos enunciadores. É por isso que o leitor tem a impressão de que a narrativa parece ser escrita obedecendo aos personagens, a narrativa mimetizando (se não em tempo real, pelo menos de maneira analógica, inscrevendo-os em seu desenrolar temporal) as etapas sucessivas pelas quais se constroem as motivações ou, no modo mais abstrato, os raciocínios dos personagens-centro de perspectiva.

2.3.2 O valor temporal enfraquecido dos conectores

Da mesma maneira que os marcadores temporais manifestam uma argumentatividade enfraquecida no PDV, os conectores possuem um valor temporal enfraquecido. Essa não é, no entanto, a opinião de Maingueneau. Com base no exemplo de "*mas* romanesco", emprestado de Zola, nos enunciados narrativos, ele nega que *mas* possua outro valor que não seja argumentativo:

> *mas* distingue duas sequências para opô-las (o que é concedido e o que é dado como mais forte), mas trata-se de uma oposição *argumentativa*, **e não cronológica ou espacial**. A narração mascara-se, assim, escondendo-se por trás da argumentação implícita de um personagem (Maingueneau, 1986, p. 144). (NB: negritos nossos; itálicos do autor.)

Essa dicotomia bastante nítida entre oposição argumentativa, de um lado, e oposição cronológica e espacial, de outro, não deixa de surpreender, uma vez que o valor argumentativo do *mas* nem sempre tem uma força equivalente. Pelo contrário, esse *mas* romanesco acumula um valor argumentativo por vezes enfraquecido, com um valor temporal marcado e, eventualmente, um valor demarcativo. É o que estabelecemos anteriormente, a respeito da análise de (11). Lembremos que *mas* pode ser parafraseado assim: "*mas* não é tudo", "*mas* o que há de mais belo é...", "*e* o que é ainda mais belo".[20] *Mas* é, portanto, duplamente argumentativo: sua argumentatividade deve-se, sobretudo, ao fato de que ele participa da construção do sujeito de consciência, e é a partir dessa construção que o valor argumentativo é interpretado. Isso significa que a natureza coorientada ou antiorientada dos argumentos é tributária dos mecanismos mentais que imaginamos no centro de perspectiva, que é responsável pelo que passa de Prop/-/ a Prop/+/ (Adam, 1990, p. 210). Essa é a razão pela qual um *mas* pode comutar com um *e,* um *entretanto,* até com um *agora* ou, mais classicamente,[21] com um *depois,* um *então,* correlatos com um tempo passado. A passagem de um estado a outro remete a um encadeamento de processos mentais que não pode se produzir, fazendo-se abstração do quadro temporal (por causa da

---

20. Cf. o *mas* de reforço/sobrevalorização e, em menor grau, o *mas* fático e/ou de demarcação (Adam, 1990, p. 193).

21. Sobre o emprego de *agora* com as formas do passado, cf., sobretudo, Banfield (1995) e Fleischman (1990, 1991), Jouve (1992) e Noël (1996). Se [*agora* + pretérito imperfeito] indica percepções e/ou pensamentos representados, [*agora* + pretérito perfeito] é, igualmente, suscetível de indicar um movimento de pensamento do sujeito de consciência. É o que destaca Dominique Jouve, a partir de exemplos do *Château d'Argol* ("mas, independentemente de uma curiosidade, talvez apenas doentia, ele acreditou adivinhar agora seu comportamento [...]"). Esse *agora* anafórico (= então), frequentemente correlato com verbos de percepção interiorizada ("ele acreditou adivinhar", "ele sentiu" etc.) "remete a um T zero que é apenas a origem dada pela narrativa e que pode variar em seu curso, em função de sua organização. Esse T zero está ligado às diferentes referências dadas pelo sujeito de consciência, que é, aliás, privilegiado" (Jouve,1992, p. 358-361). Em resumo, [*agora* + pretérito perfeito] é suscetível de situar o sujeito como sujeito de consciência (frequentemente na origem de uma interpretação conclusiva). Mas, devido ao fato de o pretérito perfeito estar inscrito em uma série de eventos relatados no pretérito perfeito, os pensamentos e/ou as percepções do personagem-focalizador não podem ser representados, como é o caso com [*agora* + pretérito imperfeito]. No capítulo 2, analisamos esse tipo de situação como um ponto de vista narrado, enfatizando o focalizador a partir do qual os objetos de discurso são apreendidos, sem ir até à debreagem enunciativa. Essa análise liga-se, por certas conclusões, à interpretação de Berthonneau e Kleiber sobre os imperfeitos narrativos ditos de ruptura e sobre os imperfeitos em geral (cf. nota 195).

linearidade da linguagem e dos efeitos de iconicidade que dela derivam[22]). Em outras palavras, ao nos interessarmos pelo processo temporal, pela condição de analisá-lo como um processo hierarquicamente dominado pela dimensão argumentativa, interessamo-nos tanto pelas etapas sucessivas do processo intelectual quanto pelo resultado do processo. É por isso que o *mas* de (9) pode, certamente, ser parafraseado por um *e depois*, mas sua significação não é esgotada por esse valor temporal objetivo.

Podemos dizer o mesmo, comparando (6) e (6f): certamente, (6) compreende (6f), mas é difícil deduzir (6) de (6f):

> (6f) Joana, tendo acabado de fazer suas malas, aproximou-se da janela, [enquanto que] a chuva não parava.

Vê-se bem que, em (6f), a relação temporal é objetiva e, portanto, por conta do narrador, enquanto que, em (6), a relação temporal é subjetiva,[23] dominada pelos cálculos interpretativos do enunciador. Assim, o valor de *mas* não se limita a uma argumentatividade abstrata. O resultado dessa hierarquização de valores argumentativos-temporais permite inscrever raciocínios abstratos na vida dos personagens, construindo esse segundo plano temporal que dá vida aos processos intelectuais (e, portanto, ao personagem), de modo que a argumentatividade inscrita no tempo vivido dos enunciadores é, por assim dizer, dramatizada, representada.

Assim, a diferença entre conectores "lógicos", de um lado, e marcadores temporais, de outro, precisa ser fortemente relativizada, pelo menos no PDV. Essas formas participam, direta ou conjuntamente, da embreagem de um PDV. Seu valor enunciativo constrói o contexto no qual o valor argumentativo ou temporal / argumentativo pode se apresentar. É por isso que esse valor enunciativo não é tão patente como quando os marcadores estão em posição inicial, não apenas de uma proposição ou de uma frase, mas,

---

22. Essa problemática da iconicidade é, de maneira especial, abordada por Combettes (1996), no número 111 de *Langue Française*, consagrado à ordem das palavras.

23. A dimensão subjetiva de (6) não impede considerar que o processo que segue *mas* possui, em acréscimo, um valor objetivo, autenticado pelo narrador. Cf. *supra*, a respeito do duplo valor descritivo e interpretativo dos processos de percepção, na análise de (5).

também, de um parágrafo. É o caso dos exemplos (13) a (17). Parece que há, aí, um efeito de iconicidade, como se esse valor enunciativo primeiro devesse ser exibido em primeiro lugar. Quaisquer que sejam, conectores e marcadores temporais concernem, no PDV definido como "frase sem fala", a uma forma indireta de argumentatividade que se mostra particularmente eficaz, mascarando a origem enunciativa das percepções, dos julgamentos, das motivações dos fatos e dos gestos relatados pela narrativa, e incitando o leitor a fazer suas as motivações de um enunciador que se dá ao luxo de convencê-lo, sem pronunciar uma única palavra, enquanto o convida a reconstruir (e, portanto, a compartilhar) seus movimentos deliberativos e a interpretar a narrativa a partir deles!

2.4 Balanço dos valores textuais dos conectores e marcadores temporais deliberativos: mimese, dramatização e argumentação indireta

Para encerrar, voltemos a (2), que citaremos mais amplamente:

(18) Os clientes não eram ainda esperados, embora um estudante que vinha ver Sadjidié já estivesse acotovelado no balcão do bar. Mas não valia a pena servi-lo, pois ele pedia apenas copos de cerveja e não os bebia.
Apenas a gorda Lola, guarnecida de seda cor-de-rosa e de pérolas, estava em seu posto, na primeira mesa, e olhava para frente, esboçando o vago sorriso que não a deixaria por toda a noite. Ou talvez não! Durante os poucos minutos de seu número de dança, ela franziria a testa, contrairia os lábios, olhando os pés com angústia. Ela nunca se gabava de saber dançar e, se o fazia, como as outras, era porque, nos cabarés, o regulamento tolera apenas "artistas". Estava até mesmo escrito em seu passaporte!
Sadjidié não havia ainda descido. Ela sempre se trancava por último no sótão que servia de alojamento para as mulheres do estabelecimento e só aparecia, com maneiras de vedete, depois de se assegurar, por uma brecha na parede, que havia clientes na sala.

(Simenon, *Les clients d'Avrenos*, Folio Gallimard, p. 9)

Aqui deixaremos de lado a análise das interpretações contraditórias dessa abertura, sem envolvermos apenas considerações psicológicas e sociológicas desconectadas do estudo minucioso do modo de atribuição dos referentes,[24] sobre o qual iremos nos deter, antes de voltarmos a *P mas Q*. Assim, o texto abre-se, *in media res*, por um pronome indefinido[25] sujeito de um verbo de processo mental, e a partir da percepção de um cliente, no bar. Quanto a saber quem está na origem dessas percepções e dos processos mentais que as acompanham, já se sabe que não é o narrador. Certamente, este último conta, mas faz ouvir do próprio interior da narrativa os pensamentos de um terceiro, como indicam inúmeros indícios de estilo indireto livre, como os dois enunciados exclamativos, as aspas de distância para as "artistas". É preciso acrescentar a essas marcas aquelas que indicam um movimento deliberativo, em torno de numerosos marcadores temporais que traduzem a impaciência do enunciador-sujeito de consciência: "ainda não" (reiterado, significativamente, no início de dois parágrafos), "já", "mas não valia a pena servi-lo", "se ela o fazia, como as outras, era porque [...]", "sempre" etc. Esses marcadores assinalam movimentos psicológicos diversos. Reconstituí-los é experimentar, do interior, a impaciência do sujeito de consciência. Além dos marcadores temporais, os conectores, ligados aos marcadores temporais (cf. "se bem que / embora... já") e "mas" indicam que a cena é apreendida a partir das expectativas ou dos receios do focalizador.

Essas observações linguísticas permitem fazer um certo número de inferências, com apoio das informações fornecidas pelo texto, quer se trate do *dito* (o conteúdo), quer do *dizer* (as modalidades de expressão do conteúdo). A análise do modo de atribuição dos referentes confirma a presença de um enunciador-centro de perspectiva já anunciado pelos marcadores temporais e pelos conectores. Assim, não é sem significação que a mulher encarregada de fazer os clientes beber e dançar seja chamada por seu nome (e, além do mais, em uma primeira menção!), enquanto que o estudante é descrito apenas por seu aspecto claramente identificável (*Les clients d'Avrenos* data de 1935, época em que a roupa significava *status*, situação social ou profissional, bem mais claramente que hoje). A hipótese mais plausível

---

24. Cf. Rabatel (2004a, p. 70 e seg.).
25. "On n'attendait pas [...]", no original. [N. T.]

é que o "alguém" ["on"] é um familiar de Sadjidié, e não do estudante. Ou, mais exatamente, o observador conhece o estudante, mas nos dá a entender que não é de suas relações. Aqui, o *dizer* repete o *dito*: a designação do estudante pelo seu *status* e pela ausência de nome próprio indica uma distância. Quais são as motivações dessa distância? Trata-se de uma espécie de desprezo em relação a um cliente sem dinheiro? É preciso, nessas condições, pensar que o indeterminado remete ao patrão ou ao seu *barman*? Não seria proibido, pelo contexto, pensar isso, mas, por um lado, o cotexto estreito invalida a hipótese, por outro, o cotexto alargado elimina, definitivamente, essa intuição. Com efeito, no cotexto estreito, é preciso duas informações aparentemente contraditórias: por um lado, que "não valia a pena servi-lo", por outro, que "ele pedia apenas copos de cerveja e não os bebia". A segunda informação pressupõe que o estudante havia sido servido. Na realidade, a contradição é apenas aparente: ela joga, inicialmente, com uma espécie de palavras sobre o verbo "servir". O estudante teve, certamente, seu pedido atendido, mas, apesar disso, foi servido *corretamente*? O enunciador de *mas Q* não pensa isso. Para ele, sem dúvida, ser (bem) servido implica champanhe, ou um coquetel mais refinado que um miserável copo de cerveja. Assim, *mas Q* informa sobre o hábito mundano do enunciador, o que confirma o etos possivelmente superior daquele que se detém, de forma desprezível, no acanhamento de um terceiro. Em outros termos, o enunciador indefinido de *P*, "alguém" ["on"], compreende, sem dúvida, toda a comunidade dos profissionais e clientes reunidos no cabaré, mas o enunciador de *mas Q* reduz--se à perspectiva de um único enunciador, mundano, desdenhoso, que recusa uma situação de rivalidade com um inferior.

A partir de então, pode-se imaginar que o indefinido[26] relaciona-se a um outro familiar do lugar, de um estatuto superior ao do estudante e também interessado por Sadjidié. A partir de então, compreende-se por que ele "já" está lá: ele se aborrece, está impaciente para ver Sadjidié, sabendo bem que ela não descerá imediatamente; ele se sente socialmente superior ao jovem rapaz, sabe-se mais à vontade com as mulheres... A distância evoca um rival. E, de fato, duas páginas mais adiante, essa hipótese será confirmada, sub-

---

26. Em consequência, "on" [do original "On n'attendait pas"] não é uma anáfora indefinida, mas funciona aqui como um pronome pessoal com valor catafórico.

-repticiamente.[27] Em última análise, o PDV incita o leitor a reinterpretar, posteriormente, como argumentos, dados textuais que não têm, inicialmente, o estatuto de argumento. É assim, quando reinterpretamos a denominação banal de Sadjidié por "Sadjidié", assim como o também banal contraste da designação do estudante por "o estudante", como índices de uma familiaridade do centro de perspectiva na direção de Lola e de uma distância na direção do estudante — índices convergentes com uma orientação argumentativa mascarada, que a (re)leitura explicita...

2.4.1 Efeito de mimese

Conectores e marcadores temporais participam da construção da mimese do personagem, mais precisamente daquela dimensão da mimese que se apoia na densificação psicológica dos personagens, com base nas inferências construídas pelo texto. Em outras palavras, o personagem é ainda mais vivo por se tratar de um ser pensante. Essa característica reside na maneira com que a referenciação dos objetos do mundo remete a uma subjetividade pensante, enquanto que o personagem não diz nada.

2.4.2 Efeitos de dramatização

Conectores e marcadores temporais realçam os cálculos mentais do personagem, *mostrando*-os (é um bom exemplo o que os teóricos ingleses chamam de *showing*, por oposição ao *telling*), mais do que os dizem. Há mais. Tudo se passa como se o conector, mais ainda que os marcadores temporais, dinamizasse, dramatizasse a narração, de modo que a própria narrativa pareça ser escrita como sob a visada do personagem. O movimento intelectual parece mais claro com *mas* que com os outros conectores (como *entretanto*) ou com os marcadores temporais, em virtude de sua capacidade para construir, de entrada, o sujeito de consciência-centro de perspectiva, ao

---

27. O romance narra, na realidade, as aventuras de Bernard de Jonsac e de Noûchi, uma mulher que trabalha com Sadjidié. Mas, no extrato que nos interessa, Jonsac é íntimo de Sadjidié, e é apenas progressivamente (mas, rapidamente), que ele observa Noûchi...

ponto que a narrativa pode, aliás, fazer economia da aspectualização dos pensamentos que acompanham suas percepções.

2.4.3 Efeito de argumentatividade indireta

O fato de que a carga interpretativa dependente do leitor seja importante influencia na força argumentativa do texto, que é mais eficaz pelo fato de operar indiretamente. Com efeito, por um lado, a narrativa é escrita, obedecendo a uma lógica que é a dos personagens, e não a do narrador, e, por outro, a subjetividade do personagem é mascarada, emprestando à narração um caráter "objetivante" (a despeito de seus subjetivemas), uma vez que se trata de enunciados narrativos, de "frases sem fala". O modo de expressão indireta da subjetividade obriga o leitor a um esforço interpretativo aumentado.

O resultado desse funcionamento semiótico não deixa de ter efeitos sobre os mecanismos de crença e sobre o pacto fiduciário que afetam o leitor. Como foi mostrado a respeito dos efeitos semânticos construídos por *é, há, eis (aqui / aí / ali)*, a consensualidade construída pelos embreadores do PDV apoia-se na construção de um universo de discurso que é *como* que dado ao leitor, *como se ele fosse independente de uma subjetividade sempre perigosa, porque contestável*. E, ao mesmo tempo, o leitor coenunciador é convidado a ver no lugar do personagem, do interior, a ver o que ele vê, abstração feita (pensa ele) do que este último pensa, como se a narrativa, assim contada, correspondesse a "um reflexo exato da realidade" (Grize, 1990, p. 36).

Não desenvolveremos mais essa dimensão, largamente analisada nos dois capítulos precedentes. Nós nos contentaremos, em conclusão, em destacar que os conectores e marcadores temporais trazem, também, novas provas[28] em favor da tese da importância dos PDV em uma narração, que se põe ainda mais eficazmente a serviço da argumentatividade indireta da narrativa por saber se mostrar discreta.

---

28. No momento em que enviamos nosso manuscrito ao editor, recebemos a obra editada por Sylvie Mellet (2008), *Concession et dialogisme*, que traz argumentos suplementares em favor da tese que defendemos: o leitor reportar-se-á, com grande proveito, ao conjunto da obra e, notadamente, aos capítulos 4 e 6, consagrados, respectivamente, a *pourtant* e *pour autant* [*no entanto, contudo; apesar disso*] (Gaudin; Salvan; Mellet, 2008) e a *cependant* [*entretanto*] (Mellet; Monte, 2008).

Capítulo 5
PONTO DE VISTA E "ORDEM DAS PALAVRAS":
Os efeitos cognitivos e pragmáticos da anteposição ou da posposição dos enunciados no pretérito imperfeito em relação ao pretérito perfeito

É frequente considerar que os enunciados "Pedro vê uma estrela" e "uma estrela é vista por Pedro" têm o mesmo conteúdo proposicional. Mas essa opinião é discutida há muito tempo. De Libera (1987, p. 11) lembra que, segundo os monistas, "*Sortes vidit album*" (Sócrates viu alguma coisa branca) difere de "*Album videbatur a Sorte*" (Alguma coisa branca foi vista por Sócrates). No primeiro caso, "*album*" está no campo de "*vidit*" (paráfrase: "*Sortes vidit id, quod fuit album*"), mas não com a diátese (paráfrase: "*Id, quod est vel fit album, videbatur a Sorte*"). De modo que Pascal, um monista consequente, tem razão ao dizer que "As palavras, diversamente arranjadas, produzem um sentido diverso, e os sentidos, diversamente arranjados, produzem diferentes efeitos" (Pascal, *Pensées*, v. I, p. 23). Tal problemática interroga a questão do PDV, na medida em que a maioria dos exemplos analisados até aqui apoia-se no fato de que os processos temporais são dados em uma ordem que privilegia o enunciado no pretérito perfeito em primeira posição, seguido do enunciado no pretérito imperfeito. Ora, o que se passaria se o imperfeito fosse anteposto? No caminho, cruzamos essa problemática no capítulo 2 (1.1.3.1), com o exemplo seguinte:

(l) Pedro olhou para sua esquerda. *A sombra se aproximava perigosamente.*

a respeito do qual escrevemos que, sem modificar a atribuição da percepção do enunciador, a anteposição levaria a motivar a ação de Pedro, como se a narração fosse escrita sob a visada do personagem. No presente capítulo, pretendemos verificar essa hipótese, considerando, sucessivamente, a tese da ordem temporal, em seguida as modificações epistêmicas e acionais dos enunciados estativos e comentativos no pretérito imperfeito antepostos, na medida em que as proposições relacionadas ao enunciador saliente sujeito do verbo no pretérito perfeito alimentam a lógica narrativa do *post hoc ergo propter hoc*.[1]

1. A codificação aspectual e a ordem temporal nos encadeamentos pretérito perfeito + pretérito imperfeito

Segundo Moeschler (1998), certos pretéritos imperfeitos comportando estados que se encadeiam em um processo no pretérito perfeito fazem progredir a ação, como mostram os imperfeitos de (2) e (3).

(2) Maria entrou no escritório do presidente. Uma cópia do orçamento estava sobre sua mesa.

(3) Maria entrou no escritório do presidente. Ele parecia exausto.

A esse respeito, Moeschler afirma que

o presidente pode estar exausto antes da chegada de Maria, mas é Maria que, percebendo-o, acha que ele tem o ar exausto. Assim, o estado descrito por E2

---

1. As partes 1 a 3 deste capítulo são a reescrita de um artigo publicado na revista *French Language Studies*, n. 13-3, 2003, e as partes 4 e 5, de um capítulo publicado em Rabatel (2008f).

[o processo no pretérito imperfeito] segue, temporalmente, o evento e1 [o processo no pretérito perfeito]. Mas essa interpretação, subjetiva — a saber, dependente do ponto de vista do protagonista —, é também aplicável a (2): é Maria que, ao entrar, percebe o orçamento do presidente. Nesse caso, como em (3), E2 segue, temporalmente, e1.

(Moeschler, 1998, p. 176-177)

É correto analisar (2) e (3) a partir da perspectiva de Maria. O papel do imperfeito na marcação do PDV está firmado em seu funcionamento anafórico meronímico (Berthonneau; Kleiber, 1993, p. 1999), a situação relatada pela frase no imperfeito, constituindo uma parte da situação em curso, no quadro espaçotemporal instalado pelo pretérito perfeito na frase precedente. O fundamento semântico-pragmático dessa abordagem é compatível com o valor de base do pretérito imperfeito como tempo do passado imperfectivo. Essa imperfectividade exige que o processo denotado pelo imperfeito seja suscetível de continuação e, ainda, que ele seja a continuação de um processo (Moeschler fala, nesse sentido, de uma "eventualidade") no pretérito perfeito, no cotexto esquerdo (De Mulder; Vetters, 1999, p. 52). De modo que o aspecto secante indica que o evento é visto do interior, o ponto de perspectiva P^2 situando-se em alguma parte, entre os limites inicial e final, lugar da apreensão do evento no imperfeito por um sujeito de consciência.

Mas não se entende a razão que leva Moeschler a dizer que, em (2) — e (3) —, o estado no imperfeito *segue, temporalmente, a eventualidade no pretérito perfeito*. De fato, em (2), Maria não pode saber que a cópia do orçamento estava sobre a mesa, antes de entrar, mas isso não invalida a tese da concomitância, baseada na imperfectividade e no valor aspectual do processo denotado no imperfeito. A representação da percepção de Maria é uma representação mental reexperienciada, filtrada pelo centro de perspectiva, que é Maria. Não deixa de ser verdade que o fato denotado existe, independentemente de Maria, a cópia do orçamento encontrando-se na mesa do presidente, antes que Maria a perceba. Essa situação de concomitância re-

---

2. Adotamos, aqui, às seguintes notações: P indica o ponto de perspectiva, S, o momento da enunciação, e E, o ponto de referência da eventualidade (ou do processo), conforme Moeschler *et al.* (1998, p. 203).

mete a paráfrases flexíveis (em conformidade com a representação da teoria da pertinência, reivindicada por Moeschler), do tipo:
- concomitância absoluta: "Ao entrar, ela viu que [...]", "Exatamente no momento em que ela entrou, ela viu que [...]"
- concomitância relativa: "Mal havia atravessado a porta, ela viu [...]", "Imediatamente após haver passado a porta, ela percebeu [...]"

As diferenças das paráfrases indicam que os eventos estão ligados, *no plano cognitivo*. Em outras palavras, a percepção da cópia pressupõe que Maria haja penetrado no escritório do presidente porque é a condição fenomenológica de seu saber, mas essa dimensão fenomenológica não tem nada a ver com a expressão linguística da temporalidade. Quanto à ausência de precisão que caracteriza os enunciados originais, como nossas paráfrases, ela está conforme as predições da teoria da pertinência, segundo a qual os enunciados enunciam-se com mínimo custo cognitivo. Em resumo, parece abusivo concluir outra coisa que não seja uma *concomitância linguisticamente manifestada*.

Como explicar, apesar de tudo, a *impressão* (a impressão, pois no plano da expressão linguística, a tese da concomitância parece inultrapassável) *de avanço do tempo*? Arrisquemos a hipótese seguinte: tudo se passa como se Moeschler interpretasse (2) como o equivalente de (2a):

(2a) Maria entrou no escritório do presidente. Ela percebeu que uma cópia do orçamento estava sobre sua mesa.

Em (2a), o avanço do tempo é imputável ao pretérito perfeito "ela percebeu", o pretérito imperfeito sendo concomitante com esse segundo processo (de percepção) no pretérito perfeito. Em outras palavras, parece que a interpretação de Moeschler baseia-se na economia do processo de percepção. Ora, é o processo subentendido que é posterior à primeira eventualidade no pretérito perfeito, conforme a lei clássica da progressão da ordem temporal.[3] Quanto ao estado no imperfeito, se ele é, eventualmente,

---

3. Lembremos que a tese do avanço da ação a partir dos valores temporais do pretérito perfeito precisa ser relativizada, como mostram os contraexemplos bem conhecidos: "No ano passado, João

"posterior" a essa segunda eventualidade no pretérito perfeito, é na medida em que Maria detalha o que é apreendido antes, globalmente. Trata-se de uma posterioridade mental, inferida, dependente dos mecanismos da anáfora associativa (as partes seguem o todo), e não de uma posterioridade linguística, tal como a exprime (2b). E nessas condições, a interpretação é ampliada:

> (2b) Maria entrou no escritório do presidente. Ela teve uma rápida visão de conjunto e percebeu que uma / a cópia do orçamento estava sobre sua mesa, ao lado do telefone.

Em (2b), o processo perceptivo é, inicialmente, predicado segundo uma apreensão global, em seguida, representado com o detalhe das percepções parciais sobre o orçamento, o telefone, a exemplo desses "fatos que, em imagem, habitam o pensamento", conforme a expressão de Damourette e Pichon ([1911] 1940, tomo V, p. 234). A justeza do esquema mental, que corresponde aos mecanismos do PDV, não implica que (2) equivalha à sua paráfrase (2a), nem, *a fortiori*, a (2b), pois estas são pertinentes apenas para os mecanismos mentais, e não para a expressão linguística do tempo. Em outras palavras, se há progressão da ordem temporal, é em relação a uma *reconstrução mental legítima* de um processo subentendido que tem a forma de uma atividade. Mas não é menos verdade que o que é expresso é um estado... E é preciso reconhecer que essa conclusão seria válida, da mesma forma, com uma paráfrase de (2) incluindo pretéritos perfeitos, que dependeriam dessa construção mental, porque teriam a forma de pretéritos

---

escalou o Cervin. No primeiro dia, ele subiu até a cabana H. Ele passou a noite lá. Depois, ele subiu a face norte. Doze horas mais tarde, ele chegou ao cume" (Kamp; Rohrer, 1983); cf., ainda, "O concerto foi formidável. Maria cantou e João a acompanhou ao piano" (Molendijk, 1990, p. 81). Nesses casos, as relações entre pretéritos perfeitos revelam relações retóricas de tipo parte / todo, assim como a organização das cadeias tópicas. Cf. *infra* (2c). Mas, a despeito de seus limites, a tese do avanço do tempo com os pretéritos perfeitos é, globalmente, verdadeira, ou, pelo menos (o que não é, absolutamente, a mesma coisa), dá conta, justamente, de muitos enunciados que compreendem as séries de pretéritos perfeitos, porque, como observa Bres (2001), conforme uma forte hipótese guillaumiana, relativa à orientação ascendente do tempo (desenrolando-se, para o sujeito, do passado para o futuro), "se a narrativa dispõe, principalmente, os eventos narrados conforme a ordem progressiva (não inclusiva), é que essa ordem é a que corresponde à apreensão ativa do tempo pelo sujeito" (Bres, 2001b, p. 48).

perfeitos, tendo o funcionamento anafórico meronímico característico do imperfeito:

(2c) Maria entrou no escritório do presidente (P1). Uma cópia do orçamento caiu da sua mesa (P2), o telefone tocou (P3) e o fax imprimiu um número considerável de folhas (P4). Em resumo, a rotina.

(P2) (P3) (P4) não são interpretáveis como processos sucessivos, (P2) precedendo (P3), este mesmo precedendo (P4), mas como enunciados simultâneos (podendo permutar sem prejuízo, ou ser substituídos por imperfeitos), remetendo à rotina da gestão dos negócios cotidianos. Com (2c), os eventos são apreendidos a partir da perspectiva de Maria. Mas a referenciação aspectual-temporal difere com (2). Isso tem repercussões sobre a *forma de expressão* do PDV, o que denominamos *PDV narrado*, para distingui-lo do *PDV representado* de (2). Em uma palavra, trata-se, em (2c), de um PDV embrionário que se manifesta no primeiro plano, sem se desenvolver por uma aspectualização no segundo plano. Dito de outro modo, a paráfrase (2c) não diz, exatamente, a mesma coisa que em (2). Isso significa que, em certos casos, o pretérito perfeito tem, se não um valor intrinsecamente subjetivo, pelo menos um valor contextualmente subjetivante.[4]

O valor aspectual-temporal do pretérito imperfeito parece dever estar articulado com a busca da fonte enunciativa, *na medida em que o entendimento perceptual corresponde ao entendimento de um objeto (do discurso) por um sujeito*, no caso, o enunciador e2. Vamos agora testar a validade de nossa hipótese enunciativa, a partir do exame de uma explicação alternativa dos encadeamentos pretérito perfeito + pretérito imperfeito, em termos de comentário de um tópico, com o qual se mostrará que essa explicação requer, igualmente, um prolongamento enunciativo.

---

4. Anotemos isso, de passagem, para assinalar a fragilidade das afirmações segundo as quais, com o pretérito perfeito, a narrativa seria sempre "objetiva", como uma leitura apressada de Benveniste pode deixar pensar. Assim, em certos contextos, o pretérito perfeito é suscetível de endossar um valor subjetivante que, em princípio, deriva do valor do morfema de imperfeito. Essa questão é particularmente desenvolvida por Bres (2001b), Olsen (2002a), e será retomada posteriormente na análise do discurso indireto livre. Nesse caso particular, o valor subjetivante do pretérito perfeito depende do contexto, mais que de um valor de morfema, próprio a esse tempo.

2. O enunciado no pretérito imperfeito como comentário do tópico no enunciado no pretérito perfeito

Segundo Vet (1999), as relações entre os pretéritos perfeito e imperfeito não revelam apenas uma abordagem puramente temporal (é, também, o ponto de vista de Berthonneau e Kleiber, 1993), mas são analisados em termos de tópico e comentário:

> a frase no pretérito perfeito fornece o tópico, que não é, necessariamente, explicitado no discurso, enquanto que a frase no imperfeito constitui o comentário a respeito do tópico.
>
> (Vet, 1999, p. 60)

(4) Pedro entrou na cozinha. Maria lavava a louça.

Vet apoia-se nas análises de Ducrot, segundo as quais as frases no imperfeito caracterizam um tema temporal (um tópico discursivo, segundo Vet) já presente no texto, assim como assinala "a analogia entre o artigo definido e o imperfeito" (Vet, 1999, p. 67). Daí a reescrita de (4):

(4a) Pedro entrou na cozinha (E1).
[Na cozinha] [Maria lavava a louça] (E2).

O tópico discursivo *na cozinha* está subentendido, porque é redundante, mas é indispensável para a interpretação do fragmento, pois assegura a coesão, na ausência de progressão temática de tema linear ou tema constante.
Não consideramos, pois, (E2) como constituindo o segundo plano do processo (E1), nem um "ingrediente" do quadro espaçotemporal no qual se produz a entrada de Pedro, mas como uma informação suplementar sobre o estado "s", localizado na cozinha, o alvo de (E1).

(Vet, 1999, p. 68)

É sintomático que, em (4a), Vet reescreva o original, retomando o quadro espaçotemporal, unicamente, abstração feita do sujeito, enquanto que, em (2b), procedemos ao inverso. De fato, esses dois elementos são complementares, Vet havendo restabelecido o rema subentendido (a bem dizer, unicamente, o adjunto circunstancial de lugar), e nós, o tema subentendido. Essas duas informações estão, com razão, subentendidas, pois são, com efeito, muito redundantes, o tema ainda mais que o rema.

No entanto, constata-se que a reiteração do adjunto circunstancial de lugar, em (4a), deixa intacta a questão de saber quem é o sujeito da percepção de [[Maria] [[lavar] [a louça]]]. Evidentemente, é o locutor-narrador quem relata a percepção, mas quem assume sua responsabilidade enunciativa? O locutor-narrador (cf. (2f) ou (3d)) ou o enunciador-personagem, nos outros casos? Levando-se em conta nossa análise, *Pedro* é o enunciador ao qual se relaciona a percepção de E2, em (4a), assim como *Maria* é o enunciador de P2, em (2).

Por outro lado, seria falso dizer que os elementos reunidos em (2a) e em (4a) são equivalentes, sob o ângulo da restituição da continuidade temática, na medida em que o que juntamos em (2a) vai mais longe do que a simples continuidade temática: é a ideia de que a percepção no segundo enunciado é dada ao leitor pela mediação de *Maria*, que é um sujeito *perceptivo*. No entanto, em (4a), a reiteração do adjunto circunstancial de lugar, se não impede que *Pedro* seja o sujeito perceptivo, não ajuda em nada a clarificação do papel enunciativo de Pedro, interpretação que se apoia no valor do pretérito imperfeito e em seu contraste epistêmico com o pretérito perfeito da frase anterior, como mostrou Vogeleer (1994b, p. 48, e 1996, p. 183, 191-192), a respeito desses mesmos exemplos.

Um argumento a serviço dessa hipótese é que, contrariamente ao que disse Vet, o levar em conta do complemento circunstancial de lugar não é sempre decisivo para a coerência do fragmento. É o subentendido atribuído ao sujeito focalizador que assume esse papel, ou, mais exatamente, as *inferências* em torno do subentendido, e isso ainda mais facilmente, uma vez que a reiteração do adjunto circunstancial de lugar não vale por si só: ela é possível em (2d), mas não em (3a):

(2d) Maria entrou no escritório do presidente.
[No escritório do presidente] uma cópia do orçamento estava sobre a mesa.

(3a) Maria entrou no escritório do presidente.
??/* [No escritório do presidente] ele parecia exausto.

A inaceitabilidade (até mesmo a agramaticalidade) de (3a) relativiza a afirmação de Vet sobre o papel do adjunto circunstancial de lugar como fator de coerência (mesmo se interpretamos essa noção, não no plano semântico, mas no da coesão sintática). Poderíamos objetar que a agramaticalidade se explica pelo fato de que a coerência estaria já marcada pela retomada anafórica *o presidente... ele*. Mas a explicação é forçada, pois, no plano sintático, *ele* dificilmente pode remeter ao grupo nominal preposicional *o escritório do presidente*. Certamente, pode-se inferir que o mais plausível é que a pessoa que tem o ar exausto no escritório do presidente é o próprio presidente. Essa hipótese é provável, na medida em que *o presidente* é o único candidato possível, pelo fato de *Maria* ser do gênero feminino. Mas a questão da coerência permaneceria completa se o nome próprio fosse do gênero masculino, como *George*, por exemplo:

(3b) George entrou no escritório do presidente.
? [No escritório do presidente] ele parecia exausto.

Com efeito, em (3b), duas hipóteses alternativas são possíveis, fora de contexto:
- ou George é o sujeito perceptivo, e o encadeamento no pretérito imperfeito corresponde a um relato de percepção de George sobre o presidente (que tem o ar exausto): o encadeamento pretérito perfeito + pretérito imperfeito é interpretado como derivado de uma progressão linear;
- ou George não é o sujeito perceptivo e é aquele que está exausto no escritório do presidente, segundo a progressão temática com rema constante.

O fato de que (3b) seja gramatical, pelo menos mais aceitável que (3a), confirma que a reiteração do adjunto circunstancial de lugar não resolve nada quanto à questão de saber quem é o vetor da coerência. É por isso que o valor comentativo do imperfeito deve aqui, igualmente, ser prolongado pelo levar em conta dos parâmetros enunciativos que enriquecem a análise da referenciação aspectual-temporal dos eventos percebidos, como a das relações tópico / comentário. É o que confirma *a contrario* (5):

(5) Pedro entrou na cozinha. Ele sorria.

Vet considera, com efeito, que os enunciados com uma progressão de tema constante constituem uma exceção à sua tese, pois a presença do tópico nominal Pedro constrói uma relação de simultaneidade que proíbe imaginar a paráfrase do conjunto, como "(E1) Pedro entrou na cozinha. (E2) [Na cozinha], [ele sorria]" (Vet, 1999, p. 69-70). Admitimos não compreender as razões dessa impossibilidade (mesmo opondo tópico discursivo e tópico nominal), considerando que o imperfeito não está delimitado, nem à esquerda, nem à direita. Certamente, pode-se considerar que a repetição do tema na cozinha é inútil, uma vez que a frase no imperfeito descreve um estado ou uma propriedade (*ele parecia exausto*, para *o presidente*, *ele sorria*, para *Pedro*), enquanto que a repetição é possível quando a frase no imperfeito remete a um evento que se desenrola em um quadro espaçotemporal determinado. Mas a explicação leva a dizer que, nesse caso, *o presidente* ou *Pedro* não são mais sujeitos de consciência perceptivos.

De fato, as diferenças entre (4) e (5) remetem à possibilidade de que um enunciador distinto do locutor esteja na fonte da informação tópica discursiva, em (4), e à sua impossibilidade, em (5). Encontra-se aí, em outra forma, a tese segundo a qual, na ausência de um sujeito de consciência-personagem, o PDV é atribuído ao locutor-narrador. Em (4), existe um candidato saliente intradiegético para assumir a percepção (e os pensamentos a que está associado): Pedro é sujeito de consciência-enunciador. Em (5), Pedro é visto pelo narrador, na ausência de focalizador-personagem saliente. Ele não é, aqui, no plano linguístico, sujeito de consciência, *na medida em que o texto não estipula nada que seja para perceber.*[5] E, da mesma forma, em (5a) e em (5b), os relatos de percepções mais desenvolvidos dependem sempre do PDV do locutor:

(5a) Pedro entrou na cozinha. Na cozinha, ele sorria, tanto quanto o que ele acabava de saber o havia enchido de felicidade [= na cozinha, ele sorria *ainda*].

(5b) Pedro entrou na cozinha. Na cozinha, ele sorria, a visão dos pratos seduzia suas papilas [= na cozinha, *ele se pôs* a sorrir, com a visão dos pratos].

Seria, aliás, errôneo concluir da análise contrastiva de (2) e (5) que a noção de sujeito de consciência estaria apoiada, exclusivamente, na natureza de situação no imperfeito, no caso, sobre o fato de que haveria apenas sujeito de consciência quando a situação remetesse a um evento, e não quando a situação referisse a um estado. (6) invalida, claramente, essa hipótese:

(6) P1 Pedro entrou na cozinha. P2 A luz estava acesa.

Se a oposição evento *versus* estado não é pertinente, o que é decisivo, no entanto, é o fato de que esse evento e esse estado remetam a um relato de percepção do enunciador textualmente saliente, enquanto que (5) corresponde a um relato de percepção do locutor narrador, na ausência desse mesmo enunciador. Em (6), como em (4), portanto, Pedro é sujeito perceptivo. O que nos dizem a discordância enunciativa entre P1, no pretérito perfeito, e P2, no imperfeito, e, mais particularmente, o valor aspectual-temporal do morfema de imperfeito, é que a situação de P2 é apreendida pelo filtro perceptivo de Pedro (mesmo que a lâmpada estivesse, sem dúvida,

---

5. Evidentemente, é sempre possível imaginar um cotexto que o estabelece como sujeito de consciência, seja porque seu sorriso remete a pensamentos ativados pelo contexto, seja porque o sorriso assinala, implicitamente, que o espetáculo saliente, em contexto, é de natureza a suscitar um sentimento de bem-estar. Haveria, então, uma implicitação da percepção. Mas, em (5), esses dados co(n)textuais fazem falta. A noção de sujeito de consciência (ou de enunciador) não é, pois, uma qualidade permanente dos personagens, ela existe apenas quando o personagem é posto como sendo a fonte de um ponto de vista, de um pensamento, de uma percepção sempre acompanhada de pensamento. É, aliás, por isso que o termo enunciador é preferível, no plano didático, ao de sujeito de consciência, que oferece o risco de ontologizar um fenômeno linguístico passageiro.

acesa, mesmo que Maria já lavasse a louça antes da entrada de Pedro na cozinha), e que a conhecemos pela mediação de Pedro. Essa parece ser a hipótese enunciativa fundamental, por padrão.

3. Ponto de vista do locutor e/ou ponto de vista do enunciador

Mesmo na ausência da notação explícita relativa a Maria em P2, nos exemplos (2) e (3) e, *salvo menções contrárias,* a discordância enunciativa, por um lado, e a saliência de Maria no cotexto, por outro, são suficientes para interpretar o processo denotado em P2 como resultado de uma percepção do sujeito saliente. E ocorre o mesmo em (4) e (6), para Pedro. Essa análise confirma, assim, os trabalhos de Vogeleer relativos ao valor perceptual do pretérito imperfeito:

> Como todo imperfeito, o imperfeito perceptual faz parte do grupo dos tempos do passado. Isso significa que a situação descrita no imperfeito não está localizada na situação enunciativa real, no caso, na situação de produção do texto. No entanto, devido ao deslocamento de ponto de vista, a situação é descrita não do ponto de vista do autor, localizado em seu "agora" real, mas do ponto de vista de um enunciador-observador, chamado *indivíduo determinante do ponto de vista,* que está localizado (ou finge estar) no quadro espaçotemporal dos eventos e descreve as coisas tais como as vê (ou como se as visse).
>
> (Vogeleer, 1996, p. 183)

Em consequência, (1), (2), (3), (4) e (6) exprimem um PDV do enunciador. Essa interpretação baseia-se em inferências que convidam a ler esses enunciados como se correspondessem a paráfrases com uma continuidade temática entre P1 e P2. Em (2e) e (3c), P1 e P2 apoiam-se em uma progressão temática de tema constante: a reiteração do nome próprio sujeito envolve a de um verbo de percepção. Com isso, fica patente que Maria entra e vê a cópia ou o ar exausto do presidente:

(2e) P1 Maria entrou no escritório do presidente.
P2 [Maria viu que] uma cópia do orçamento estava sobre a mesa.

(3c) P1 Maria entrou no escritório do presidente.
P2 [Maria viu que] ele estava com o ar exausto.

Quanto às menções contrárias, evocadas anteriormente, elas remetem a marcas explícitas de um saber epistêmico cuja fonte parece estar, exclusivamente, no locutor, ou cuja fonte é compartilhada pelas duas instâncias. Assim, (2f) e (3d)[6] invalidam a hipótese de Maria como sujeito perceptivo, devido à negação do processo perceptivo e ao *mas*,[7] de modo que o PDV é atribuído ao locutor. (3e) acumula dois sujeitos do PDV, Maria e o locutor narrador, esse último estando, implicitamente, em uma relação de superioridade epistêmica em relação a Maria, como *mal* sinaliza isso, enquanto que (2g) indica que o PDV é, exclusivamente, o de Maria, o locutor contentando-se em creditar a verdade de seu movimento intencional (*para verificar se*):

(2f) P1 Maria entrou no escritório do presidente.
P2 Mas ela não percebeu que uma cópia do orçamento estava sobre a mesa.
P2' Uma cópia do orçamento estava sobre a mesa, mas Maria não percebeu.

(2g) P1 Maria entrou no escritório do presidente para verificar se a cópia do orçamento estava sobre sua mesa.

(3d) P1 Maria entrou no escritório do presidente.
P2 Mas ela não percebeu que ele estava exausto.
P2' Ele parecia exausto, mas Maria não percebeu.

---

6. Em (2f), (3d) e (3e), Maria encontra-se na abertura da frase, sob P2, com um substituto pronominal ou em fim de frase, sob P2', o que provoca uma redenominação de Maria. Nesses exemplos, aparece uma superioridade epistêmica do locutor sobre Maria, forte em (2f) e (3d), menos em (3e).

7. *Mas* confirma nossa hipótese, na medida em que ele ativa uma inferência sobre o fato de que Maria entra intencionalmente, expectativa que P2 vem contradizer: cf. Ducrot (1980a, 1980b) e, neste volume, capítulo 4.

(3e) P1 Maria entrou no escritório do presidente.
P2 Mas ela quase não percebeu que ele parecia exausto.
P2' Ele parecia exausto, mas Maria quase não percebeu.

Em suma, uma vez que, no cotexto, nada invalida, em (1), (2), (3), (4) e (6), a hipótese segundo a qual Pedro e Maria são os enunciadores aos quais se relaciona P2, as inferências ativadas, a discordância enunciativa e a saliência de *Maria* no cotexto são suficientes para interpretar o processo denotado em P2 como o resultado de uma percepção dos aludidos sujeitos salientes.

A distinção entre locutor e enunciador é, pois, fundamental para a análise da responsabilidade enunciativa da referência ou da coerência. Ela não se substitui pelas análises do pretérito imperfeito em termos de valor aspectual-temporal ou de tópico discursivo; ela os prolonga e os precisa, convidando a não fazer com que a interpretação apoie-se em apenas um marcador, em detrimento do valor enunciativo do conjunto das informações trazidas pela referenciação co(n)textual.

É o que acabamos de ver a respeito dos conectores e dos marcadores temporais, e, para encerrar, gostaríamos de mostrar a rentabilidade dessa abordagem a respeito da coesão nominal. Pode-se notar, sem dúvida, que Moeschler não leva em conta, em sua análise de (2) e (3), a presença do sintagma nominal indefinido em (2) (ao contrário de (3)) e a existência de uma progressão temática linear, em (3) (ao contrário de (2)). Ora, essas diferenças influenciam, não na origem enunciativa do ponto de vista, mas na expressão mais ou menos reflexiva ou prerreflexiva do PDV de "Maria".[8] Assim, a anáfora associativa (locativa) reforça o PDV de "Maria" em (2h), em relação a (2), motivando sua entrada no escritório do presidente, para ali buscar a cópia:

(2h) Maria entrou no escritório do presidente. *A* cópia do orçamento estava sobre sua mesa.

Essas mudanças na construção da cadeia referencial confirmam nossa hipótese inicial: (2i) exprime um PDV narrado de Maria. Apesar da existência

---

8. Sobre essa questão da reflexividade e da prerreflexividade, cf. Banfield (1995, p. 192-2013), Olsen (2002b) e, nesta obra, o volume 2, capítulos 3 e 4.

de dois pretéritos perfeitos seguidos, os sintagmas nominais possessivos indicam que a cena é empatizada a partir de Maria, sem, no entanto, fornecer-nos o conteúdo de seus pensamentos. (2j) exprime o PDV representado de Maria, ou o PDV do narrador. A despeito da presença do pretérito imperfeito, o sintagma nominal definido parece impedir a empatização sobre Maria, de modo que duvidamos que Maria seja sujeito do PDV representado ou, se o for, pelo menos ela não parece sozinha para ver a cópia, ou com capacidade para vê-la.

(2i) Maria entrou no escritório do presidente. Sobre a mesa, uma cópia do orçamento atraiu *seu* olhar.

(2j) Maria entrou no escritório do presidente. Sobre a mesa, uma cópia do orçamento atraiu *o* olhar.

No entanto, o conflito das marcas é retirado em (2k), pela congruência entre o imperfeito e o sintagma nominal possessivo:

(2k) Maria entrou no escritório do presidente. Sobre a mesa, uma cópia do orçamento atraía *seu* olhar.

Por fim, em (2*l*), a despeito do sintagma nominal definido, há, efetivamente, PDV representado de Maria. Dessa vez, a hipótese não se apoia mais nas marcas estritamente linguísticas (tempos dos verbos, cadeia referencial), mas em dados lexicais, discursivos (semantismo do verbo, segundo plano comentativo).

(2*l*) Maria entrou no escritório do presidente. Sobre a mesa, uma cópia do orçamento atraía *o* olhar, mas ela não quis deixar que isso fosse percebido.

4. Quando a anteposição da descrição de estado aumenta sua dimensão epistêmica, atribuindo-lhe uma dimensão causativa

O papel do imperfeito, decisivo na marcação do PDV, merece, ainda, ser apreendido em ligação com a posposição ou a anteposição em relação com o enunciado no pretérito perfeito. Se, com a anteposição do enunciado estativo, o enunciador intratextual não muda, por outro lado, parece que sua saliência é afetada, na medida em que o enunciador centro de perspectiva está, menos diretamente, em primeiro plano. Mas não é o que nos interessa no momento. O ponto crucial é saber se a posição do imperfeito provoca repercussões sobre o processo no imperfeito, de um lado, e sobre o processo no pretérito perfeito, de outro. A hipótese é que a anteposição influencia a natureza da percepção, que adquire um valor epistêmico mais importante que com a posposição. Isso recai sobre as relações entre o imperfeito e o perfeito e, no final das contas, sobre a narração, que parece ser escrita mais ou menos sob as motivações do personagem, em função da lógica retórica narrativa *post hoc ergo propter hoc*.

Martin (2005) chama, respectivamente, Segundo Plano 1 e 2, os enunciados de pano de fundo no pretérito imperfeito, que são ora pospostos à descrição de ação no pretérito perfeito, como em (6), ora antepostos, como em (6a):

(6a) P1 A luz estava acesa. P2 Pedro entrou na cozinha.

Certamente, a denominação é contraintuitiva, na medida em que o Segundo Plano 1 vem após o enunciado no pretérito perfeito, e não antes, como o algarismo 1 poderia deixar pensar. Mas esse algarismo 1 indica que a posposição é mais frequente que a anteposição. É, aliás, por isso que a anteposição é, muitas vezes (e significativamente), pensada como uma "ordem inversa" que reconhece a predominância da posposição... até na literatura consagrada às relações entre enunciados nos pretéritos perfeito e no imperfeito.

De um ponto de vista cognitivo, a frase estativa serve de Segundo Plano (*background*) para a frase dinâmica precedente (*foreground*). Pode-se, em primeira análise, considerar que o lugar do enunciado estativo, em relação ao enunciado que comporta a descrição de eventos, é pouco significativo, na medida em que a predicação verbal é primeira e a predicação adjetiva, segunda, nos planos cognitivo e lógico-gramatical, e isso, em qualquer que seja a ordem dos enunciados no imperfeito e no perfeito. Mas a relação semântica entre enunciado estativo e descrição de ação assume significações diferentes, conforme o lugar do enunciado estativo. Sem dúvida, o enunciado estativo de (6) e (6a) é atribuído a Pedro, fonte epistêmica da percepção. Mas a narrativa não empatiza com Pedro da mesma maneira. Em (6), o leitor está com Pedro, com quem compartilha a *visão*; em (6a), o leitor está, igualmente, com Pedro, mas compartilha suas *motivações*. Em outras palavras, o enunciado estativo não é mais apenas um enunciado descritivo retrospectivo de Segundo Plano. Ele conserva esses valores semânticos, acrescentando, a estes, um valor explicativo que não depende do comentário *a posteriori*, mas de uma *elaboração projetiva da ação posterior*.

É por isso que paráfrases aceitáveis de (6a) podem incluir uma conjunção que exprime a causa, como em (7), ou indicar, de uma maneira ou de outra, a existência de uma intencionalidade, como em (8), mesmo que em um modo negativo, como em (9) e (10):

(7) Como a luz estava acesa / a luz estando acesa / uma vez que a luz estava acesa, Pedro entrou.

(8) Pedro esperava que a peça estivesse iluminada. Ele entrou. A luz estava de fato acesa.

(9) A luz estava acesa. Mas Pedro não sabia, senão ele teria voltado. Ele entrou.

(10) Pedro achava que a peça estava escura. Ele entrou. Mas a luz estava acesa.

Essas mudanças de valor semântico do enunciado estativo, segundo sua posposição ou sua anteposição, verificam-se, também, no exemplo (4), que citamos mais uma vez, em (11):

(11) Pedro entrou na cozinha. Maria lavava a louça.

(12) Maria lavava a louça. Pedro entrou na cozinha.

Em (11), o enunciado estativo é uma percepção de Pedro, no momento em que ele entra na cozinha, consecutivo à sua entrada. Daí a paráfrase com um advérbio de tempo, em (13):

(13) Pedro entrou na cozinha e, então / nesse momento, viu que Maria lavava a louça.

Com uma ordem inversa, em (12), o enunciado estativo não corresponde a uma percepção de Pedro, consecutiva à sua entrada na cozinha; nessas circunstâncias, é difícil para Pedro ver que Maria lavava a louça na cozinha. O enunciado estativo anteposto, referido a Pedro, indica um saber anterior, o que é ainda mais claro em (14) e (15):

(14) Era a hora certa e o lugar certo para discutir. Maria lavava a louça. Pedro entrou na cozinha.

(15) Maria lavava a louça. Pedro entrou na cozinha. Era a hora certa e o lugar certo para discutir.

Nos dois casos, Pedro permanece a fonte epistêmica do enunciado estativo no imperfeito. Em (14) e (15), como anteriormente, em (12), não se trata de uma *percepção de ocorrência, hic et nunc*, mas de um *saber de natureza iterativa*, possivelmente de natureza perceptiva. Outra hipótese, congruente com a precedente, que reforça a ideia de um saber mais importante, é que o saber não se apoia em uma percepção, mas em um ouvir dizer.

A anteposição envolve uma segunda diferença, relativa ao valor narrativo da relação entre enunciado estativo e descrição de ação. Com efeito, a narrativa, em razão da anteposição do enunciado estativo, parece, em primeira análise, menos subjetivante que a posposição. De fato, a narrativa permanece subjetivante, uma vez que ela sempre se refere à subjetividade do personagem, mas de forma diferente, como se, *com a anteposição, o quadro orientasse a ação do personagem*, como se a narrativa fosse escrita sob a visada do personagem, *de uma maneira tão discreta que poderia passar por "objetivante", tanto a motivação das ações apresenta-se ali sob uma forma prerreflexiva, de natureza inferencial* (Rabatel, 2003b, p. 148).[9] Em

---

9. É preciso ressaltar que esse efeito se apoia, igualmente, na capacidade do pretérito perfeito para exprimir estados de consciência que não são, portanto, reservados apenas às formas de Segundo Plano (mesmo que essas últimas os exprimam mais claramente).

outras palavras, porque Pedro sabe que Maria está lavando a louça, ele decide ir à cozinha, o que leva a pensar, por inferência, que Pedro deseja ver Maria e que sua entrada na cozinha é intencional. Nesse sentido, o enunciado estativo exerce o papel de um enunciado causativo (causa necessária, mas não suficiente), explicando as motivações da ação, assim como indicam as paráfrases (16) e (17):

(16) Porque Maria lavava a louça, Pedro entrou na cozinha.

(17) Pedro viu / ouviu / sabia que Maria lavava a louça. Ele entrou na cozinha / ele decidiu entrar na cozinha.

Em suma, da posposição à anteposição, o saber veiculado pelo enunciado estativo não tem o mesmo tamanho. Ele aumenta de volume com a anteposição, até muda de natureza. Disso resulta que, no plano semântico, o enunciado estativo não tem o mesmo papel: posposto, trata-se de uma descrição de Segundo Plano; anteposto, está próximo de uma explicação que prenuncia uma ação. As diferenças encontram-se no plano do dinamismo comunicacional. O enunciado estativo de (11) focaliza um saber perceptual importante em si mesmo, enquanto que o enunciado estativo de (12) serve de quadro à predicação verbal — é um "saber *para*" orientado para uma ação dada, não tem um fim em si mesmo.

A diferença epistêmica entre os enunciados estativos de Segundo Plano pospostos ou antepostos é importante, porque influencia a relação entre o enunciado estativo e a descrição de ação, na medida em que os dados epistêmicos são suscetíveis ora de formatar a ação, ora de precisar certos resultados dessa ação, o que não deixa de ter efeito sobre a narração e sobre a interpretação.

5. Anteposição e lógica narrativa

Como acabamos de ver, na grande maioria das descrições de Segundo Plano, a frase estativa exerce um papel explicativo de uma eventualidade causativa necessária, mas não suficiente, que lhe confere uma dimensão explicativa.[10] Esse acúmulo das funções de Segundo Plano e de comentário não é, no entanto, reservado apenas aos enunciados estativos. Ele existe, também, com um certo número de enunciados comentativos aos quais a anteposição confere um papel explicativo... de Segundo Plano que influencia a ação, em congruência com a lógica narrativa do *post hoc ergo propter hoc*.[11]

A oposição entre um dado epistêmico reduzido ao *hic et nunc* (perceptual) e um saber mais vasto encontra-se, igualmente, a respeito dos comentários que dizem respeito ao que Martin (2005) chama de predicados de estado endoacionais, isto é, predicados que caracterizam o estado de um indivíduo quando ele age, como em (18):

(18) Pedro deu bombons a João. Ele era generoso.

"Generoso" opõe-se a "belo", por exemplo, porque a generosidade tem necessidade de ação para se manifestar, diferentemente da beleza, daí sua caracterização como endoacional. Em função dessa distinção, o imperfeito pode, dificilmente, ser interpretado como um Segundo Plano, pois tal análise exigira que o estado de generosidade houvesse começado antes da ação por intermédio da qual ele se manifestou, o que é precisamente impossível, por causa da definição de "generoso" como predicado endoacional. Essa é a primeira interpretação (por padrão) que Martin propõe de (18).

Mas essa interpretação é discutível (em todos os sentidos do termo), pois, com efeito, parece possível considerar "ele era generoso" como um Segundo Plano 1. Mas isso implica, por um lado, que o estado de generosidade é, ao

---

10. Há, no entanto, lugar para manter a distinção entre explicação e Segundo Plano com dimensão explicativa, em função das diferenças temporais entre explicação e Segundo Plano. Com efeito, segundo a *Segmented Discourse Representation Theory*, a explicação depende de uma eventualidade que existe antes da eventualidade resultante (e não durante seu desenrolamento), Enquanto que a eventualidade de Segundo Plano existe antes e durante a eventualidade resultante, como em: "Pedro tem tuberculose. Ele tinha doença no pulmão" — (Segundo Plano): Pedro tem doença antes do diagnóstico e após *versus* "Pedro está com a pele queimada. Ele se expôs muito tempo ao sol" — (Explicação): a exposição ao sol é anterior à queimadura de sol, mas não dura.

11. Essa lógica junta-se, parcialmente, à questão da dimensão mimológica da ordem das palavras. Cf. Genette (1976, p. 183-226).

mesmo tempo, anterior à eventualidade, e por outro, que a ação corresponde a uma ilustração de ocorrência de um traço de característica permanente do indivíduo em questão.

Essas duas análises apoiam-se em uma interpretação muito diferente do saber veiculado pelo enunciado estativo. Em uma primeira leitura, o enunciado estativo de (18) equivale a uma descrição factual que incide sobre um gesto, e sobre aquele gesto apenas. Em uma segunda leitura, o enunciado estativo remete a características permanentes de Pedro, que encontram ali *uma ocasião a mais* para se exprimir. As duas interpretações são muito diferentes, pois a hipótese alternativa apoia-se em outras condições de verdade, podendo estar acompanhadas de enunciados comentativos do tipo: "E eu poderia muito bem dar outros exemplos" / "E este é apenas um exemplo entre outros". A generosidade não tem o mesmo valor nas duas leituras. A primeira remete a uma generosidade limitada à ação, a segunda considera a generosidade como um traço de caráter mais ou menos durável. (18) é passível das duas leituras: Pedro é generoso ao decidir dar bombons e ao realizar o gesto de dar. O que ocorre com uma ordem inversa, em (19)?

(19) Pedro era generoso. Ele deu bombons a João.

(19) exclui a primeira leitura. A generosidade é uma característica permanente. Essa diferença confirma, pois, que a anteposição do enunciado estativo comentativo dota esse último de uma dimensão epistêmica superior à que ele apresenta, estando posposto. É por isso que, em (19), a leitura de ocorrência do predicado estativo é difícil, se não impossível. O gesto de dar manifesta, no mínimo, uma característica anterior do indivíduo, até mesmo uma característica durável ou permanente, assim como confirmam as paráfrases (20) e (21):

(20) Como Pedro é generoso, ele deu bombons a João.

(21) Pedro é generoso, ele deu, portanto, bombons a João.

Em outras palavras, nos exemplos (18) a (21), os dados explicativos estão relacionados ao enunciador intratextual saliente. Esse mecanismo é tão evidente que parece influenciar na interpretação da narração, como se essa última fosse escrita em função das motivações e das análises dos personagens. Essa dimensão explicativa alimenta a lógica narrativa do *post hoc ergo propter hoc*. A força desses fenômenos convergentes é tal que age inclusive nos contextos que, *a priori*, não são favoráveis, ao ponto de revisar nossos conhecimentos do mundo, de maneira a "salvar" o enunciado, explicando-o por comportamentos e pensamentos que dizem respeito ao enunciador centro de perspectiva, como em (22) e (23), emprestados de Martin (2005):

(22) Maria acordou. Os pássaros estavam com fome.

(23) Os pássaros estavam com fome. Maria acordou.

Martin enfatiza que, nos dois casos, o leitor pensa que é natural que Maria tenha acordado porque os pássaros estavam com fome, mesmo que não se trate de uma explicação frequente. Em (22), pode-se compreender que Maria observa que os pássaros, acordando, estão com fome, que ela acorda porque os pássaros estão com fome e ela se diz que os pássaros estão com fome, ou que Maria acorda porque os pássaros estão com fome, sem que ela se diga isso, interiormente. Essas três possibilidades, que implicam o mesmo centro de perspectiva, destacam, nessa implicação, a plasticidade desses estados de consciência, mais ou menos (pré)reflexivos.

Esse fenômeno também ocorre em (23), contrariamente ao que Martin diz a respeito. De todo modo, o destaque do enunciado estativo de (23) não tem a ver apenas com um *zoom* sobre uma informação concernente à história (à diegese). Além de um *zoom* sobre a narração, ele procede construindo um universo (maravilhoso) onde é natural que alguém acorde, quando outros estão com fome... (o que é outra maneira de dizer que, com a antecipação, o bloqueio do valor causal implica que se recorra à função explicativa).

Em resumo, os exemplos precedentes mostram que a anteposição ou a posposição do enunciado estativo produz efeitos menos sobre a origem enunciativa que sobre a natureza epistêmica do enunciado estativo, sobre a natureza da relação entre enunciado estativo e descrição de ação, e sobre a narração e sua interpretação.

Com efeito, as variações de posição do enunciado estativo não modificam, em regra geral, a instância enunciativa que assume o PDV, na medida em que a saliência se apoia, raramente, em um só critério, mas, de preferência, sobre um feixe de marcas congruentes: essa regra, ativa em enunciados curtos descontextualizados, é mais válida ainda em textos. Compreende-se que, nessas condições, apenas o critério da ordem das palavras não seja suficiente para modificar a origem enunciativa do centro de perspectiva. No entanto, ele afeta sua maior ou menor saliência, o que recai sobre os outros parâmetros.

Anteposição e posposição influenciam o valor semântico do enunciado estativo, limitando seus conteúdos proposicionais a dados limitados ao *hic et nunc*, com a posposição, ou, pelo contrário, aumentando o volume e a natureza epistêmica dos conteúdos proposicionais, com a anteposição, o que explica, como resultado, o aumento de seu papel pragmático para a interpretação tanto da ação quanto da narrativa. A ordem das palavras influencia, pois, no nível de interpretação dos enunciados estativos,[12] na medida em que a anteposição do enunciado estativo atribui-lhe um papel de quadro "explicativo", naquilo que ele motiva, de uma forma ou de outra, a ação predicada na descrição da ação no pretérito perfeito, conferindo à narração um real dinamismo, como se a ação se produzisse sob a visada do personagem, independentemente do locutor / enunciador primeiro.

Concluiremos com uma observação prospectiva. Mediremos os limites de uma reflexão sobre os exemplos fabricados ou atestados, reduzidos a duas frases. Ora, se refletimos sobre textos longos, as coisas complicam-se. Daremos apenas uma ilustração desafiante: como interpretar o enunciado comentativo "Cosette tinha razão", de (24)? Trata-se de um comentário de Valjean, do narrador, ou dos dois?

(24) De repente, Cosette gritou: Pai, parece que eles vêm lá adiante. Jean Valjean ergueu os olhos. Cosette tinha razão.

O calçamento que leva à antiga barreira do Maine segue, como se sabe, a rua de Sèvres e é cortada, em ângulo reto, pelo boulevard interior. Na esquina do

---

12. Relações semânticas intrafrásticas e relações discursivas. Esses dois níveis afetam a narração e recaem sobre a interpretação do texto.

calçamento com o boulevard, no lugar onde se encontra o entroncamento, ouvia-se um ruído difícil de explicar àquela hora, e aparecia uma espécie de congestionamento confuso. Alguma coisa disforme, que vinha do boulevard, entrava no calçamento.

Aquilo crescia, parecia mover-se com ordem, no entanto era eriçado e estremecente; parecia um carro, mas não se podia distinguir o carregamento. Havia cavalos, rodas, gritos; chicotes estalavam. Gradualmente, as linhas fixavam-se, embora mergulhadas em trevas. Era um carro, com efeito, que acabava de dobrar do boulevard para a estrada calçada e que se dirigia para a barreira perto da qual estava Jean Valjean. Um segundo carro, de mesmo aspecto, seguia-o, depois um terceiro, depois um quarto. Sete carroças desembocaram, sucessivamente, a cabeça dos cavalos tocando a traseira dos carros. Silhuetas agitavam-se sobre essas carroças, viam-se faíscas no crepúsculo como se houvesse sabres nus, ouviam-se uns cliques que pareciam correntes agitadas, aquilo avançava, as vozes engrossavam, e era uma coisa fantástica, como sai da caverna dos sonhos.

Ao aproximar-se, tomou forma e esboçou-se por trás das árvores, com o clareamento da aparição. A massa embranquecia: o dia que surgia pouco a pouco espalhava uma luz fraca sobre esse formigamento, ao mesmo tempo sepulcral e vivo. As silhuetas de cabeças tornaram-se faces de cadáveres, e eis o que era: Sete carros marchavam em fila na estrada. Os seis primeiros tinham uma estrutura singular. Pareciam carroças de toneleiros. Eram espécies de longas escadas colocadas sobre duas rodas, formando padiola na extremidade anterior. Cada carroça, digamos melhor, cada padiola estava atrelada a quatro cavalos emparelhados. Sobre essas escadas eram arrastados estranhos punhados de homens. Na pouca claridade do dia, não se viam esses homens, eram adivinhados. Vinte e quatro em cada carro, doze de cada lado, encostados uns nos outros, de frente para os passantes, as pernas no vazio, esses homens viajavam assim. E tinham, por trás das costas, alguma coisa que soava e que era uma corrente, e no pescoço, uma coisa que brilhava e que era uma coleira de ferro.

(Hugo, *Les misérables*, VI parte, livro III, capítulo 8, Folio, tomo 2, p. 504-505)

O enunciado comentativo "Cosette tinha razão" é *posposto* à descrição da ação ("Jean Valjean ergueu os olhos"), Jean Valjean confirmando, por esse comentário em forma de discurso indireto livre (de embrião de monólogo interior), o discurso direto precedente. Privilegia-se, aqui, a saliência do personagem precedente, assim como a leitura, ao longo do texto, e atribui-se, desde então, o comentário ao personagem.

Mas, levando-se em conta a valorização do enunciado comentativo, que forma um parágrafo, por si só, e seu papel na planificação do texto, seu papel de transição leva-o a ser *anteposto* em relação à narrativa seguinte. E ali, o enunciador saliente parece menos ser Jean Valjean que o próprio narrador, por sobre seus personagens, o que é característico do estilo de Hugo. O texto focaliza menos a ação que seu modo narrativo, menos o evento, dramático em si mesmo, que seu desvelamento, dramatizado ao cêntuplo.[13]

É apenas em relação à instalação de Valjean como centro do PDV que é impossível permutar "Jean Valjean ergueu os olhos. Cosette tinha razão", na medida em que o enunciado comentativo é a resultante da observação precedente. É o olhar que funda a pertinência do comentário. Mas a ordem inversa é, no entanto, aceitável:

(25) Cosette tinha razão. Jean Valjean ergueu os olhos.

A anteposição de (25) faz passar, para o Segundo Plano do texto, a saliência anterior sobre Jean Valjean, e, comentativamente, faz passar, para o Primeiro Plano, a saliência do narrador, que assume a responsabilidade enunciativa do que reivindica como uma peça de bravura, focalizando, inicialmente, as etapas de um desvelamento progressivo no qual se insere, como em pensamento *off*, o horror de Cosette e, sobretudo, o medo de Jean Valjean, que sabe até demais do que se trata.

Assim, a questão do lugar no enunciado estativo vem se inserir na grande discussão da ordem das palavras. Mas não se trata de voltar a Lamy, a Condillac, ao abade Girard ou ao abade Batteux, para emprestar o primor aos sentimentos e às sensações, em relação aos pensamentos que Port-Royal, os enciclopedistas e Beauzèe defendiam (Delesalle; Chevalier, 1986, p. 37-77; Pellerey, 1993). Trata-se mais de levar em consideração o fato de que as

---

13. Ver Arabyan (1994, p. 98, 122 e 260).

"leis do discurso" regulam a ordem das palavras segundo considerações enunciativo-pragmáticas.

Em outras palavras, se há ordem, ela não visa mimetizar o real, de forma ontológica, mas tornar sensíveis e inteligíveis os mecanismos profundamente dialógicos de coconstrução dos discursos e orientar, otimizar sua interpretação, na e pela organização dos discursos, conforme um monismo que recusa considerar "o arranjo das palavras como um trabalho acessório que se faria apenas em último lugar, o pensamento já estando completamente transformado em palavras" (Weil, 1879, p. 27). É por isso que nos agrada concluir, fazendo eco à abordagem de Weil,[14] que, a partir da concepção da frase como "drama sintático" organizado em torno do verbo, em função de considerações comunicativas que prefiguram a problemática das relações entre tema e rema, realça, de forma tão premonitória quanto desafiadora, a dimensão enunciativa da ordem das palavras, antes que Blinkenberg insista nas negociações entre "ordem gramatical" e "ordem psicológica":

> Na proposição, há dois movimentos diferentes: um movimento *objetivo*, que é expresso pelas relações sintáticas, e um movimento *subjetivo*, que é expresso pela ordem das palavras. Poderíamos dizer que a sintaxe é a coisa principal, uma vez que ela se situa nos próprios objetos e não varia com os pontos de vista do momento. Mas é, precisamente, uma razão para atribuir a maior importância à sucessão das palavras. Pois a fala, o que há de mais essencial, é o momento, **o momento da concepção e da enunciação**.[15] [...] Esse momento faz a individualidade do pensamento e da fala, e a marca da individualidade é a ordem na qual as ideias e os signos são conduzidos.
>
> (Weil, 1879, p. 27)

---

14. Esse precursor de Bréal — que decidiu republicar, em 1869, a tese de Weil, que datava de 1844 — (cf. Delasalle; Chevalier, 1986, p. 70-73 e 179-193), e, mais ainda, de Bally, de Benveniste e do conjunto do paradigma enunciativo (*ibid.*, p. 181 e 192).

15. Ênfase nossa.

Referências

ACHARD-BAYLE, G. *Référence, identité, changement:* la désignation des référents en contextes évolutifs: études de cas: les récits de métamorphose. Nancy: Université de Nancy, 1996a. (Thèse, Doctorat.)

_____. Pour un traitement linguistique du problème de m'identité à travers le temps: prédicats transformateurs et métamorphoses: la continuité référentielle, *Recherches linguistiques*, Metz [França], n. 20, p. 1-31, 1996b.

_____. *Référents évolutifs et point de vue*: intervention au séminaire de DEA de M. Charolles du 6 avril 1999. Université de Paris III. Paris, 1999.

_____. *Grammaire des métamorphoses*. Bruxelles: Duculot, 2001.

ADAM, J.M.; FAYOL, M. Structurations de textes: connecteurs et démarcations graphiques, *Langue française,* n. 81, p. 59-98, 1989.

_____; PETITJEAN, A. *Le texte descriptif.* Paris: Nathan, 1989.

_____. *Eléments de linguistique textuelle*. Liège: Mardaga, 1990.

ALTER, R. *L'art du récit biblique*. Bruxelles: Lessius, [1981] 1999.

AMOSSY, R. *L'argumentation en discours*. Paris: Armand Colin, [2000] 2006.

APOTHÉLOZ, D. Eléments pour une logique de la description et du raisonnement spatial. In: REUTER, Y. (Éd.). *La description*. Villeneuve d'Ascq: Presses Universitaires du Septentrion, 1998. p. 15-31.

ARABYAN, M. *Le paragraphe narratif*. Paris: L'Armattan, 1994.

_____. *Lire l'image*: émission, réception, interprétation des messages visuels. Paris: L'Harmattan, 2000.

ARABYAN, M. En guise d´introduction: le paragraphe dans les STIC: les fondements de l´analyse de discours, *Modèles linguistiques*, v. 48, n. XX-2, p. 3-18, 2003a.

_____. La difficile prédiction des paragraphes argumentatifs?: les fondements de l´analyse de discours, *Modèles linguistiques*, v. 48, n. XX-2, p. 99-120, 2003b.

ARENDT, H. *Responsabilité et jugement*. Paris: Payot, 2005.

ARNAULD, A.; NICOLE, P. *La logique ou l'art de penser.* Paris: Flammarion, [1662] 1970.

ARRIVÉ, M.; GADET, F.; GALMICHE, M. *La grammaire d'aujourd'hui*. Paris: Flammarion, 1986.

AUTHIER-REVUZ, J. Repères dans le champ du discours rapporté, *L'information grammaticale,* n. 55, p. 38-42, 1992.

_____. *Ces mots qui ne vont pas de soi*. Paris: Larousse, 1995. 2. v.

_____. Enonciation, méta-énonciation. Hétérogénéités énonciatives et problématiques du sujet. In: VION, R. (Éd.). *Les sujets et leur discours*: énonciation et interaction. Aix-en-Provence: Presses de l'Université de Provence, 1998. p. 63-79.

_____. Deux mots pour une chose: trajets de non-coïncidence. In: ANDERSON, P.;

BAKHTIN, M. *Esthétique de la création verbale*. Paris: Gallimard, [1979] 1984.

BAL, M. Narration et Fiction. Pour une théorie des instances du récit, *Poétique,* n. 29, p. 107-127, 1977a.

_____. *Narratologie*. Paris: Klincksieck, 1977b.

BALLY, C. Le style indirect libre en français moderne I et II, *Germanische Romanische Monatschrift,* p. 549-556; 597-608, 1912.

_____. Figures de pensée et formes linguistiques, *Germanische Romanische Monatschrift*, p. 405-422; 456-470, 1914.

BANFIELD, A. *Phrases sans parole*: théorie du récit et style indirect libre. Paris: Le Seuil, [1982] 1995.

_____. Le nom propre du réel. In: MARANDIN J.-M. (Éd.). *Cahier Jean-Claude Milner*. Lagrasse [França]: Verdier, 2001. p. 229-266.

BARTHES, R. L'ancienne rhétorique, *Communications*, n. 16, p. 172-229, 1970.

_____. *Fragments d'un discours amoureux*. Paris: Le Seuil,1977.

_____. Préface. In: FLAHAULT, F. *La parole intermédiaire*. Paris: Seuil, 1978a.

BARTHES, R. *La préparation du roman I et II*: cours et séminaires au collège de France en 1978-1979 et 1979-1980, séance du 15 décembre 1978. Paris: Seuil, 1978b. p. 226.

BAUDONNIÈRE, P.-M. *Le mimétisme et l'imitation*. Paris: Flammarion, 1997.

BEGUELIN, M.-J. Alternatives et décisions lexicales dans l'emploi des expressions démonstratives?, *Pratiques*, n. 85, p. 53-87, 1995.

BENTOLILA, A. et al. *Maîtrise de l'écrit*. Paris: Nathan, 1996. V. 6e, 5e, 4e, 3e.

BENVENISTE, É. *Problèmes de linguistique général*. Paris: Gallimard, 1966. v. 1.

_____. L'appareil formel de l'énonciation, *Langages*, n. 17, p. 12-18, 1970.

_____. *Problèmes de linguistique général*. Paris: Gallimard, 1974. v. 2.

BENZAKOUR, F. *Les compléments de comptes-rendus de perception:* quelques cas en français. Strasbourg: Université de Strasbourg, 1990. (Thèse, Doctorat.)

BERTHONNEAU, A.-M.; KLEIBER, G. Pour une nouvelle approche de l'imparfait: l'imparfait, un temps anaphorique méronomique, *Langages,* n. 112, p. 55-73, 1993.

_____; _____. Pour une réanalyse de l'imparfait de rupture, *Cahiers de Praxématique,* n. 32, p. 119-166, 1999.

BERTHOUD, A.-C. *Paroles à propos:* approche énonciative et interactive du topic. Paris: Ophrys, 1996.

BICHARD, M. *Plaidoyer en faveur d'un mal-aimé*: étude morphosyntaxique de il y a en français contemporain. Paris: Université de Paris III, 1997. (Thèse, Doctorat.)

BONNARD, H. *Code du français courant*. Paris: Magnard, 1981.

BOONE, A. Les constructions *Il est linguiste / c'est un linguiste*, *Langue française*, n. 75, p. 94-106, 1987.

BOUCHARD, R.; MONDADA, L. *Le protocole de la rédaction collaborative*. Paris: L'Harmattan, 2005.

BOURDIEU, P. *Les règles de l'art*. Paris: Seuil, 1992.

BOYSSON-BARDIES, B. *Comment la parole vient aux enfants*: de la naissance jusqu'à deux ans. Paris: Odile Jacob, 1996.

BRES, J. *La narrativité*. Bruxelles: Duculot, 1994.

_____. L'imparfait dit narratif tel qu'en lui-même (le cotexte ne le change pas), *Les Cahiers de Praxématique,* n. 32, p. 87-117, 1999.

BRES, J. Dialogisme; dialogisme de la nomination; dialogisme (marqueurs du). In: DÉTRIE, C.; SIBLOT, P.; VERINE, B. (Éds.). *Termes et concepts pour l'analyse du discours*. Paris: Champion, 2001a. p. 83-89.

_____. De la textualité narrative en récit oral: l'enchaînement des propositions, *Revue québécoise de linguistique,* n. 29-1, p. 23-49, 2001b.

BRONCKART, J-P. *Activité langagière, textes et discours*. Paris, Lausanne: Delachaux et Niestlé, 1996.

BRUNOT, F. *La pensée et la langue*. Paris: Masson, 1936.

CADIOT, P. Ça à l'oral: un relais topique, *Linx,* n. 18, p. 77-93, 1988a.

_____. De quoi ça parle?: a propos de *ça*, pronom sujet, *Le Français moderne*, v. 3/4, n. 56, p. 174-192, 1988b.

CAREL, M.; Ducrot, O. Le problème du paradoxe dans une sémantique interprétative, *Langue française,* n. 123, p. 6-26, 1999.

CHARAUDEAU, P. *Grammaire du sens et de l'expression*. Paris: Hachette, 1992.

_____. L'argumentation n'est peut-être plus ce qu'on croit, *Le Français aujourd'hui*, n. 123, 1998.

_____; MAINGUENEAU, D. *Dictionnaire d'analyse du discours*. Paris: Le Seuil, 2002.

_____. Les plans d'organisation textuelle: périodes, chaînes, portées et séquences, *Pratiques*, n. 57, 1988.

_____; SCHNEDECKER, C. Coréférence et identité: le problème des référents évolutifs, *Langages*, n. 112, p. 106-126, 1993a.

_____; _____. Les référents évolutifs: points de vue ontologique et phénoménologique. *Cahiers de linguistique française*, n. 14, p. 197-227, 1993b.

CHAUVIN-VILENO, A.; MADINI, M. (Coord.). *Répétition, altération, reformulation*. Besançon: Presses Universitaires de Franche-Comté, 2000. p. 37-61.

_____; DOURY, M.; REBOUL-TOURE, S. (Éds.). *Parler des mots*: le fait autonymique en discours. Paris: Presses de la Sorbonne Nouvelle, 2003.

CHEVALIER, J.-C. et al. *Grammaire du français contemporain*. Paris: Larousse, 1964.

_____. Exercices portant sur le fonctionnement des présentatifs, *Langue française,* n. 1, p. 82-92, 1969.

COHN, D. *La transparence intérieure*. Paris: Le Seuil, [1978] 1981.

COMBETTES, B. Enoncé, énonciation et discours rapporté, *Pratiques*, n. 65, p. 97-111, 1990.

_____. *L'organisation du texte*. Metz: Université de Metz. 1992.

_____. Facteurs textuels et facteurs sémantiques dans la problématique de l'ordre des mots: le cas des constructions détachées, *Langue française*, n. 111, p. 83-96, 1996.

_____. Analyse critique de la nouvelle terminologie grammaticale des collèges et des lycées, *Pratiques*, n. 97-98, p. 197-217, 1998a.

_____. *Les constructions détachées en français*. Paris: Ophrys, 1998b.

COMTE-SPONVILLE, A. Judaïsme. In: *Dictionnaire philosophique*. Paris: Presses Universitaires de France, 2001. p. 323-326.

CONTÉ, M.-E. Anaphore, prédication, empathie. In: CHAROLLES, M.; FISHER, S.; JAYEZ, J. (Éds.). *Le discours. Représentations et interprétations*. Nancy: Presses Universitaires de Nancy, 1990. p. 215-226.

D'ACHARD-BAYLE, G. Pour un traitement linguistique du problème de m'identité à travers le temps: prédicats transformateurs et métamorphoses: la continuité référentielle. *Recherches linguistiques*, Metz, n. 20, p. 1-31, 1996.

DAHLET, P. Une théorie, un songe: Emile Benveniste 20 ans après, *Linx*, N° spécial, p. 195-209, 1997.

DAMASIO, A. *L'erreur de Descartes*. Paris: Odile Jacob, 1999a.

DAMASIO, A. *Le sentiment même de soi*: corps, émotion, conscience. Paris: Odile Jacob, 1999b.

DAMOURETTE, J.; PICHON, E. *Essai de grammaire française*. Paris: D'Artrey, [1911] 1940.

DANBLON, E. *Rhétorique et rationalité*: éssai sur l'émergence de la critique et de la persuasion. Bruxelles: Éditions de l'Université de Bruxelles, 2002.

DE LIBERA, A. *Suppositio* et *inclusio* dans les théories médiévales de la référence. In: DANON-BOILEAU, L.; _____ (Éds.). *La référence*. Paris: Ophrys, 1987.

DE MULDER, W. Du sens des démonstratifs à la construction d'univers, *Langue française*, n. 120, p. 21-32, 1998.

_____; VETTERS, C. Temps verbaux, anaphores (pro)nominales et relations discursives, *Travaux de linguistique*, n. 39, p. 37-58, 1999.

DELESALLE, S.; CHEVALIER, J.-C. *La linguistique, la grammaire et l'école 1750-1914*, Paris: Armand Colin, 1986.

DENDALE, P.; TASMOVSKI, L. L'évidentialité ou le marquage des sources du savoir, *Langue française*, n. 102, p. 3-7, 1994.

_____; _____. Le conditionnel en Français, *Recherches linguistiques*, Metz [França], n. 25, 2001.

_____. Les problèmes linguistiques du conditionnel en français: le conditionnel en Français, *Recherches linguistiques*, Metz [França], n. 25, p. 7-18, 2001.

_____; COLTIER, D. La notion de prise en charge en linguistique dans la théorie scandinave de la polyphonie linguistique. In: BRES, J. et al. *Dialogisme et polyphonie*: approches linguistiques. Bruxelles: DeBoeck-Duculot, 2005. p. 125-140.

_____. Polyphonie, médiation et modalisation: le cas du conditionnel épistémique. In: BRES, J. et al. *Dialogisme et polyphonie*: approches linguistiques. Bruxelles: DeBoeck-Duculot, 2005.

DESCOLA, P. *Par-delà nature et culture*. Paris: Gallimard, 2005.

DETRIE, C.; SIBLOT, P.; VERINE, B. (Éds.). *Termes et concepts pour l'analyse du discours*. Paris: Champion, 2001.

DONALD, M. *Origins of modern mind*: three stages in the evolution of culture and cognition. Harvard [Inglaterra]: Harvard University Press, 1991.

DUCARD, D. *Entre grammaire et sens*: études sémiologiques et linguistiques. Paris: Ophrys.2004.

DUCROT, O. Analyses pragmatiques, *Communications*, n. 32, p. 11-60, 1980a.

_____. *Les mots du discours* Paris: Minuit, 1980b.

_____. *Le dire et le dit*. Paris: Minuit, 1984.

_____. *Logique, structure, énonciation*. Paris: Minuit, 1989.

_____. A quoi sert le concept de modalité? In: DITTMAR, N.; REICH, A. (Éds.). *Modalité et acquisition des langues*. Berlin: Walter de Gruyter, 1993. p. 111-129.

_____; SCHAEFFER, J.-M. *Nouveau dictionnaire encyclopédique des sciences du langage*. Paris: Seuil, 1995.

FAUCONNIER, G. *Espaces mentaux*. Paris: Minuit, 1984.

FLAHAULT, F. *La parole intermédiaire*. Paris: Seuil, 1978.

FLEISCHMAN, S. *Tense and narrativity*: from medieval performance to modern fiction. Austin: University of Texas Press; London: Routledge, 1990.

FLOREA, L.S. Présentatif et "configuration discursive" en français parlé: le cas de *c'est*, *Linx,* n. 18, p. 95-106, 1988.

FOREST, R. *Empathie et linguistique*. Paris: Presses Universitaires de France, 1999.

_____. Empathie linguistique et point de vue, *Cahiers de praxématique,* n. 41, p. 85-104, 2003.

FOUCAULT, M. Qu'est-ce qu'un auteur?. In: _____. *Dits et écrits*. Paris: Gallimard, [1969] 2001a. p. 817-849. v. 1.

FOUCAULT, M. *L'herméneutique du sujet*. Paris: Gallimard, Le Seuil, 2001b.

GARY-PRIEUR M.-N.; NOAILLY, M. Démonstratifs insolites, *Poétique*, n. 105, p. 111-121, 1996.

GAUDIN, L.; SALVAN, G.; MELLET, S. *Pourtant* et *pour autant*. In: MELLET, S. (Dir.). *Concession et dialogisme*. Berne: Peter Lang, 2008. p. 97-160.

GAULMYN, M-M. de; BOUCHARD, R.; RABATEL, A. (Éds.). *Le Processus rédactionnel*: écrire à plusieurs voix. Paris: L'Harmattan, 2001.

GENETTE, G. *Figures I*. Paris: Le Seuil, 1966.

_____. *Figures II*. Paris: Le Seuil, 1969.

_____. *Figures III*. Paris: Le Seuil, 1972.

_____. *Mimologiques*. Paris: Le Seuil, 1976.

_____. *Introduction à l'architexte*. Paris: Le Seuil, 1979.

_____. *Palimpsestes*. Paris: Le Seuil, 1982.

_____. *Nouveau discours sur le récit*. Paris: Le Seuil, 1983.

_____. *Seuils*. Paris: Le Seuil, 1987.

_____. *Fiction et diction*. Paris: Le Seuil, 1991.

_____. *Figures V*. Paris: Le Seuil, 2002.

GIRARD, R. *La violence et le sacré*. Paris: Grasset, 1972.

_____. *Le bouc émissaire*. Paris: Grasset, 1982.

GOFFMAN. E. *Façon de parler*. Paris: Minuit, [1981] 1987.

_____. Le parler frais d'Erving Goffman. *Actes du colloque de Cerisy-La-Salle*. Paris: Minuit, 1989.

GOUVARD, J.-M. *La pragmatique*: outils pour l'analyse littéraire. Paris: Armand Colin, 1998.

GREVISSE, M. *Le Bon Usage*. Paris: Hatier, 1969.

GREVISSE, M.; GOOSSE, A. *Nouvelle grammaire française*. Bruxelles: DeBoeck, 1995.

GRIZE, J.-B. *Logique et langage* Paris: Ophrys, 1990.

_____. Les deux faces de l'argumentation: l'inférence et la déduction. In: FORNEL, M. DE; PASSERON, J.-C. (Éds.). *L'argumentation, preuve et persuasion*. Paris: Éditions de l'École des Hautes Études en Sciences Sociales, 2002. p. 13-27.

GRONDIN, J. De Gadamer à Ricœur. In: FIASSE, G. (Coord.). *Paul Ricœur*: de l'homme faillible à l'homme capable. Paris: Presses Universitaires de France, 2008. p. 37-62.

GROSSMAN, D. *Dans la peau de Gisela*: politique et création littéraire. Paris: Seuil, 2008.

GUENTCHÉVA, Z. *Énonciation médiatisée*. Paris, Louvain: Peeters, 1996.

GUÉRON J.; POLLOCK J. Y. (Éds.). *Grammaire générative et syntaxe comparée*. Paris: CNRS, 1991. p. 215-227.

GUILLAUME, G. *Leçons de linguistique. 1943-1944A*. Lille [França]: Presses Universitaires de Lille; Laval [Canadá]: Les Presses de l'Université de Laval, 1990.

HAILLET, P. P. *Le conditionnel en français*: une approche polyphonique. Paris: Ophrys, 2002.

JACQUES, F. *Dialogiques*. Paris: Presses Universitaires de France, 1979.

JAKOBSON, R. *Essais de linguistique générale*. Paris: Le Seuil, 1963.

JAUBERT, A. *La lecture pragmatique*. Paris: Hachette, 1990.

_____. Labyrinthes énonciatifs, *Modèles linguistiques,* v. XVIII, n. 1, p. 17-31, 1997.

_____. Discours rapporté, énonciation, point de vue, *Scolia*, n. 13, p. 83-97, 2000.

_____. Des styles au style: genre littéraire et création de valeur. In: GOUVARD, J.-M. (Éd.). *De la langue au style*. Lyon: Presses Universitaires de Lyon, 2005a. p. 37-50.

_____ (Dir.). *Cohésion et cohérence*: études de linguistique textuelle. Lyon: ENS Éditions, 2005b.

JOST, F. *L'œil-caméra*: entre film et roman. Lyon: Presses Universitaires de France, 1987.

JOUVE, V. *L'effet-personnage dans le roman*. Paris: Presses Universitaires de France, 1992.

KAMP, H.; ROHRER, C. Tense in texts. In: BAUERLE, R.; SCHWARZE, C.; VON STECHOW, A. (Éds.). *Meaning, use and interpretation of language*. Berlin; New York: de Gruyter, 1983. p. 250-269.

KNIGHT, C. *Blood relations:* menstruation and the origins of culture. New Haven [E.U.A.]: Yale University Press, 1991.

_____. Ritual/speech coevolution: a solution to the problem of deception. In: HURFORD, J.-R.; STUDDERT-KENNEDY, M.; KNIGHT, C. (Ed.). *Approaches to the evolution of language*. Cambridge [Inglaterra]: Cambridge University Press, 1998. p. 68-91.

KOREN, R. *Les enjeux éthiques de l'écriture de presse et la mise en mots du terrorisme*. Paris: L'Harmattan, 1996.

KRONNING, H. Nécessité et hypothèse: devoir non déontique au conditionnel: le conditionnel en Français, *Recherches linguistiques*, Metz [França], n. 25, p. 251-276, 2001.

_____. Polyphonie, médiation et modalisation: le cas du conditionnel épistémique. In: BRES, J. et al. *Dialogisme et polyphonie*: approches linguistiques. Bruxelles: DeBoeck-Duculot, 2005. p. 297-312.

KUNO, S. Subject, theme, and the speaker's empathy: a reexamination of relativisation phenomena. In: LI, C. (Ed.). *Subject and topic*. New York: Academic Press, 1976. p. 419-444.

_____. Empathy and Syntax [en collaboration avec E. Kaburaki], *Linguistic inquiry*, v. 8, n. 4, p. 627-672, 1977.

_____. *Functional Syntax*: anaphora, discourse and empathy. Chicago: University of Chicago Press, 1987.

KUPFERMAN, L. Les constructions *il est médecin / c'est un médecin*: essai de solution, *Cahiers de linguistique de l'Université du Québec*, n. 9, p. 131-164, 1979.

LABOV, W. La transformation du vécu à travers la syntaxe narrative. In: _____. *Le parler ordinaire*. Paris: Minuit, [1972] 1978.

LAZARD, G. Le sujet en perspective interlinguistique. In: MERLE, J.-M. (Éd.). *Le sujet*. Paris: Ophrys, 2003. (Bibliothèque de Faits de Langues.)

LE GOFFIC, P. *Grammaire de la phrase française*. Paris: Hachette Education, 1993.

LÉARD, J.-M. *Les gallicismes*: étude syntaxique et sémantique. Louvain-la-Neuve: Duculot, 1992.

LECLAIRE-HALTÉ, A. *Robinsonnades et valeurs en littérature de jeunesse contemporaine*. Metz [França]: Université de Metz, 2004. (Didactique des textes, v. 10.)

LEROT, J. *Précis de linguistique générale*. Paris: Minuit, 1993.

LINTVELT, J. *Essai de typologie narrative*. Paris: J. Corti, 1981.

MAINGUENEAU, D. *Eléments de linguistique pour le texte littéraire*. Paris: Bordas, 1986.

_____. *Le discours littéraire*: paratopie et scène d'énonciation. Paris: Armand Colin, 2004.

MARTIN, F. *Les prédicats d'état et d'achèvement en discours*: sémantique des prédicats évaluatifs et psychologiques. Bruxelles: Université Libre de Bruxelles, 2005. (Thèse, Doctorat.)

MARTIN, R. *Pour une logique du sens*. Paris: Presses Universitaires de France, [1983] 1992.

MATSUHITA, Y. *Perspectives dans le discours*. Limoges: Université de Limoges, 2005. (Thèse, Doctorat.)

MELLET, S. Imparfaits en contexte: les conditions de la causalité inférée, *Langue française*, n. 138, p. 86-96, 2003.

_____ (Dir.). *Concession et dialogisme*. Berne: Peter Lang, 2008.

_____; MONTE, M. Cependant. In: MELLET, S. *Concession et dialogisme*. Berne: Peter Lang, 2008. p. 203-241.

MERLEAU-PONTY, M. *Signes*. Paris: Gallimard, [1960] 2001.

MESCHONNIC, H. *Pour la poétique 1*. Paris: Gallimard, 1970.

MICHEL, J. L'animal herméneutique. In: FIASSE, G. (Coord.). *Paul Ricœur*: de l'homme faillible à l'homme capable. Paris: Presses Universitaires de France, 2008. p. 63-92.

MILNER, J.-C. *Introduction à une science du langage*. Paris: Le Seuil 1989.

MOESCHLER, J.; REBOUL, A. *Dictionnaire encyclopédique de pragmatique*. Paris: Le Seuil, 1994.

_____. J. Pragmatique de la référence temporelle. In: MOESCHLER, J. et al. *Le temps des événements*. Paris: Kimé, 1998. p. 157-180.

MOESCHLER, J. et al. *Le temps des événements*. Paris: Kimé, 1998.

MOIGNET, G. *Systématique de la langue française*. Paris: Klincksieck, 1981.

MOLENDIJK, A. *Le passé simple et l'imparfait:* une approche reichenbachienne. Amsterdam: Rodopi, 1990.

MOREL, M.-A. Intonation et thématisation, *L'information grammaticale*, n. 54, p. 26-35, 1992.

_____; DANON-BOILEAU, L. *Grammaire de l'intonation*: l'exemple du français. Gap, Paris: Ophrys, 1998.

MORIN, E. *Les sept savoirs nécessaires à l'éducation du futur*. Paris: Le Seuil, 2000.

NOËL, M. Un fait de style: *maintenant* dans "au château d'Argol" de Julien Gracq. *Etudes de linguistique appliquée,* n. 102, p. 157-174, 1996.

NØLKE, H. *Le regard du locuteur*. Paris: Kimé, 1993.

_____; FLØTTUM, K.; NORÉN, C. *Scapoline*: la théorie scandinave de la polyphonie linguistique. Paris: Kimé, 2004.

NONNON, E. La notion de point de vue dans le discours. *Pratiques*, n. 100, 1999.

_____. Activités argumentatives et élaboration de connaissances nouvelles: le dialogue comme espace d'exploration, *Langue française*, n. 112, p. 67-87, 1996.

NORMAND, C. Lectures de Benveniste: quelques variantes sur un itinéraire balisé: Emile Benveniste 20 ans après, *Linx*, N° spécial, p. 23-37, 1997.

OLSEN, M. Le passé simple subjectif, *Polyphonie-linguistique et littéraire*, Roskilde, n. 4, p. 101-123, 2002a.

_____. Remarques sur le dialogisme et la polyphonie, *Lingvistisk og litteraer polyfoni*, Roskilde, n. 6, p. 1-174, 2002b.

ONO, A. *La notion d'énonciation chez Benveniste*. Limoges: Lambert-Lucas, 2007.

PAVEAU, M.-A.; SARFATI, G. E. *Les grandes théories linguistiques*: de la grammaire comparée à la pragmatique. Paris: Armand Colin, 2003.

PELLEREY, R. *La théorie de la construction directe de la phrase*: analyse de la formation d'une idéologie linguistique. Paris: Larousse, 1993.

PHILIPPE, G. Archéologie et contexte d'un modèle textuel: la représentation du discours intérieur dans les romans de Sartre et les approches théoriques de l'endophasie. In: RASTIER, F. (Éd.). *Textes et sens*. Paris: Didier Erudition, 1996. p. 109-146.

PHILIPPE, G. Les démonstratifs et le statut énonciatif des textes de fiction: l'exemple des ouvertures de roman, *Langue française,* v. 120, p. 51-65, 1998.

_____. Idiolecte. In : JARRETY (Dir.). *Lexique des termes littéraires.* Paris: Le Livre de Poche, 2001.

_____. L'appareil formel de l'effacement énonciatif et la pragmatique des textes sans locuteur. In: AMOSSY, R. (Éd.). *Pragmatique et analyse des textes.* Tel-Aviv: Université de Tel-Aviv, 2002a. p. 17-34.

_____. *Sujet, verbe, complément*: le moment grammatical de la littérature française, 1890-1940. Paris: Gallimard, 2002b.

_____. Le style est-il une catégorie énonciative?. In: GOUVARD, J.-M. (Éd.). *De la langue au style.* Lyon: Presses Universitaires de Lyon, 2005. p. 145-156.

PICARD, M. *La lecture comme jeu.* Paris: Minuit, 1986.

PLANTIN, C. Analyse et critique du discours argumentatif. In: KOREN, R.; AMOSSY, R. (Éds.). *Après Perelman*: quelles politiques pour les nouvelles rhétoriques?. Paris: L'Harmattan, 2002. p. 229-263.

POUILLON, J. *Temps et roman.* Paris: Gallimard, [1946] 1993.

RABATEL, A. *Problématisation sémio-linguistique de la notion de point de vue.* Metz [França]: Université de Metz, 1996. (Thèse, Doctorat.)

_____. *Une histoire du point de vue.* Paris: Klincksieck/CELTED, 1997a.

_____. L'introuvable focalisation externe, *Littérature,* n. 107, p. 88-113, 1997b.

_____. *La construction textuelle du point de vue.* Paris: Delachaux et Niestlé, 1998a.

_____. Les démonstratifs et le statut énonciatif des textes de fiction: l'exemple des ouvertures de roman, *Langue française,* n. 120, p. 51-65, 1998b.

_____. La thématisation du repéré dans l'expression des perceptions et/ou des pensées représentées, *Cahiers scientifiques de l'Université d'Artois,* n. 9, p. 57-72, 1999a.

_____. *Mais* dans les énoncés narratifs: un embrayeur du point de vue et un organisateur textuel, *Le français moderne,* n. LXVII-1, p. 49-60, 1999b.

_____. Un, deux, trois points de vue? Pour une approche unifiante des points de vue narratifs et discursif, *La lecture littéraire,* Paris, n. 4, p. 195-254. 2000a.

_____. De l'influence de la fréquence itérative sur l'accroissement de la profondeur de perspective. Un retour critique sur l'omniscience narratoriale et sur la restriction de champ du personnage, *Protée,* Chicoutimi [Canadá]: Université de Chicoutimi, n. 28-2, p. 93-104, 2000b.

RABATEL, A. Valeurs représentative et énonciative du "présentatif" *c'est* et marquage du point de vue, *Langue française,* n. 128, v. 52-73, 2000c.

_____. Cas de belligérance entre perspectives du narrateur et du personnage: neutralisation ou mise en résonance des points de vue?, *Linx,* Nanterre [França], n. 43, p. 103-121, 2000d.

_____. Idiolecte. In: JARRETY (Dir.). *Lexique des termes littéraires*. Paris: Le Livre de Poche, 2001.

_____. *Effacement énonciatif et argumentation indirecte*. Lyon: Université de Lyon 2, 2001a. (Habilitation à diriger des recherches.)

_____. La valeur de "on" pronom indéfini/pronom personnel dans les perceptions représentées, *L'information grammaticale*, Paris, n. 88, p. 28-32, 2001b.

_____. Fondus enchaînés énonciatifs: scénographie énonciative et points de vue, *Poétique*, Paris, n. 126, p. 151-173, 2001c.

_____. La valeur délibérative des connecteurs et marqueurs temporels *mais, cependant, maintenant, alors, et* dans l'embrayage du point de vue: propositions en faveur d'un continuum argumentativo-temporel, *Romanische Forschungen*, Frankfurt, n. 113-2, p. 153-170, 2001d.

_____. Les représentations de la parole intérieure. Monologue intérieur, discours direct et indirect libres, point de vue, *Langue française*, n. 132, p. 72-95, 2001e.

_____. Le point de vue et l'organisation du texte. In: GARCIA-DEBANC, C. et al. (Éds.). *Quelles grammaires enseigner à l'école et au collège?*: discours, genres, textes, phrases. Toulouse [França]: Delagrave/CRDP de Midi-Pyrénées, 2001g. p. 227-240.

_____. La dynamique de la structuration du texte, entre oral et écrit: enjeux énonciatifs des négociations autour du cadre de prédication, dans un énoncé bisegmental. In: DE GAULMYN, M.-M.; BOUCHARD, R.; _____ (Éds.). *Le processus rédactionnel*: écrire à plusieurs voix. Paris: L'Harmattan, 2001h. p. 67-88.

_____. Effacement énonciatif et argumentation indirecte: on-perceptions, on-représentations et on-vérités. Colloque international Sémio 2001, Université de Limoges, avril 2001, 2001i (CD-Rom).

_____ (Éd.). *Lire/écrire le point de vue*: une introduction à la lecture littéraire. Lyon: IUFM/CRDP de Lyon, 2002a.

_____. Point de vue et polyphonie dans les textes narratifs. In: _____ (Éd.). *Lire/ écrire le point de vue*: une introduction à la lecture littéraire. Lyon: CRDP de Lyon, 2002b. p. 7-24, 133-137.

RABATEL, A. Le point de vue, entre grammaire et interprétation: le cas de "on". In: _____ (Éd.). *Lire/écrire le point de vue*: une introduction à la lecture littéraire. Lyon: CRDP de Lyon, 2002c. p. 71-101, 139-141.

_____. Le sous-énonciateur dans les montages citationnels: hétérogénéités énonciatives et déficits épistémiques, *Enjeux*, n. 54, p. 52-66, 2002d.

_____. Déficits herméneutiques lors de l'acquisition de la compétence narrative: la sous-exploitation des interactions orales aux cycles 1 et 2, *Repères*, n. 24-25, p. 237-256, 2002e.

_____. L'hétérogénéité énonciative montrée: un fondu enchaîné polyphonique au service d'une narration 'sans sujet (et sans objet)'. Bouchard, R., Martinie, B., Rabatel, A. "Déclencher le mécanisme"... de la construction / déconstruction du texte romanesque. In: ROULET, E.; BURGER, M. (Éds.). *Les modèles du discours au défi d'un "dialogue romanesque"*: l'incipit du roman de R. Pinget, "Le Libera". Nancy: Presses Universitaires de Nancy, 2002f. p. 153-211.

_____ (Éd.). Le point de vue, *Cahiers de praxématique*, Montpellier, n. 41, 2003a.

_____. Le point de vue, entre langue et discours, description et interprétation: état de l'art et perspectives: le point de vue, *Cahiers de praxématique*, n. 41, p. 7-24, 2003b.

_____. Le dialogisme du point de vue dans les comptes rendus de perception, *Cahiers de praxématique*, n. 41, p. 131-155, 2003c.

_____. Les verbes de perception en contexte d'effacement énonciatif: du point de vue *représenté* aux discours *représentés*, *Travaux de linguistique*, n. 46, p. 49-88, 2003d.

_____. L'effacement énonciatif et ses effets pragmatiques de sous- et de sur-énonciation, *Estudios de lengua y literatura francesas*, n. 14, p. 33-61, 2003e.

_____. Re-présentation des formes pré-réflexives dans les comptes rendus de perception, de parole et de pensée: la question du mimétisme dans les discours représentés, *Lingvistisk og litteraer polyfoni*, Roskilde, n. 7, p. 1-31, 2003f.

_____. Le problème du point de vue dans le texte de théâtre, *Pratiques*, n. 119-120, p. 7-33, 2003h.

_____. Les formes d'expression de la pré-réflexivité dans le discours indirect libre et dans les points de vue représentés ou embryonnaires. In: MATHIS, G.; DE MATTIA, M.; PÉGON, C. (Éds.). *Stylistique et énonciation*: le cas du discours indirect libre numéro spécial du Bulletin de la Société de Stylistique anglaise. Paris: Presses de l'Université de Paris 10, 2003i. p. 81-106.

_____. Sur-énonciateurs et construction dissensuelle des savoirs. In: MAURER, B. (Éd.). *Didactiques de l'oral*: actes de la DESCO. CRDP de Basse-Normandie: Caen [França], 2003j. p. 89-100.

RABATEL, A. Un paradoxe énonciatif: la connotation autonymique représentée dans les "phrases sans parole" stéréotypées du récit. In: AUTHIER-REVUZ, J.; DOURY, M.; REBOUL-TOURÉ, S. (Éds.). *Parler des mots*: le fait autonymique en discours. Paris: Presses Sorbonne Nouvelle, 2003k. p. 271-280.

_____. Entre usage et mention: la notion de re-présentation dans les discours représentés. In: AMOSSY, R.; MAINGUENEAU, D. (Éds.). *L'analyse du discours dans les études littéraires*. Toulouse: Presses Universitaires du Mirail, 2003l. p. 111-121.

_____. *Argumenter en racontant*. Bruxelles: De Boeck, 2004a.

_____ (Éd.). *Interactions orales en contexte didactique*: mieux (se) comprendre pour mieux (se) parler et pour mieux (s')apprendre. Lyon: Presses Universitaires de Lyon, 2004b.

_____. L'oral réflexif et ses conditions d'émergence. In: _____ (Éd.). *Interactions orales en contexte didactique*: mieux (se) comprendre pour mieux (se) parler et pour mieux (s')apprendre, Lyon: Presses Universitaires de Lyon, 2004c. p. 5-27.

_____ (Éd.). Effacement énonciatif et discours représentés, *Langages*, n. 156, 2004e.

_____. L'effacement énonciatif dans les discours rapportés et ses effets pragmatiques, *Langages*, n. 156, p. 3-17, 2004f.

_____. Stratégies d'effacement énonciatif et surénonciation dans *Le dictionnaire philosophique* de Comte-Sponville, *Langages*, n. 156, p. 18-33, 2004g.

_____. Effacement argumentatif et effets argumentatifs indirects dans l'incipit du *Mort qu'il faut* de Semprun, *Semen*, Besançon, n. 17, p. 111-132, 2004h.

_____. Faciliter l'appropriation de la réflexion métalinguistique au cycle 3, *du français contemporain*, n. 9, p. 141-153, 2004i.

_____. Quand voir c'est (faire) penser: motivation des chaînes anaphoriques et point de vue: figures de la lecture et du lecteur, *Cahiers de narratologie,* Nice [França], n. 11, p. 1-13, 2004j. disponível em: <http://revel.unice.fr/cnarra/document.html?id=21>.

_____. Des images d'utopie(s) aux stylèmes de la pensée utopique. Pour une lecture non dogmatique des utopies, *Protée,* Chicoutimi [Canadá], n. 32-1, p. 68-79, 2004k.

_____. La déliaison des énonciateurs et des locuteurs dans la presse satirique, *Langage et société*, n. 110, p. 7-23, 2004l.

_____. Analyse aspectuo-temporelle de l'IMP dans les suites PS + IMP sans lien thématique. In: ADAM, J.-M.; GRIZE, J.-B.; ALI BOUACHA, M. (Éds.). *Texte et discours*: catégories pour l'analyse. Dijon: Editions Universitaires de Dijon, 2004m. p. 83-92.

_____. Les verbes de perception, entre point de vue *représenté* et discours *représentés*. In: LOPEZ-MUÑOZ, J.-M.; MARNETTE, S.; ROSIER, L. (Éds.). *Le discours rapporté dans tous ses états*. Paris: L'Harmattan, 2004n. p. 81-93.

_____. Marquage évidentiel dans les chaînes anaphoriques et transposition de points de vue. In: DELAMOTTE-LEGRAND, R. (éd). *Médiations langagières*: des faits de langue aux mises en mots. Rouen: Publications de l'Université de Rouen, 2004o. p. 175-185.

_____. Je modalise, donc nous apprenons?. Colloque international *Faut-il parler pour apprendre?*. Université Lille 3 [IUFM du Nord Pas de Calais], Arras [França], Mars 2004p (CD-Rom).

_____. Le style est-il une catégorie énonciative?. In: GOUVARD, J.-M. (Éd.). *De la langue au style*. Lyon: Presses Universitaires de Lyon, 2005. p. 145-156.

_____; LEPOIRE, S. La discordance concordante des discours représentés dans les séquences explicatives: hétérogénéité énonciatives et co-construction dialogique du sens, *Cahiers de praxématique*, n. 45, p. 51-75, 2005.

_____. La construction inférentielle des valeurs: pour une réception pragmatique des textes (littéraires), *Cahiers de narratologie*, Nice, n. 12, p. 1-18, 2005a. Disponível em: <http://revel.unice.fr/cnarra/document.html?id=>.

_____. Analyse énonciative et interactionnelle de la confidence: à partir de Maupassant, *Poétique*, n. 141, p. 93-113, 2005b.

_____. La part de l'énonciateur dans la construction interactionnelle des points de vue. *Marges linguistiques*, n. 9, p. 115-136, 2005c. Disponível em: <http://www.marges-linguistiques.com>.

_____. Une catégorie transversale, le point de vue [*Les catégories de la discipline français*], *Le français aujourd'hui*, n. 151, p. 57-68, 2005d.

_____. Idiolecte et re-présentation du discours de l'autre dans le discours d'ego, *Cahiers de praxématique*, n. 44, p. 93-116, 2005e.

_____. Effacement énonciatif et argumentation indirecte: "On-perceptions", "on-représentations" et "on-vérités" dans les points de vue stéréotypés. In: RACCAH, P.-Y. (Éd.). *Signes, langues et cognition*. Paris: L'Harmattan, 2005h. p. 85-116.

_____. La visée des énonciateurs au service du lexique: points de vue, (connaissance et) images du monde, stéréotypie. In: GROSSMANN, F.; PAVEAU, M.-A.; PETIT,

G. (Éds.). *Didactique du lexique*: langue, cognition, discours. Grenoble [França]: ELLUG, 2005i. p. 229-245.

_____. Les postures énonciatives dans la co-construction dialogique des points de vue: coénonciation, surénonciation, sousénonciation. In: BRES, J. *et al.* (Éds.). *Dialogisme, polyphonie:* approches linguistiques. Bruxelles: Duculot, 2005j. p. 95-110.

_____; CHAUVIN-VILENO, A. (Éds.). Enonciation et responsabilité dans les médias, *Semen*, Besançon [França], n. 22, 2006a.

_____; _____. La "question" de la responsabilité, *Semen*, Besançon, n. 22, p. 5-24, 2006b.

_____. Genette, les voix du texte et la dialogisation, *Recherches linguistiques,* Metz [França], n. 28, p. 167-190, 2006a.

_____. La dialogisation au cœur du couple polyphonie/dialogisme chez Bakhtine, *Revue romane*, n. 41-1, p. 55-80, 2006b.

_____. La lecture comme activité de construction intersubjective du soi à travers l'approche interactionnelle du style, *Lidil*, n. 33, p. 55-77, 2006c.

_____. Les auto-citations et leurs reformulations: des surassertions surénoncées ou sousénoncées, *Travaux de linguistique*, n. 52, p. 71-84, 2006d.

_____. Pour une analyse énonciative et discursive de la ponctuation du discours direct 'complet' en fin de phrase: normes et usages, grammaire et linguistique, *Neuphilologische Mitteilungen,* Helsinki, n. 107-2, p. 207-235, 2006e.

_____. Autocitations et autobiographie dans *Du sens*, de Renaud Camus, *Texte*, Toronto, n. 39-40, p. 81-118, 2006f.

_____; PETITJEAN, A. (Éds.). Questions de style, *Pratiques*, p. 135-136, 2007.

_____; GROSSMANN, F. (Éds.). Figures de l'auteur en didactique, *Lidil*, Grenoble [França], n. 35, 2007a.

_____; _____. Figure de l'auteur et hiérarchisation énonciative, *Lidil*,Grenoble, n. 35, p. 9-23, 2007b.

_____. La re-présentation des voix populaires dans le discours auctorial chez A. Ernaux: surénonciation et antihumanisme théorique. In: PETITJEAN, A.; PRIVAT, J.M. (Éds.). Effets de voix populaires dans les fictions romanesques et théâtrales, *Recherches textuelles,* Université de Metz, n. 7, p. 287-325. 2007b.

_____. Répétitions et reformulations dans *L'Exode*: coénonciation entre dieu, ses représentants et le narrateur: usages et analyses de la reformulation, *Recherches linguistiques*, Université de Metz, n. 29, p. 75-96, 2007c.

_____. La dialectique du singulier et du social dans les processus de singularisation: style(s), idiolecte, ethos, *Pratiques*, n. 135-136, p. 15-34, 2007d.

_____. L'alternance des "tu" et des "vous" dans *Le Deutéronome*: deux points de vue sur le rapport des fils d'Israël à l'Alliance, *Etudes théologiques et religieuses*, v. 4, n. 82, p. 567-593, 2007e.

_____. Analyse énonciative du point de vue, narration et analyse de discours, *Filologia e Linguística Portuguesa*, São Paulo, n. 9, p. 345-368, 2007f.

_____. Style et "théorie des styles": pour une approche moniste de la notion de "moyens d'expression". In: BERTRAND, O. *et al.* (Éds.). *Discours, diachronie, stylistique du français*. Berne: Peter Lang, 2008a. p. 385-400.

_____; KOREN, R. (Éds.). La responsabilité collective, *Questions de communication*, n. 13, 2008a.

_____; _____. La responsabilité collective dans la presse, *Questions de communication,* n. 13, p. 7-18, 2008b.

_____ (Éd.). Figures et point de vue, *Langue française,* n. 160, 2008c.

_____. Figures et points de vue en confrontation, *Langue française*, n. 160, p. 3-19, 2008d.

_____. Points de vue en confrontation dans les antimétaboles plus et moins, *Langue française,* n. 159/160, p. 20-35, 2008e.

_____. Le point de vue et l'ordre des mots: questions de temps et de modalités. In: FONTVIEILLE, A.; THONNERIEUX, S. (Éds.). *L'ordre des mots à la lecture des textes.* Lyon: Presses Universitaires de Lyon, 2008f. p. 305-318.

_____. Points de vue et narration dans "La mère sauvage" de Maupassant: chaleur des passions, froideur de la narration. In: MONTES, S.; TAVERNA, L. (Éds.). La mère sauvage de Maupassant: une nouvelle face à ses méthodologies, *Synergies,* Pays riverains de la Baltique [Gerflint, Tallinn], n. 5, 2008g.

_____. A brief introduction to an enunciative approach to point of view. In: HÜHN, P.; SCHMID, W.; SCHÖNERT, J. (eds). *Modeling mediacy*: point of view, perspective, focalization. Berlin/New York: Walter de Gruyter, 2009a. p. 79-98.

_____. Prise en charge et imputation, ou la prise en charge à responsabilité limitée: la notion de prise en charge en linguistique, *Langue française*, n. 162, 2009b.

_____. Stratégie discursive de concordance discordante dans les ensembles reprises + reformulations (en contexte didactique). In: SCHUWER, M.; LE BOT, M.-C.;

RICHARD, E. (Dir.). *Pragmatique de la reformulation, types de discours, interactions didactiques*. Rennes: Presses Universitaires de Rennes, 2009c.

_____. Pour une narratologie énonciative ou pour une approche énonciative des phénomènes narratifs? In: SCHAEFFER, J.-M.; BERTHELOT, F.; PIER, J. (Éds.). *La narratologie aujourd'hui*. Paris: Éditions du CNRS, 2009e.

_____. Perspective et point de vue: l'homme a-t-il encore une perspective?, *Communications*, n. 86, 2009f.

_____. Tensions dialogiques autour de la ponctuation du discours direct 'complet' en fin de phrase. In: ROSIER, L.; VAN RAEMDONCK, D.; WILMET, M. (Éds.). *Modèles syntaxiques*. Berne: Peter Lang, 2009g.

_____. De l'usage des formules aphoristiques dans le *Dictionnaire philosophique* de Comte-Sponville: coénonciation et sousénonciation. In: COSSUTTA, F. (Éd.). *Formules, sentences, thèses*: détachement, transmission et recontextualisation des énoncés philosophiques. Besançon: Presses Universitaires de Franche-Comté, 2009h.

_____. L'espace et la fiction narrative dans *Les lauriers sont coupés*. In: DE CHALONGE, F. (Éd.). *Enonciation narrative et spatialité*: le récit de fiction. Villeneuve d'Ascq: Presses Universitaires du Septentrion, 2009i.

RICŒUR, P. *Temps et récit*. Paris: Le Seuil, 1983-1985. v. 1-3.

_____. *Du texte à l'action*: éssais d'herméneutique 2. Paris: Le Seuil, 1986.

RIEGEL, R.; PELLAT, J.-C.; RIOUL, R. *Grammaire méthodique du français*. Paris: Presses Universitaires de France, 1994.

RIVARA, R. *La langue du récit*: introduction à la narratologie énonciative. Paris: L'Harmattan, 2000.

ROSIER, J.-M.; DUPONT, D.; REUTER, Y. *S'approprier le champ littéraire*. Bruxelles: De Boeck, 2000.

ROSIER, L. De la stylistique sociologique suivie d'une application pratique: discours direct, presse et objectivité, *Revue belge de philosophie et d'histoire*, n. 71, p. 625-644, 1993.

_____. La parataxe: heurs et malheurs d'une notion linguistique littéraire, *Travaux de linguistique*, n. 30, p. 51-64, 1995.

_____. *Le discours rapporté*: histoire, théories, pratique. Louvain-la-Neuve: Duculot, 1999.

_____. La presse et les modalités du discours rapporté: l'effet d'hyperréalisme du discours direct surmarqué, *L'information grammaticale*, n. 94, p. 27-32, 2001.

ROUBAUD, M.-N. *Les constructions pseudo-clivées en français contemporain.* Paris: Honoré Champion, 2000.

ROULET, E. Echanges, interventions et actes de langage dans la structure de la conversation, *Etudes de linguistique appliquée*, n. 44, p. 7-3, 1981.

SCHNEDECKER, C. *Référence et discours*: chaines de référence et redénomination (Esssai sur l'emploi en seconde mention du nom propre). Strasbourg [França]: Université de Strasbourg 2, 1992. (Thèse, Doctorat).

_____. Besoins didactiques en matière de cohésion textuelle: les problèmes de continuité référentielle, *Pratiques*, n. 85, p. 3-25, 1995.

_____. Comme transformer une grenouille en (un/ø) prince charmant? (L'alchimie des prédicats transformateurs hyperonymes): la continuité référentielle, *Recherches linguistiques*, Metz [França], n. 20, p. 181-208, 1996.

SCHULZ, P. Le caractère relatif et ambigu du concept traditionnel de métaphore et la construction du sens lexical, *Semen*, Bensaçon, n. 15, p. 59-70, 2001.

SEARLE, J.R. *Sens et expression*. Paris: Minuit, 1982.

_____. *L'intentionnalité*: éssai de philosophie des états mentaux. Paris: Minuit, 1985.

SMITH, N. Observations sur la pragmatique des temps, *Langages*, n. 112, p. 26-38, 1993.

SØRENSEN, K. Les verbes de perception, les connecteurs et le discours indirect libre embryonnaire. *Polyphonie linguistique et littéraire*, Roskilde [Dinamarca], n. 5, p. 149-181, 2002.

SPERBER, D.; WILSON, D. *La pertinence*: communication et cognition. Paris: Minuit, 1989.

STHIOUL, B. Temps verbaux et point de vue. In: MŒSCHLER, J. (Éd.). *Le temps des événements*. Paris: Kimé, 1998. p. 197-220.

TAMBA-MECZ, I. Pourquoi dit-on: *ton neveu, il est orgueilleux et ton neveu, c'est un orgueilleux?*, *L'information grammaticale*, n. 19, p. 3-11, 1983.

TATTERSALL, I. *Becoming human, evolution and human uniqueness*. [s. l.]: Harcourt Brace and Co, 1998.

TISSET, C. *Analyse linguistique de la narration*. Paris: Sedes, 2000.

TODOROV, T. *La littérature en péril*. Paris: Flammarion, 2007.

TOMASELLO, M. *The cultural origins of human cognition*. Cambridge: Cambridge University Press, 1999.

USPENSKY, B. A. *A poetics of composition*: the structure of the artistic text and typology of compositional form. Berkeley: University of California Press, 1973.

VET, C. Temps verbaux, relations rhétoriques et chaînes topicales, *Travaux de linguistique*, n. 39, p. 60-75, 1999.

VIALA, A. *Naissance de l'écrivain*. Paris: Editions de Minuit, 1985.

_____. L'éloquence galante, une problématique. In: AMOSSY, R. (Éd.). *Images de soi dans le discours*. Paris, Lausanne: Delachaux et Niestlé, 1999. p. 179-195.

VICTORRI, B. *Homo narrans*: le rôle de la narration dans l'émergence du langage, *Langages*, n. 146, p. 112-125, 2002.

VITOUX, P. Le jeu de la focalisation, *Poétique*, n. 51, p. 359-368, 1982.

_____. Focalisation, point de vue, perspective, *Protée*, v. 16, p. 33-38, 1988.

VOGELEER, S. L'accès perceptuel à l'information: à propos des expressions "un homme arrive/on voit arriver un homme", *Langue française*, n. 102, p. 69-83, 1994a.

_____. Le point de vue et les valeurs des temps verbaux, *Travaux de linguistique*, n. 29, p. 39-58, 1994b.

_____. L'anaphore verbale et nominale sans antécédent dans des contextes perceptuels, *Cahiers chronos*, n. 1, p. 181-197, 1996.

_____. *Quand* inverse, *Revue Québécoise de Linguistique*, n. 26-1, p. 79-101, 1998.

_____; DE MULDER, W. Quand spécifique et point de vue, *Cahiers chronos*, n. 3, p. 213-233, 1998.

VUILLAUME, M. Le style indirect libre et ses contextes, *Cahiers chronos*, n. 5, p. 107-130, 2000.

WAGNER, R.L.; PINCHON, J. *Grammaire du français classique et moderne*. Paris: Hachette, 1962.

WEIL, H. *De l'ordre des mots dans les langues anciennes comparées aux langues modernes*: questions de grammaire générale. 3. ed. Paris: Vieweg, [1844] 1879.

WEINRICH, H. *Le temps*. Paris: Le Seuil, 1973.

WIEDERSPIEL, B. *Description démonstratives anaphoriques*: interprétations et stratégies référentielles. Strasbourg: Université de Strasbourg II, 1994. (Thèse, Doctorat).

WILMET, M. *Grammaire critique du français*. Paris: Hachette, 1998.

ZRIBI-HERTZ, A. *Lui-même* argument et le concept de "pronom A", *Langages*, n. 97, p. 100-127, 1990.

_____. Grammaire et empathie: à propos du pronom français *celui-ci*. In: TASMOVSKI, L.; ZRIBI-HERTZ (Éds.). *Hommage à N. Ruwet.* [s. l.], 1992a. p. 568-582.

_____. De la deixis à l'anaphore: quelques jalons. In: DANON-BOILEAU, L.; MOREL, M.-A. (Éds.). *La deixis*. Paris: Presses Universitaires de France, 1992b. p. 603-612.

GRÁFICA PAYM
Tel. [11] 4392-3344
paym@graficapaym.com.br